M. ET Mme ÉMILE JOTTRAND

INDO-CHINE

ET

JAPON

Journal de voyage accompagné de trois cartes

Deuxième édition

PARIS

LIBRAIRIE PLON

PLON-NOURRIT ET Cie, IMPRIMEURS-ÉDITEURS

8, RUE GARANCIÈRE — 6e

1909

INDO-CHINE

ET

JAPON

DES MÊMES AUTEURS, A LA MÊME LIBRAIRIE

Au Siam. *Journal de voyage de M. et Mme Émile Jottrand.*
Un volume in-16 accompagné d'un plan.............. 4 fr.

M. ET MME ÉMILE JOTTRAND

INDO-CHINE
ET
JAPON

Journal de voyage accompagné de trois cartes

Deuxième édition

PARIS
LIBRAIRIE PLON
PLON-NOURRIT ET Cie, IMPRIMEURS-ÉDITEURS
8, RUE GARANCIÈRE — 6e

1909

INDO-CHINE ET JAPON

CHAPITRE PREMIER

DÉPART DE NAPLES. — LA VIE A BORD

A bord du *Sachsen*, le 23 septembre 1898.
Dans la mer Méditerranée.

Voici déjà vingt-quatre heures que le *Sachsen* nous emporte loin de l'Europe, loin du Vésuve enflammé que nous contemplions hier soir en écoutant les mélodies inlassables des insoucieux enfants de l'Italie...

Nous avons donc vu se dérouler le programme de toute une journée. A défaut d'occupations sérieuses, l'on peut tout au moins boire et manger sans discontinuer. Les estomacs allemands méritent leur réputation : dès 6 heures, les gens matineux ont du café à discrétion, mais ce n'est qu'une entrée en matière; entre 8 et 9 heures, premier déjeuner : c'est tout un repas, avec un menu imprimé pour chaque jour; il y a une demi-douzaine de plats divers, chauds ou froids! A 11 heures, le personnel se disperse dans tous les recoins du steamer pour offrir à chacun de petites tartines fourrées et du bouillon.

Le lunch à une heure, un menu interminable de viandes, plats au choix et café.

A 4 heures 1/2, thé ou café, pâtisseries. Enfin, à 7 heures, la sonnerie de clairon convie à nouveau tout le monde à la table commune : mais quelle métamorphose parmi les passagers! Chemises de couleur, souliers blancs et complets de toile ou de flanelle ont disparu pour céder la place aux plastrons amidonnés, aux souliers vernis et à l'impeccable smoking.

Le capitaine préside chaque repas, mis en valeur par les toilettes décolletées qui l'entourent et vers lesquelles il se penche avec des paroles aimables en vidant son verre. Sympathique, le capitaine. Il a une belle longue barbe blanche respectable et ne manque pas de prestance.

Nous dînons à l'une des grandes tables, celle que préside le second. Sur toute leur longueur sont suspendus des pankahs, rideaux mobiles fixés à des tringles. Des Chinois chargés de ce service les font balancer tout le long du repas en guise d'éventail collectif. Précaution jusqu'ici superflue, car la chaleur est très tolérable.

Le point est affiché régulièrement à midi. Nous sommes aujourd'hui à 37 degrés latitude Nord et 9 degrés longitude Est. Ma montre, mise à l'heure chaque jour, avancera de sept heures sur celles de Belgique, lorsque nous serons à Bangkok.

Nous serons à Port-Saïd dimanche prochain (1,700 kilomètres de distance environ). Aujourd'hui, vers 11 heures, nous avons défilé entre Messine et la côte italienne qui lui fait face. C'était intéressant et plein de couleur ; toute cette région paraît torride et volcanique ; c'est un chaos de pics, de mamelons, de rochers, et l'on voit admirablement les sinuosités des rivières desséchées serpentant dans les flancs de cette nature sauvage.

Tout le long de la mer se suivent à la file les maisons de Reggio et des derniers bourgs italiens, si trempées dans l'eau qu'on les distingue à peine de leur image reflêchie.

Après le lunch, toute terre disparue, nous nous trouvons entre le ciel et l'eau. Mais quelle eau! D'une teinte bleue, si bleue qu'elle semble inexplicable sous un ciel blanchâtre et chargé de vapeurs.

Les passagers font des groupes : les uns jouent au palet, d'autres se promènent, la plupart font la sieste. De temps en temps passe à distance un steamer ou un voilier.

Étendus dans nos chaises longues, nous passons les heures en société d'un roman, d'une lunette d'approche et des derniers journaux belges. Le temps passe si vite à flâner ! Le soir arrive et c'est presque une surprise.

Il y a à bord un orchestre de six ou huit musiciens (les stewards de deuxième classe) qui éclate à l'improviste en des airs de style plutôt bruyant que musical, et joue faux avec ensemble.

Quant à la musique des passagers, qui ne connaît la voix des misses anglaises et leur façon de miauler les valses de leur pays ?

La Méditerranée est aujourd'hui immuable. Pour nous, habitués aux caprices de la mer du Nord, c'est un étonnement, ce bleu profond, limpide, uni, que le remous même du bateau ne contrarie pas. Le ciel, d'un bleu beaucoup plus pâle que la mer, reste inaltérable.

A midi j'ai réglé ma montre et j'ai dû l'avancer de trente-trois minutes depuis hier. Comme nous filons droit vers l'Est, la différence de longitude augmente très vite en ce moment.

Nous passerons bientôt, ce soir peut-être, en vue de l'île de Crète. On en voit assez distinctement les rives, paraît-il, mais les villes principales sont à la côte du Nord.

J'ai été assez agréablement interrompu par deux jeunes filles qui, jouant et chantant au piano depuis un quart d'heure et plus, se sont tout à coup inquiétées de savoir si leur musique ne me dérangeait pas. Nous avons fait connaissance.

L'une d'elles est née à Java de parents hollandais, qu'elle a quittés pendant sept ans et demi pour aller faire son éducation en Hollande. Elle est bien heureuse de retourner à Cheribon, car elle n'aime pas la Hollande qu'elle trouve triste et pluvieuse. J'ai pris contre elle la défense de son pays !

Plus tard.

On entend de la musique partout : le piano à la salle à manger, et sur le pont l'orchestre qui joue des valses et des polkas pour les couples qui bostonnent. Au dîner, toilettes ébouriffantes ! beaucoup de choses amusantes à regarder et à entendre. C'est cependant bizarre qu'on fasse tant de toilette là où il est si difficile d'en faire, dans une étroite cabine sans confort !

Mon voisin de table, un Danois, est au service de l'Administration des douanes impériales chinoises. Tout le système fiscal et douanier est dirigé par sir Robert Hart, qui recrute son personnel parmi les diverses nations européennes, volontiers les pays neutres. Il prend un congé de deux ans tous les cinq ans. Deux ans de congé ! c'est long, me semble-t-il, et l'on doit être fatigué de ne rien faire !

Nous venons de passer au large de l'île de Crète, mais nous n'en avons vu que le phare à feu intermittent.

Lundi, 24 septembre.

Ce matin, j'ai fait la connaissance d'un passager qui se rend comme nous à Bangkok. Vraie tête de vieux loup de mer, la lèvre supérieure soigneusement rasée, il porte la barbe ronde frisée des marins et, ayant été opéré de la cataracte, il ne voit qu'à travers des lunettes noires. Il a le titre d'amiral. Après avoir résidé quarante-deux ans au Siam, il jouit d'une paisible retraite. Il a essayé de se réacclimater en Angleterre, mais il trouve, lui aussi, qu'il n'y a pas assez de soleil dans son pays et c'est à Bangkok qu'il veut aller finir ses jours!

Le ciel et l'eau toujours ; il semble qu'on ne devrait jamais se fatiguer de contempler cette mer admirable, et pourtant la vie de bord offre à elle seule tant de distractions qu'elle suffit aux heures de la journée ; jusqu'ici du moins.

Chaque soir, je cherche du nouveau dans le ciel. L'étoile polaire s'abaisse sensiblement et le moment n'est plus loin où la Grande Ourse, fameuse parmi toutes les vieilles civilisations d'Occident, disparaîtra dans les flots. Je la regarde avec un certain attendrissement, il me semble que je serai triste le soir où je ne verrai plus cette vieille amie qui rappelle la patrie et les absents.

Mais je la retrouverai au Siam quelques mois par an.

— On vient de distribuer le programme du concert d'amateurs organisé pour ce soir. La répétition a lieu en ce moment et le capitaine l'honore de sa présence. Ce capitaine à longue barbe vénérable, qui rappelle assez bien par sa prestance et sa physionomie le roi des Belges, a aussi la façon aimable d'un souverain qui visite ses États quand il fait sa tournée du bord. Il arrête chacun, dit un mot aimable, signale les choses intéressantes, et s'en va d'un groupe à l'autre sans s'attarder jamais plus qu'il ne veut.

Nous approchons de Port-Saïd, et l'on ne voit partout que gens affairés expédiant leurs lettres.

CHAPITRE II

PORT-SAID. — DANS LA MER ROUGE

A bord du *Sachsen*, dans la mer Rouge.
Lundi 26 septembre.

Après avoir jeté dans la boîte aux lettres du navire les premières feuilles de nos notes de voyage, nous sommes allés écouter le grand concert pour lequel on se prépare depuis plusieurs jours. Le salon de première, pour la circonstance, accorde l'hospitalité aux passagers de deuxième classe. Aussi est-il bondé, et c'est bien par chance que je trouve encore une chaise vide, près du vieil amiral siamois. Le capitaine offre galamment le bras aux aimables cantatrices pour les conduire au piano ; un officier du bord s'est improvisé régisseur et annonce l'exécution des divers numéros du programme. On passe des glaces et des rafraîchissements entre les deux parties. Le public amusé et bienveillant applaudit tous les morceaux et en bisse quelques-uns, notamment une audition de phonographe qui a beaucoup de succès.

A 11 heures, le concert prend fin ; en un instant, la salle est vide, les lumières s'éteignent, tout le monde se couche. Un admirable clair de lune nous retient quelques instants sur le pont.

Le lendemain dimanche, dès 7 heures, la côte est en vue. Des voiles apparaissent, des vapeurs, c'est l'animation voisine d'une escale.

Particulièrement nombreuses sont les barques à voilures en ailes de papillons dans lesquelles on remonte le Nil.

Quand nous revenons sur le pont après le déjeuner, il s'est fait une métamorphose radicale. Nous sommes à une centaine de mètres de la rive. Port-Saïd s'étale au bord de la mer, tout blanc, éblouissant, dans ce décor oriental que la peinture, les dioramas, les panoramas ont depuis longtemps reproduit chez nous avec toute l'approximative fidélité que peut avoir une copie ; mais ce que l'art du peintre ne saurait rendre, c'est le tumulte, la vie qui remplit tout l'espace entre la rive et nous : autour du grand navire tout blanc et maintenant immobile, s'agite une nuée de petites barquettes pittoresquement abritées du soleil par des baldaquins. Elles sont montées chacune par deux ou trois Arabes aux costumes variés qui hurlent, gesticulent, offrent leurs services en toutes sortes de langages européens ou exotiques, et assiègent tout le monde de leurs sollicitations.

Quelques femmes, par ci par là, font contraste; enveloppées d'une même étoffe souple et noire depuis les chevilles jusque par-dessus la tête, elles ressemblent à d'incosolables veuves ou à des pénitentes chargées de péchés. Une barre de métal monte le long du nez et entre les yeux comme pour mieux cacher encore leurs traits aux regards profanes.

Silencieuses toujours, elles n'ont pas une parole, pas un geste; la tête penchée, elles semblent contempler éternellement le fil de l'eau, sourdes au tumulte qui se déchaîne autour d'elles.

Rien ne peut donner une idée du spectacle qui s'offre maintenant à nos yeux et du bruit dont nos oreilles sont assourdies. Toutes ces barquettes vont et viennent comme des oiseaux ; en un instant, le pont du *Sachsen* est envahi par une foule bigarrée de Turcs basanés, d'Arabes au burnous sale, d'Hindous au teint de bronze, d'Européens vêtus de blanc. Un Arabe aux pieds nus monte sur le pont en même temps qu'un agent de Cook correctement habillé comme l'un de nous; des Hindous nus jusqu'à la ceinture coudoient des Italiens qui présentent leur marchandise avec une mimique engageante; le pont du steamer devient un bazar; on y vend tout, on y fait tous les commerces, on entend toutes les langues et tous les accents, on y voit toutes les monnaies possibles.

Pendant ce temps, au flanc du navire opposé à la rive est venu s'amarrer une grande barge qui porte la cargaison de charbon destinée au *Sachsen*. Spectacle bien différent, duquel toute couleur est absente : Une centaine de portefaix aux jambes nues, vraies statues de bronze, s'agitent comme des fourmis en perpétuel mouvement. De petits cabas de paille, pareils à ceux dans lesquels on envoie les figues en Europe, sont le seul matériel employé : les porteurs, à la file indienne, s'en viennent au flanc du navire avec le panier plein, et s'en retournent à la barge avec le panier vide et ainsi de suite quatre heures durant! Cela indique à quel prix dérisoire doit être la main-d'œuvre! Et il paraît que c'est de la sorte qu'a été creusé le canal de Suez.

Bientôt nous descendons avec quelques compagnons dans un canot qui nous conduit à terre. La ville est vite parcourue : quelques rues plus ou moins parallèles sous une lumière aveuglante. Ce n'est pas seulement la netteté des couleurs qui frappe, comme le vert et le jaune des étoffes employées ici; mais c'est aussi ce qu'il y a de dur et de tranché dans le passage de la lumière à l'ombre. Toute pénombre douce est absente; le soleil, aussi haut qu'il l'est chez nous au solstice de juin, est aveuglant là où il éclaire et sans lui tout semble obscur. Cette extrême crudité du jour m'avait paru singulière dans les tableaux égyptiens de Verlat, mais je dois reconnaître qu'il en a donné une impression saisissante. Le fond jaune sablonneux de toute la nature égyptienne doit être pour quelque chose dans cet effet d'optique. Le sable échauffé par le soleil est si lumineux que les lunettes bleues s'imposent.

Quelques tramways à chevaux parcourent la ville et de petits ânes trottinent par les rues. Quant aux boutiques, échoppes, types, etc., se rappeler nos diverses expositions universelles. La fameuse « rue du Caire » a été copiée fidèlement, mais ici les femmes égyptiennes y ajoutent une note lugubre : on dirait le fantôme de la mort se promenant parmi les vivants.

Cependant mon compagnon danois-chinois m'assure que Port-Saïd lui cause une déception, que tout cela n'est que de la camelote de bazar. Shangaï, dit-il, est bien autre chose. L'Extrême-Orient, voilà du vrai ! Ici tout est simili... J'écoute ses doléances sans trop répondre... Pour bien jouir d'un voyage, ne vaut-il pas mieux n'avoir pas encore trop parcouru le monde?

Nous voici bientôt attablés à un café italien où l'on nous demande une lire pour un verre de bière ! Port-Saïd n'est en somme qu'un vaste café-concert envahi par les camelots, un genre de moustique auquel nous tâchons de rester indifférents.

Mais tout à coup le pied me chatouille, je me crois réellement piqué... C'est un colporteur à tête de bronze qui commence à cirer mes souliers, désespérant de me faire apprécier autrement l'excellence de ses produits !

De retour à bord pour le lunch, nous levions l'ancre à 2 heures et entrions bientôt dans le canal de Suez pour en sortir ce matin après une traversée de dix-huit heures. Rien à voir que des berges plus ou moins élevées et abruptes, une terre brûlée, rougeâtre, d'une nudité à faire pleurer.

Les rives du Golfe de Suez ont le même aspect désolant. Nous n'avons vu que sept chameaux chargés d'Arabes et de marchandises, se suivant à la file le long du canal.

Maintenant nous sommes dans la mer Rouge, plus agitée que la Méditerranée, quoique du même bleu admirable. Les vagues sont fortes mais le navire, qui a un plein chargement, demeure parfaitement stable.

Mardi, 27 septembre.

Il y a 2,420 kilomètres de Suez à Aden et le *Sachsen* fait une moyenne de 611 kilomètres par jour.

En pleine mer Rouge, nous avons 29 degrés à 8 heures, 31 degrés à midi, 33 degrés vers 3 heures. C'est chaud, mais à condition de ne pas bouger, ce n'est pas désagréable. La vie à bord est bien organisée pour cette température. Les grands pankahs s'agitent au-dessus de nos têtes tout le long des repas, tout est glacé, les boissons, le beurre, les fruits ; le menu est composé principalement de mets froids. Le pont est continuellement arrosé, les chaises longues soigneusement placées là où souffle la brise.

Quand on est immobile, il fait vraiment bon. Cette vie oisive est d'ailleurs fort endormante, et nous ne résistons pas à la sieste après le lunch.

La mer est moutonnante et par moment le roulis s'accentue. Toute rive a disparu, car la mer Rouge a 100 à 150 kilomètres de largeur, au moins.

On continue à danser le soir, à faire de la musique. Quelques flirts se dessinent, et l'on voit au clair de la lune, le long des bastingages, des couples absorbés.

Tout le monde porte le costume blanc, stewards et officiers compris, et il est bien vrai que les belles plumes font les beaux oiseaux, car on confond facilement maîtres et domestiques. Nous pensions reconnaître les premiers à la chaîne d'or de leur montre, mais le garçon qui nous a servi le thé en avait une aussi...

Et ils sont nombreux, les garçons! Au dîner ils étaient quinze pour servir trente-neuf personnes!

A l'heure où j'écris, la plupart des passagers font la sieste. Quelques-uns semblent rêver tout éveillés, quelques autres sont abrutis par la chaleur et ne s'en cachent pas. Je crois que je suis le seul à m'occuper. J'ai devant les yeux la mer bleue avec une foule de petites taches blanches qui éclatent de tous côtés pour s'évanouir en quelques secondes, puis le ciel uni, rosé à l'horizon, bleu tendre vers le zénith. A l'avant-plan, la lisse et le bastingage, vers lequel s'allongent les chaises longues rangées perpendiculairement.

Seuls ceux qui l'ont vu peuvent se figurer le bleu de cette mer...

Mercredi, 28 septembre, matin.

La mer Rouge et 30 degrés toujours; aussi il se fait dans les mœurs du bord un relâchement général et regrettable. Hier, à dîner, s'étalaient des chemises de couleur et des vestons blancs. Ce matin à 7 heures, beaucoup de passagers se promenaient pieds nus sur le pont, et une dame était du nombre! Les hommes n'avaient d'autre vêtement qu'une robe de chambre extra-légère, et les dames ne semblaient pas beaucoup plus habillées...

Je ne vois guère le profit de cette façon de vivre, puisqu'il faut tout de même s'habiller pour le déjeuner, alors que la cabine est déjà surchauffée par le soleil. Quant à moi, je reste fidèle à la bonne règle, et, « s'il n'en reste qu'un, je serai celui-là ».

Nous avons trouvé une agréable société en la jeune Hollandaise qui va rejoindre ses parents à Cheribon. Le capitaine vient souvent faire la causette entre chien et loup, il y a des types drôles et d'autres intéressants. — Nous avons franchi le tropique et nous voilà bel et bien en pays chaud. J'ai été frappé hier de la tombée rapide de la nuit, si rapide que je croyais à des nuées d'orage venant assombrir le ciel.

Jeudi, 29 septembre.

La chaleur est très forte. Ce matin, à 6 heures, 32 degrés sur le pont; 36 degrés à midi, et il y a 34 degrés en ce moment, ce n'est pas excessif, mais il fait suffocant et l'on est en nage. La température des cabines est bien plus élevée encore. Nous quitterons demain matin cette fournaise, sans regrets.

Le bateau est toujours d'un calme parfait; il semble marcher, ou plutôt rouler sur une voie de tramway. Le faible roulis d'il y a deux jours a totalement disparu. Nous marchons à la vitesse d'un petit train-tram, vingt-quatre kilomètres à l'heure.

Aujourd'hui il y a beaucoup de vent, mais ce vent est chaud. La mer est assez agitée. Un bel oiseau nous a accompagnés longtemps, à quelques mètres du pont. Quelles ailes puissantes pour lutter contre un tel vent avec une pareille vitesse!

On vient d'afficher l'heure de levée de la poste pour Aden, où nous arriverons demain matin.

Le vent devient si violent qu'il est difficile d'écrire sur le pont. Les vagues se soulèvent et retombent en longues cascades d'écume; le *Sachsen* ne bronche pas!

Plus tard.

Nous passons à peu de distance d'une série d'îles rocheuses et arides toutes proches de la terre d'Arabie. C'est le comble de la désolation! Ces croupes montagneuses émergeant des flots sont plutôt des récifs gigantesques que des îles. Nous en verrons ce soir une série beaucoup plus importante, puis nous passerons devant Moka. La mer Rouge commence à se rétrécir, on en devine l'extrémité prochaine à un courant d'air plus frais. Malgré le soleil très haut sur l'horizon, il y a plus d'air et l'on respire à l'aise. Toujours 32 degrés au moins, cependant.

Beaucoup de passagers ont passé la nuit sur le pont. En ce moment ils font presque tous la sieste et l'on voit des affalements bien extraordinaires, même chez les femmes les plus distinguées du bord.

Contre mon ordinaire, je ne me sens aujourd'hui aucune envie de sieste, et je jouis du spectacle de ces raccourcis, de ces poses des plus bizarres.

6 heures, soir.

Des îles côtières (îles Harnish) sont proches, arides comme les précédentes. A 8 heures, nous passerons devant Moka, à 1 heure du matin devant Perim; puis le détroit de Bab-el-Mandeb, et enfin Aden, vers 10 heures sans doute. Le vent est toujours fort, mais plus frais, on ne se sent plus en nage.

CHAPITRE III

ADEN. — VOYAGE AUTOUR D'UN NAVIRE. DANS L'OCEAN INDIEN

A bord du *Sachsen,* au large d'Aden.
Vendredi 30 septembre, 5 heures 1/2 du soir.

Hier, la mer était assez forte pendant toute la soirée. Il en est généralement ainsi, dit le capitaine, dans la partie étranglée qui termine la mer Rouge au Sud. Étendus dans nos chaises longues le long du bastingage, nous ne perdions rien du spectacle nouveau pour nous et très pittoresque d'une mer bruyante et agitée : de véritables montagnes d'eau faisaient suite à des précipices, les uns et les autres se chassaient avec tumulte. Comme toujours, le bateau glissait dans ce chaos sans s'émouvoir. Peu à peu la nuit tomba et la lune, qui ne nous quitte pas depuis que nous sommes en mer, accentua le caractère un peu tragique de la scène. Aucune lumière, aucun phare à l'horizon, bien que les côtes soient proches. Seul, un steamer passe au loin, masse sombre piquée de points lumineux.

J'aperçois près de moi le vieil amiral anglo-siamois (quatre-vingt ans), tout à l'heure vêtu de blanc et maintenant en tenue de cérémonie. La mer Rouge ne décourage pas ce brave! et son impeccable correction est une leçon à l'adresse des jeunes blancs-becs qui viennent dîner en robe de chambre ou en complet de fantaisie à côté des dames décolletées, sous prétexte qu'il fait trop chaud pour s'habiller. Les hublots, fermés à cause de la forte mer, ont, il est vrai, achevé de transformer les cabines en étouffoirs.

Dans la grande salle à manger, close également, tous les Chinois de service ont été réquisitionnés pour balancer les pankahs. Depuis quelques jours, on nous sert des soupes aux fruits, froides. Les dames arrivent assez en retard. Il est à supposer que la toilette est pénible, par cette chaleur, mais la coquetterie aidant, aucune ne recule. Au contraire, à chaque dîner nous voyons de nouvelles transformations.

Après le repas, on remonte sur le pont et beaucoup n'en descendent plus de toute la nuit. Malgré la règle, on tolère la transformation du pont en dortoir. Couvertures, coussins, hamacs sont disposés à cet effet.

Pour nous, nous préférons la cabine, dont nous avons ouvert le hublot malgré les vagues. Cette témérité a eu du reste une punition méritée : vers 3 heures du matin, nous avons été subitement réveillés par un paquet d'eau qui est venu nous asperger jusque dans nos couchettes. Aucun dégat de toilette, heureusement.

A 5 heures 1/2, le steward m'éveille pour le bain quotidien. Bain froid, c'est-à-dire non chauffé, mais cela fait 30°, température de l'air.

Je monte habillé sur le pont et j'assiste au spectacle bizarre d'un campement en plein air : un amoncellement de couvertures, d'oreillers, de coussins, parmi lesquels quelques dormeurs commencent à s'éveiller. Une demi-heure plus tard, tout le monde est debout.

On commence à distinguer des côtes, et peu de temps après le déjeuner, le steamer s'arrête. C'est Aden.

Imaginez un pêle-mêle de rochers nus et anguleux, le décor de la nuit de Walpurgis au quatrième acte de

Faust. Digne terminaison de la mer Rouge et de ses rivages brûlés !

Mais avec surprise et presque avec inquiétude, l'œil distingue dans ce site infernal des traces de civilisation tels qu'un sémaphore, des murs de forteresses et de longs hangars aux toits rouges.

Comme on le sait, Aden est une position fortifiée appartenant à l'Angleterre, qui y a attiré un grand nombre de Somalis (nègres d'Afrique habitant la côte opposée), désireux, je suppose, d'être protégés contre les Arabes, grands pillards d'esclaves.

Les besoins de l'administration anglaise ont appelé également à Aden un certain nombre d'Hindous qui remplissent, avec leur intelligence habituelle, les fonctions postales et autres de cet établissement colonial.

Donc, ici encore se coudoient des races diverses, spectacle toujours intéressant. On ne voit plus comme à Port-Saïd les gros Turcs bedonnants fumer leur narghilé en rêvassant au seuil de leur porte, mais on rencontre les figures plus sympathiques d'Hindous cuivrés, ainsi que des Arabes de toutes classes, et des Somalis à la tignasse de laine.

Tandis que le bateau s'arrête, des nègres rament vers nous dans des barques grossièrement numérotées — service public réglementé. Il y en a cinq ou six. Ce n'est pas la nuée compacte de Port-Saïd, mais cela suffit pour nous donner le spectacle de violentes batailles et de scènes d'injures en langue somali.

Chaque équipage cherche à accaparer les passagers pour les transporter à terre. Nous sommes bousculés et devons nous garer des coups d'aviron qui pleuvent dans la mêlée. Après bien des vicissitudes, fort étonnés de n'être ni assommés, ni tombés à l'eau, nous trouvons place dans une barque et nous assistons encore pendant dix bonnes minutes à un échange de gros mots en un idiome bizarre où la voyelle *a* et les consonnes roulantes s'entrechoquent au point de simuler un crépitement continuel : ra ta pa pa ra ra, etc. C'est très drôle!

Bientôt disséminée sur la mer, la pittoresque pléïade de barquettes luttant de vitesse se dirige vers la côte. Les costumes, les visages et les casques blancs des Européens contrastent avec le noir d'ébène des rameurs.

En une demi-heure, nous abordons au quai, où un policeman Hindou nous tire très intelligemment d'affaire et nous indique en face un stationnement de voitures, avec numéros et tarifs. Voilà une organisation qui a fait son tour du monde!

Nous choisissons un cocher Hindou de belle figure, turban rouge vif, gilet jaune rayé sur une chemise blanche, culotte bouffante, jambes nues; voiture découverte à quatre places, propre et surmontée d'un baldaquin qui ne manque pas d'élégance. Un bon petit cheval nous emmène vers Aden qui est à vingt-cinq minutes du quai. Un jeune ménage allemand prend place avec nous. En assez bon français ou en anglais, le mari qui connaît Aden nous donne quelques renseignements.

A la côte, quelques établissements de commerce, des hotels, la poste, etc. Aucune végétation. C'est nu, absolument nu! Il y a de l'air, et au sortir de la mer Rouge, le climat nous paraît bon. Le soleil brûle, mais on respire. Près de l'Oriental Hotel, deux palmiers de ma taille, c'est tout! Pas un jardin, pas un brin d'herbe, pas de mousse, pas une fleur! Seul l'agent d'une compagnie anglaise se donne le luxe de quelques plantes vertes. Pour les faire vivre il faut apporter l'eau d'une lieue de distance, chaque jour, dans des outres.

Nous suivons une route superbement entretenue, qui ferait la joie d'un bicycliste. D'autres routes pareilles sillonnent le flanc de la montagne nue. Nous longeons quelque temps la mer, passant auprès de tristes cimetières creusés dans le sable, sans verdure aucune. Puis, assez brusquement, la route tourne vers la falaise et la traverse perpendiculairement par une déchirure pittoresque, un décor à la Gustave Doré. Dans cette gorge profonde un courant d'air nous rafraîchit jusqu'aux moelles.

Au sortir de là, Aden : agglomération compacte à laquelle j'ai entendu attribuer 30,000 habitants, mais qui paraît pouvoir en contenir 300 tout au plus. C'est la ville arabe, que nous traversons sans nous y arrêter. Rues en damier, échoppes d'où l'on nous sollicite pour nous vendre une foule de choses.

Mais nous allons au delà d'Aden voir les tanks, vastes réservoirs destinés à garder soigneusement l'eau des pluies torrentielles qui tombent à de rares intervalles et à alimenter d'eau toute la population pour un temps considérable ; c'est le moyen d'avoir de l'eau dans un pays où il n'y a ni rivière, ni source, ni puits.

Pour aménager ces tanks, le gouvernement anglais a profité d'un cirque naturel dans la montagne rocheuse. On a maçonné à même le rocher, obtenant ainsi sans frais excessifs six ou sept réservoirs de capacités diverses, reliés entre eux par de grands escaliers pittoresques. La contenance totale est de quatre millions de gallons, (environ dix-huit millions de mètres cubes).

Ici, nous jouissons d'un peu de fraîcheur et même d'un coin de verdure. On voit notamment un arbre à guttapercha, aux feuilles épaisses et lisses, orné de longues fibres ligneuses qui pendent jusque terre comme une chevelure. Des tamariniers se trouvent tout près. Cependant les tanks sont vides et aussi secs que le désert environnant.

Nous interrogeons le guide sur la date des dernières pluies, leur fréquence, etc. Mais bien qu'il sache l'anglais nous n'en obtenons aucune réponse satisfaisante. C'est dommage, car c'est là justement un point assez obscur, d'après ce que j'ai lu : suivant les uns, il pleut tous les cinq ans. Suivant d'autres il pleut tous les ans. Un voyageur allemand nous dit avoir vu, il y a quelques années, les réservoirs absolument pleins.

En fait, l'Arabie et même Aden est un pays mal connu, et les Européens n'y font que de courtes résidences. Les fonctionnaires à demeure sont des Hindous, même dans l'administration militaire.

J'ai oublié de parler de la forteresse dont on voit de loin, sur le flanc de la montagne, les murailles sinueuses et les escarpements.

Les Somalis sont tous grands, bien au-dessus de la moyenne à laquelle nous sommes accoutumés; minces et élancés : leur aspect est en somme fin et élégant. Leurs dents sont très blanches et nullement aiguisées, épointées ou abîmées comme celles des Congolais. Les traits ne sont pas épatés à l'excès, le type de physionomie est relativement agréable. En un mot, de bons types de nègres. Ils portent pour tout vêtement l'espèce de caleçon de bain des peuples primitifs. Mais les femmes sont beaucoup plus vêtues. Nous n'en avons croisé qu'un fort petit nombre et je ne saurais détailler leur toilette. Peu de bijoux : j'ai vu seulement, chez une adulte et chez un enfant, des colliers jaunes en grosses perles d'ambre. Rarement une bague, parfois drôlement placée à un doigt du pied.

Les Arabes et les Hindous ne demandent pas de description particulière; mais en Europe nous ne voyons guère que les prolétaires de ces peuples, tandis qu'ici nous en rencontrons de très distingués, richement vêtus. Les tonalités vives des costumes, le jaune principalement mais aussi le vert, le rouge, le rose, sont éclatantes sous le soleil de feu.

Comme habitation, la maison Arabe en forme de quadrilatère régulier, pas de façade à effet; quatre murailles blanc sale percées assez haut de petites fenêtres grillées;

aspect de prison; mauvais entretien; quelquefois un joli dessin bleu rehausse le contour du portail et des fenêtres.

Les Somalis ont envahi tout simplement les anciennes habitations arabes, sans introduire aucune architecture personnelle. C'est même assez curieux de voir ces longues ruelles bleues et blanches, d'un style arabe si caractérisé, occupées parfois uniquement par des Somalis au teint noir que l'on voit flaner au seuil des portes.

Sur la longue route ensoleillée, nous rencontrons des files interminables de chameaux si chargés de marchandises que l'on devine la bête plutôt qu'on ne la voit. Quelquefois ils sont attachés, la queue de l'un à la tête du suivant et ainsi de suite. Ils transportent aussi l'eau potable dans des tonneaux ou dans des outres. L'eau est si rare qu'elle se vend parfois un franc l'outre. Quand les tanks sont épuisés, on a recours à l'eau de mer dessalée par des procédés industriels.

Nous n'avions qu'une heure et demie à passer sur le sol arabe, aussi nous quittons bientôt notre équipage pour une barque qui nous remmène au *Sachsen*. L'un de nous offre un sandwich au jeune Somali qui nous conduit : il regarde, étonné, examine curieusement l'objet comme le ferait un singe défiant au Jardin Zoologique, et finalement refuse l'offrande du blanc. « Ce bloc enfariné ne lui dit rien qui vaille. » On donne le sandwich à un autre, même jeu, suivi de la même conclusion. Est-ce assez dire que l'occupation d'Aden par les Anglais n'est que purement militaire et nominale?

Remontés à bord, nous jouissons d'un spectacle aussi curieux qu'amusant : Une dizaine de petits Somalis s'ébattent autour du bateau; ils grimpent comme des singes le long de la coque, pour venir nous expliquer en toutes les langues qu'ils piqueront une tête dans la mer moyennant dix sous. Si l'on n'a que de grosses pièces, ils les changeront en monnaie. Fait-on semblant de ne pas comprendre, ils recommencent leur boniment en une autre langue, y compris un français plus que bizarre. Dans une poignée de monnaie de toutes sortes qu'ils nous montrent nous reconnaissons un petit sou de nickel belge.

Quand ils ont obtenu les dix sous demandés, ils expliquent qu'au moment où ils plongent il faut jeter la pièce qu'il s'agit d'attraper.

En effet, la pièce n'est pas à un mètre de profondeur dans l'eau que déjà ils l'ont repêchée.

Et figurez-vous dix de ces diablotins, c'est-à-dire quarante longs bras et longues jambes grêles gigotant, s'entremêlant et se tortillant dans un tout petit espace d'eau. Ils disparaissent tous, puis on voit revenir une à une toutes ces petites têtes noires à fleur d'eau, après mille gesticulations sous-marines dont le spectateur ne perd rien grâce à l'extraordinaire transparence de l'eau.

Ils se battent, ils se couchent, ils jouent comme s'ils étaient dans leur élément; je ne puis mieux les comparer qu'à une tribu de grenouilles.

Rien de plus drôle aussi que certains de ces petits nègres ornés d'une chevelure jaune, couleur obtenue par la teinture au henné. On dirait qu'ils sont coiffés d'une casquette de peau de mouton.

Pendant ce temps, des Arabes se promènent sur le pont et nous harcèlent pour nous vendre des œufs et des plumes d'autruche, des boas, des mâchoires de requins, des cornes de toute espèce, des travaux de vannerie, etc.

Ces Arabes ont des têtes déprimées, des traits aquilins presque faunesques, ornés parfois de quelques touffes de poils blancs du plus bizarre effet sur leur peau basanée.

De temps à autre, les mousses font un nettoyage général de toute cette racaille, en faisant le simulacre de les jeter par-dessus bord. Les Arabes gémissent, font semblant de pleurer, se laissent traîner par terre, paraissent enfin céder et reviennent aussi nombreux un instant après.

Le *Sachsen* se remet en marche, et un nègre, oublié à bord, se jette à la nage pour rattraper la dernière barque qui est à une belle distance déjà.

On suit admirablement tous ses mouvements dans la mer transparente et verte, entièrement verte d'une belle teinte unie. Puis peu à peu, les falaises dénudées d'Aden disparaissent dans les brumes lointaines.

Samedi, 1er octobre.

Ce matin, depuis le lever du soleil jusque passé midi, nous avons eu en vue l'île de Socotra. A l'aide d'excellentes jumelles marines, j'ai fort nettement distingué les rochers nus, les fissures, les pics, les plages de sable. Même nature désolée que la côte d'Aden : Pas un arbre ni une touffe d'herbe. Cette île est cependant habitée par des Somalis, il y a même une agglomération importante que des cartes mentionnent.

Ces indigènes se sont plu, paraît-il, à allumer des feux sur la côte pour attirer les navires marchands et les dévaliser : mœurs charmantes, comme on voit ! Ces parages, assez dangereux, sont tristement connus dans les annales maritimes par plusieurs naufrages. Il y a neuf ans, un steamer des Messageries Maritimes a coulé, mais on a pu sauver tout le monde. Nous sommes passés au nord de Socotra. Les bateaux français passent au sud.

9 heures soir.

Cet après-midi, le tangage et le roulis ont été assez sensibles. Résultat : trois chaises sont restées inoccupées au dîner. Nous avons changé de places et prenons nos repas à une petite table en aimable compagnie : la jeune Hollandaise, chaperonnée par un ménage très aimable, un Suisse marié à une Hollandaise née à Java. Puis un gentil jeune homme italien qui va en Chine, un Hollandais, ancien résident à Java, tous deux parlant fort bien le français. Enfin un autre Hollandais qui a aussi pas mal de souvenirs coloniaux fort intéressants. La conversation est toujours animée à notre petite table.

Choses et autres. — En seconde classe, il y a plusieurs missionnaires. Il y a aussi deux jeunes filles qui vont épouser en Chine des missionnaires qu'elles n'ont jamais vus. Elles sont envoyées par une sorte d'agence qui se charge de marier les célibataires d'Extrême-Orient et de leur envoyer leurs femmes. Bizarre! — Un passager anglais retourne à Singapore où il a ses affaires, sa maison, ses enfants. En revenant en Europe, il était accompagné de sa femme malade. Celle-ci n'a pu supporter les terribles chaleurs de la mer Rouge, son état a rapidement empiré et elle est morte à bord. Suivant l'usage, c'est la mer qui lui a servi de tombeau, et nous sommes passés près de l'endroit de cette scène. Quel moment pour ce malheureux!

Des oiseaux de mer, au bec assez long et crochu, au beau plumage brun clair et blanc, accompagnent souvent le navire et le dépassent même aisément. Leur mouvement d'ailes est lent, et ils semblent flâner paresseusement malgré leur vitesse de train express. Ce matin, à l'avant du bateau, on a pris un oiseau à la main. Pas encore vu de poissons, ni volants ni autres, mais on nous en promet vers Ceylan.

De l'île de Socotra, aride et décharnée, que nous avons dépassée aujourd'hui à midi, il y a jusqu'à Colombo 2,822 kilomètres. Belle étape à couvrir.

Le beau temps aidant, il se peut que nous arrivions à Singapore un jour ou deux avant la date normale du 14 octobre. Dans les parages que nous venons de traverser, notre marche a été moins rapide : 308 milles en vingt-quatre heures, soit un peu moins de 13 nœuds.

Lundi 3 octobre.

Ce matin, nous sommes allés explorer les parties du steamer que nous ne connaissions pas et qui sont réservées à la troisième classe — avant — et à la deuxième classe — arrière.

En troisième classe, outre les passagers, se trouvent la basse-cour et le bétail ainsi que toutes les provisions, y compris vins et boissons de tous genres. Assez de têtes de gros bétail, bœufs, vaches et veaux; pas de cochons, quelques moutons. Les bêtes sont abattues sur le pont même, on était occupé à en dépecer une.

Là aussi se trouvent les chiens des passagers de première classe. En troisième comme en première classe, il y a un pont supérieur d'où l'on a une belle vue sur la pleine mer, mais ici ce pont est encombré de linge séchant au vent sur des cordes tendues.

Presque sur les genoux, nous nous sommes frayé un chemin à travers cette lessive pour arriver à l'extrême pointe du navire. Là sont les ancres énormes avec leurs chaînes, et les lanternes, l'une rouge, l'autre verte, qui signalent le passage du steamer. Chose qui m'étonne, le *Sachsen* n'arbore habituellement ni pavillon ni drapeau. Il paraît que le règlement ne l'exige pas. Le drapeau n'est hissé que dans les ports de mer, ou en signe de salut quand on rencontre un navire digne de pareil hommage.

De l'avant où nous sommes, nous voyons tout l'ensemble du bateau, toute la hauteur des mâts y compris la hune, sorte de tub à bords élevés, où la nuit deux marins sont de garde pour examiner l'horizon.

Les passagers de troisième sont des Chinois, des Hindous et des Malais. Remarqué une vieille Chinoise vêtue de soie noire, avec des dessous bleu céleste.

Plusieurs Musulmans qui ont pris le bateau à Aden reviennent du pèlerinage de la Mecque.

Nous en avons vu quelques-uns prosternés et marmottant des prières avec toutes sortes de gestes, la face tournée vers la Ville Sainte.

Tous ces passagers doivent faire eux-mêmes leur cuisine et apporter leur literie.

En seconde classe, rien de bien particulier. Le pont est très encombré, il n'est pas le tiers du nôtre et les passagers sont trois fois plus nombreux.

Sur ces bateaux allemands, on est fort bien traité en seconde classe, la nourriture est la même qu'en première, mais il y a moins de services aux repas, ce qui n'est pas un malheur. Ils sont quatre dans les cabines où nous sommes deux.

Vers 11 heures, nous avons vu pour la première fois tomber une pluie tropicale : en un instant et sans que nous nous en soyons rendu compte, le ciel tout bleu est devenu gris, les lointains ont disparu dans une brume grise, un vent frais a soufflé, une pluie de grosses gouttes a inondé le pont. Certes, toute cette transformation a occupé moins de temps que je n'en mets à l'écrire. Cela rappelait les brouillards de la Manche aux apparitions et disparitions soudaines.

Immédiatement, le personnel du bateau passe la revue des hublots et les ferme en toute hâte, on ferme les salons supérieurs, on sauve de l'averse les couvertures et les chaises longues dispersées sur le pont. Un vaste steamer à trois cheminées passe à ce moment près de nous. Bien que très rapproché, il est presque effacé dans ce décor de brouillard et de pluie, on dirait le vaisseau fantôme.

Le roulis augmente, mais on s'y habitue vite et personne à bord n'est sérieusement indisposé.

Les poissons volants sont la grande curiosité du moment. Il y en a autour de nous des myriades, le terme n'est nullement exagéré. On en aperçoit de toutes parts, et tout d'abord on les prendrait pour des oiseaux Ils demeurent au-dessus de l'eau un temps assez considérable, sans s'arrêter toutefois, puis plongent avec un petit pouff très drôle. Je ne saurais mieux comparer ce spectacle qu'à celui des ricochets qu'on fait en jetant de petits cailloux dans l'eau.

Nous aimerions à voir de près ces poissons pour nous faire une idée de leur structure : ils ont les nageoires très écartées du corps, ce qui leur donne une apparence d'ailes. En fait, ils affectent plutôt la forme du hareng. On nous dit qu'il en entre souvent dans les cabines, par les hublots. Leur chair est très appréciée. Nous en voyons parfois de beaucoup plus gros que les autres ; ils semblent, dans le soleil, d'une belle couleur bleue.

Mardi, 4 octobre.

Hier soir, intermède amusant : il y a à bord une phalange musicale composée des stewards de deuxième classe. On fait pour eux une collecte à la fin du voyage, mais on se cotiserait volontiers pour qu'ils se taisent, car, quoique Allemands, ils jouent faux et hors de mesure. Toutefois, hier, nous sommes allés les entendre et même les voir, car un nouveau chef d'orchestre s'était mis à leur tête et faisait rire tous les passagers rassemblés. C'était le surveillant de la bière, un petit bossu très comique. Affublé d'une perruque filasse, son chapeau claque d'une main, son bâton de l'autre, il battait la mesure avec mille contorsions drôles. Une paire de lunettes sur un nez rouge, un coin de mouchoir pendillant hors de sa poche, achevait sa ressemblance parfaite avec les caricatures allemandes. Il faisait jouer une musique burlesque avec sifflements, miaulements, etc. Il paraît qu'il a encore plusieurs divertissements à nous servir.

Après cela, nous avons causé avec nos nouveaux amis du bord, et avons fait des paris sur la hauteur du grand mât. L'un disait quinze mètres, nous disions vingt-cinq à trente, un autre trente à quarante! Le commandant, interrogé, nous a dit quarante mètres, ce qui fait quarante-cinq si l'on compte à partir de la cale. Toutes les demi-heures, nous voyons deux matelots escalader le mât pour aller dans la hune relayer leurs camarades.

Au clair de la lune, cette vie de mer est bien pittoresque : l'océan, le ciel, ce tranquille glissement au milieu des vagues de toute une petite ville flottante où l'on danse, où l'on s'amuse, seuls dans l'infini, cela a je ne sais quoi de doux et de saisissant dont je ne saurais donner une idée.

Et le plaisir de la conversation dans ce milieu cosmopolite! On voudrait noter les mille choses qu'on entend, choses vues et vécues qui ont toute la saveur de l'inédit. Mais cela allongerait ce journal au delà de l'espace raisonnable.

Je me bornerai à ce croquis de mœurs, raconté par un passager. Il a voyagé jadis dans le même paquebot qu'une Américaine de trente-huit à quarante ans qui, pendant les vingt jours de trajet de Singapore à Naples, a exhibé soixante toilettes différentes.

Elle était très riche et ne s'en cachait pas, laissant entendre qu'elle avait une lettre de crédit de vingt-cinq mille livres sterling pour son voyage. Elle avait pour une centaine de mille francs de bijoux avec elle, ainsi que d'admirables collections de raretés réunies dans tous les coins du monde. Grande, de belle prestance, son séjour à bord jeta quelque émoi dans les cœurs. Avec cela, beaucoup de distinction, d'instruction, de goût, enfin toutes les qualités... un seul petit faible : le whisky, dont elle buvait au moins une bouteille par jour. Elle était placée à table entre ce passager et le médecin du bord, qu'elle essaya de captiver sans y réussir.

La fin de l'histoire?... La belle dame débarqua à Gênes avec le quartier-maître du bateau auquel elle assigna tout d'abord une situation pécuniaire par un acte en due forme, et, pour autant qu'on le sache, ils courent encore!

Aujourd'hui, tout le monde semble assez endormi. Plusieurs dames sont obstinément invisibles, et le bruit court que le mal de mer fait des victimes. Le roulis ne nous quitte plus guère; le soleil n'a pas paru, le ciel est chargé, il fait lourd et orageux. Seules quelques bandes dorées jettent un peu de lueur vers le couchant.

Une hirondelle nous accompagne, voltigeant dans tous les coins du pont, ou frôlant la mer de ses ailes. Où va cette passagère sans ticket?

Choses et autres. — Nous nous amusons, dans notre groupe cosmopolite, à observer les singuliers préjugés et idées des diverses nations. Il y a ici des types étonnants. Quelquefois des susceptibilités, des disputes; hier encore, Mme Jottrand tâchait de rétablir la paix entre une Hollandaise et une Allemande : l'une avait eu la main trop leste, l'autre le verbe trop haut. Une partie de whist a aussi, je ne sais trop comment, amené une bouderie en règle. Il faudrait imprimer une gazette du bord!

La nuit tombe, le soleil flamboie sous les nuages : on dirait une île en feu; c'est grandiose!

Mercredi 5 octobre.

La mer est très agitée; elle déferle aussi loin qu'il est possible de voir. Le bateau roule et tangue dans des montagnes d'eau couleur de plomb, et cependant la vague est bleue, d'un admirable bleu turquoise qu'on ne se lasse pas d'admirer.

Hier, nous avons croisé un steamer, au moment du dîner. On a allumé à bord des feux de Bengale rouges et blancs, et l'autre bateau a répondu par des feux blancs et verts, ce qui a indiqué son nom : *la Géra,* du Norddeutscher Lloyd, revenant d'Australie.

Aujourd'hui, le soleil n'a pas paru. Nouvelle pluie tropicale vers midi. Nous sommes entre les Maldives et les Laquedives, mais ces deux archipels sont hors de vue. Nous n'avons fait que 317 milles pendant les dernières vingt-quatre heures.

Colombo n'est plus loin, ce qui enchante beaucoup de passagers que le roulis incessant fatigue.

Jeudi 6 octobre.

Bien loin, bien loin, sur notre gauche, la côte de l'Hindoustan est en vue, très vague, sauf le cap Comorin dont on distingue à la longue-vue le phare bariolé de bleu et de blanc. Le soleil a reparu ; peut-être aurons-nous une belle nuit. A 5 heures du matin, nous serons à Colombo.

Spectacle imposant, hier, de la mer phosphorescente. A tous moments, des vagues en feu déferlent ; on dirait un rapide éclair à la surface de l'eau, une déchirure de lave. De vastes espaces s'illuminent en une seconde et se déplacent avec lenteur, comme éclairés par un fanal électrique.

CHAPITRE IV

COLOMBO. — UNE NUIT MOUVEMENTÉE
ARRIVÉE A SINGAPORE

8 octobre 1898.
Entre Colombo et Singapore.

Malgré un roulis violent, tâchons de rassembler nos impressions de Colombo. Mais qu'il est difficile de décrire avec des mots les mille choses que l'on voit en un coup d'œil et plus spécialement encore dans un pays où tout est nouveau, jusqu'à la couleur des gens et la nuance de la terre elle-même !

Nous arrivons devant Colombo à 4 heures du matin. Habillés aussitôt, nous montons sur le pont encore obscur, où déjà un steward sert du café à quelques passagers plus matineux que nous.

Le ciel est d'un bleu de lune foncé, la lumière du jour transparaît mystérieusement derrière de gros nuages noirs. Le bateau est à l'ancre dans le port, petite rade que n'aide aucune courbe naturelle de la côte.

La mer se jette avec violence contre une grande jetée bâtie en plan incliné ; les vagues se poursuivent, escaladent l'obstacle et vont se briser dans les fascines, jaillissant en gerbes d'écume qui atteignent sous nos yeux sept ou huit mètres de hauteur. Le spectacle est merveilleux.

Le soleil se lève et peu à peu tout le monde apparaît sur le pont. Nous prenons la première barque et descendons à terre vers 6 heures. Aussitôt, changeurs de monnaie, cochers, guides, tous les moustiques habituels nous entourent : l'un nous soumet des échantillons pour costumes blancs; un autre nous offre des timbres, des vanneries ; on veut nous prendre mesure pour des souliers... Bousculant cet essaim d'importuns, nous cherchons à respirer, à regarder autour de nous.

Tout d'abord se dresse devant nous le Grand Oriental Hotel, où nous allons déjeuner et prendre connaissance des dépêches.

Hôtel vaste et confortable. On y est servi par de beaux Ceylanais aux pieds nus. Leur chignon est orné d'un peigne d'écaille en forme de couronne, plus ou moins travaillé. Cela leur donne un air de roi détrôné, de prince déchu devenu domestique.

M. Salomonson, qui descend pour la quatrième fois à Colombo, a l'amabilité de nous guider. Bientôt M. de Lucca nous rejoint et nous montons tous en voiture découverte. Nous voyons le phare, le palais du gouverneur, la poste, quelques boutiques, les immenses casernes. Nous traversons un beau jardin public terminé par une plage sur laquelle les vagues se poursuivent; des hôtels, des clubs, puis une route bordée de maisons indigènes. Des bungalows — maisons à un seul étage — plus ou moins jolis, riches et élégants; des banques, des consulats, des églises, un champ de courses, toutes les traces d'une longue et ancienne occupation européenne.

Certaines constructions sont charmantes, d'autres luxueuses, d'une richesse écrasée du reste par une végétation sans pareille : arbres, palmiers et fleurs.

Des lianes aux feuilles richement teintées se mêlent à d'autres essences et forment tout un bouquet. Le vert tendre du bananier contraste avec les feuilles dures et luisantes des palmiers de toutes espèces. L'hibiscus vermillon, carminé, mauve ou panaché éclate de tous côtés dans sa verdure sombre, tandis que de grands arbres sont fleuris de pompons comme des roses ou de gracieuses grappes blanches. Latanias, aucubas, manguiers, tamariniers, arbres à pain, arbres à gutta-percha, tout cela nous est indiqué par notre aimable guide.

Il fait tourner notre équipage autour d'un lac coquet et paisible bordé de belles habitations d'Européens.

Les routes sont excellentes, peuplées de voitures légères, de poneys, de bicyclettes, de gens blancs, demi-blancs, bruns et noirs.

Puis nous allons dans les boutiques marchander les articles indigènes : pierres de lune, pierreries diverses, vannerie fine en paille coloriée, boîtes incrustées, etc. ; et partout il faut se défier du marchand retors et fin comme l'ambre !

Avec quelques camarades du bord, nous regardons ensuite un charlatan indigène charmer des serpents et faire des tours d'escamotage. Rien de tout cela, il faut bien le dire, ne nous paraît remarquable. Plus intéressant pour nous est le rassemblement des indigènes curieux et avides de voir qui se bousculent autour de lui. Le soleil sur tout cela, la végétation d'alentour, le décor nouveau, l'odeur bizarre et épicée qui flotte dans l'air, la vie intense, voilà ce que nous ne saurions décrire.

Nous remontons en voiture pour faire la célèbre promenade de « Mount Lavinia », un bel hôtel situé sur un point pittoresque de la côte, dominant la mer. Nous suivons une route rouge comme du sang, s'allongeant capricieusement au milieu des banians, des cocotiers et des bambous. Du haut de notre équipage, nous faisons des études de types et de costumes. Les Singalais portent généralement une pièce d'étoffe, souvent une cotonnade originale, en guise de jupon serrant les jambes.

Beaucoup ajoutent à cela une jaquette de forme plus ou moins européenne, mais la plupart vont le torse nu et exhibent une fort belle anatomie, quoique plutôt grêle. Leur peau bronzée, rendue souvent luisante par la transpiration, n'a rien de désagréable à voir. Quelques très belles têtes, des cheveux frisés ou ondulés, mais pas crépus.

A remarquer que ce costume se simplifie beaucoup pour les Singalais au travail. Nous voyons des terrassiers vêtus seulement du petit tablier que l'on sait et qui est une façon de feuille de vigne.

Les femmes jeunes se vêtent, au-dessus du même jupon serrant que portent les hommes, d'un tout petit corsage blanc très ajusté, très décolleté, qui ne couvre guère que les seins. Ce costume laisse voir des épaules souvent charmantes, des bras et des jambes vraiment sculptés; les femmes plus âgées cachent leur buste déformé sous un corsage flottant très long par devant.

Les petits enfants sont portés à cheval sur la hanche. Il en trotte de tous côtés, tout petits avec de grosses têtes. Il sont généralement habillés d'un rang de perles autour des reins ou du cou.

On ne voit pas de contrefaits ni de misérables et partout nous admirons la grande allure, la démarche noble de cette race. Heureux pays du soleil! On sent que la vie ici est aisée, facile. Cependant l'on sait combien les infirmités sont exploitées, combien la mendicité est répandue dans les endroits visités par les voyageurs.

Les charrettes les plus communes sont recouvertes de bâches faites de feuilles de palmier tressées. L'attelage se compose d'une paire de bœufs d'un blanc sale, de la taille des veaux chez nous, ornés d'une petite bosse sur la nuque. Les veaux sont grands comme des chiens.

Un étonnement : pas vu le moindre éléphant!

Les petites maisons des Singalais n'ont pas de caractère bien déterminé, sauf peut-être leurs vérandas supportées par de frêles colonnettes. Le toit, fait de pannes très rouges, est souvent recouvert de longues feuilles de palmiers entrelacées.

Nous restons à Mount Lavinia quelque temps à nous rafraîchir sur une terrasse dominant la mer.

Au retour, nous nous arrêtons à une pagode, la plus ancienne de l'île, qu'on nous dit vieille de plus de mille ans. L'aspect extérieur n'a rien d'impressionnant. Le dallage est fait de débris de porcelaine assemblés en représentations frustes et enfantines de coqs, de figures, etc. Dans les seuils de bois nous voyons incrustées d'anciennes monnaies ceylanaises d'or et d'argent. Une table, devant la porte fermée, est couverte de fleurs, offrandes à Bouddha. Nous pénétrons dans le sanctuaire où se trouvent les trois incarnations du Dieu : Bouddha couché, assis et debout. La statue couchée est, paraît-il, en pierre peinte. Elle a je ne sais combien de mètres de long et les yeux sont des saphyrs. Mais M. Salomonson, incrédule, l'accuse d'être *made in Germany*.

Les peintures murales, nouvellement restaurées, sont primitives de dessin et de couleurs criantes. Assez amusante est la représentation des différents péchés avec, immédiatement à côté, la punition particulière qui sera donnée au pécheur en enfer. Exemple : une femme médit de son prochain ; elle sera tenue la tête en bas pendant un certain temps. Une autre, qui coiffe sa compagne, mange ce qu'elle lui trouve sur la tête ; elle brûlera jusqu'à mi-corps, car la religion bouddhiste défend de détruire aucune existence, si petite soit-elle. — Consolons-nous, le supplice n'est jamais éternel ; après un certain temps, on passe dans un monde meilleur qui n'est pas encore définitif, et où vont directement ceux qui n'ont pas péché. Enfin un vrai Paradis finit par réunir tout le monde dans la vie éternelle.

Les murailles sont enluminées aussi des scènes de la

vie de Bouddha, des signes du Zodiaque. En somme, c'est intéressant.

En regagnant la voiture, nous voyons des femmes faisant de la dentelle sur un coussin, exactement à la mode de Bruges. Elles emploient du coton au lieu de fil. Nous leur achetons de fort jolies choses. Des bambines offrent des fleurs de formes charmantes que je ne me souviens pas avoir vues dans nos serres chaudes, et qui seraient pourtant dignes de rivaliser avec maintes orchidées.

No papa, no mama, crient-elles pour avoir un sou, et elles ne nous laissent tranquilles que devant la menace.

Mais voilà notre cheval qui reste sourd, lui aussi, à la menace même suivie d'effet : il refuse d'avancer. Le cocher descend du siège, le traîne par la bride ; mais sitôt qu'il remonte, la bête fatiguée s'arrête net et ne se rebiffe même pas sous les coups. Dix fois l'exercice se répète, dix fois le cheval se montre plus têtu que son maître. Il se décide à faire par-ci par-là quelques centaines de mètres, nous mettant en réel danger de manquer le bateau.

Enfin nous atteignons le quai d'où le dernier petit vapeur va partir à l'instant, et nous remontons à bord du *Sachsen*, dont la blancheur est toute maculée par le charbon qu'il vient d'emmagasiner.

Du haut du pont, amusant coup d'œil sur la multitude d'embarcations qui nous entourent. Ils ont ici des barques fort curieuses, étroites, longues et de forme grossière. Deux morceaux de bois courbés soutiennent à côté d'elles une poutre qui sert de contrepoids et assure l'équilibre.

Autre genre de barque : un demi-tronc d'arbre, sans autre aménagement que trois morceaux de bambou coupés en longueur, de manière à être creux, en guise de rames. Inutile de dire que les trois gamins qui la montent ne comptent pas les bains qu'ils prennent. A tout propos ils quittent leur morceau de bois flottant, soit pour passer sous les rames d'une vraie barque, soit pour rattraper leur bambou abandonné au fil de l'eau, soit pour saisir tout objet qu'on leur jette ou éviter les pierres qu'on leur lance, car nous avons vu une scène vraiment burlesque en ce genre :

Un passager de troisième avait laissé s'envoler son chapeau. Aussitôt, l'un des dits hommes-poissons de s'en saisir, de lui témoigner une grande admiration et de l'offrir au propriétaire moyennant finance. Celui-ci n'offre que des injures. Le Cingalais fait mille tours avec le chapeau, l'envoie promener en mer, le rattrape avec son bambou, s'en coiffe pour nager, ou bien l'assied respectueusement sur son tronc d'arbre, narguant toujours son propriétaire qui lui envoie d'énormes pierres, des briques à ce qu'il m'a semblé, que l'autre évite en plongeant. La scène se prolonge assez et finalement le propriétaire jette dans l'eau la somme demandée ; sur quoi l'autre, d'un geste adroit, lui renvoie son chapeau.

Sur le pont, des marchands nous poursuivent de leurs offres jusqu'au moment où le *Sachsen* s'ébranle. Le mouvement du bateau ramène un peu de brise, ce que nous trouvons délicieux après la température de serre chaude de Colombo.

Mais le tangage est moins agréable, il devient assez violent, car nous marchons vers le sud en coupant la vague ; l'avant nous apparaît perché bien haut au-dessus de l'eau, puis plongeant dans l'écume.

Nous voyons défiler la côte, d'abord toute décorée de verdure, bientôt brumeuse et perdue dans l'éloignement.

Vers la nuit tombante nous apercevons à notre gauche le puissant phare tournant de Port-de-Galles, pointe extrême du sud de l'île, autrefois escale ordinaire au lieu de Colombo. Bientôt nous virons pour reprendre la direction de l'Est, et nous retrouvons aussitôt un sérieux roulis qui rend la marche sur le pont très vagabonde.

Hier samedi, la chaleur s'est fortement accentuée et de

plus les tables ont dû être aménagées pour la grosse mer, avec les compartiments de bois appelés *violons*; ce n'est nullement gênant. Quand le roulis n'est pas tout à fait sérieux, ce dispositif est d'ailleurs inutile, grâce à de la vaisselle fort pesante. Ce qui souffre le plus des mouvements du bateau, ce sont les bouteilles. Hier, le dîner a été accompagné d'un fracas de verre cassé qui a amené aujourd'hui l'apparition desdits violons.

Mais la forte mer que nous subissons a un inconvénient plus sérieux : c'est de rendre inhabitables toutes les cabines du pont inférieur, dont les hublots sont fermés depuis deux jours. Nous-mêmes, bien que largement logés, et près d'une bouche d'air, nous avons voulu essayer de la vie en plein air, comme les autres. Ici une scène tragi-comique : c'était hier soir, nous étions une vingtaine et même plus, qui avions fui nos appartements, prenant avec nous couvertures, oreillers, traversins : d'aucuns avaient même pris les matelas de leurs lits. Les stewards étaient venus tout installer avec leur habituelle diligence et le domestique chinois de M. et Mme M... avait arrangé sur leurs chaises longues deux couchettes bien douillettes, à faire envie. Chacun avait cherché le bon endroit, chacun croyait l'avoir trouvé. Il y a toutes sortes de circonstances à interroger : il faut un peu de brise pour bien respirer, il n'en faut pas trop de peur des névralgies; il faut se mettre assez loin des lanternes, il faut aussi avoir un coin tranquille et en dehors de la circulation nocturne ou matinale des matelots. Enfin, tout cela fait, on était allé se déshabiller : hélas, il fallait bien faire cela dans la cabine! Une minute, juste assez pour ne pas étouffer, et voilà qu'arrivent sur le pont tous nos vagabonds déserteurs de leurs logis, dans des costumes dont la description ne serait pas longue et pourrait être divertissante. Enfin, vers minuit et demi, nous voilà tous somnolents ou endormis; même les maris avaient abandonné la partie de cartes et le fumoir pour venir rejoindre les dames endormies dans ce bizarre dortoir en plein vent, lorsqu'une averse formidable, sans le moindre préliminaire, balaye toute la compagnie en un clin d'œil : c'est à se demander comment on peut se réveiller, penser, parler et agir avec une pareille instantanéïté. Un coup de pied dans une fourmillière n'a jamais produit un pareil désarroi. Les salons sont envahis et leurs occupants sont désagréablement bousculés dans leur sommeil paisible; on rallume les lumières éteintes, on rentre des chaises longues, on refait des couchettes improvisées par terre, sur les canapés, sur les fauteuils, partout. Pendant ce temps la pluie fait rage, les éclairs sont aveuglants, le bruit du tonnerre se mêle au bruit des vagues et le roulis reprend de plus belle. Les dormeurs à l'abri, réveillés par les autres, sont naturellement d'assez mauvaise humeur et reprochent à ceux-ci leur imprudence dont ils devraient supporter seuls les conséquences. Qu'ils s'en aillent! M. M..., pour faire entrer sa chaise longue, bouscule celle de M. de Luca endormi, son meilleur partenaire au jeu de palet! Récriminations, etc. Il n'y a plus d'amis! Quant à Mme Jottrand et moi, nous regagnons notre cabine, finissant par où nous aurions dû commencer. Nous ne sommes pas morts étouffés, mais peu s'en est fallu...

Ce matin, au déjeuner, un peu tristes des réflexions philosophiques auxquelles nous conduit cette aventure, nous avons été plusieurs à nous rappeler les scènes de la *Bourgogne* faisant naufrage... Peut-être qu'en pareille occurrence, nous-mêmes, si bons camarades à notre petite table, nous pourrions nous donner des coups d'aviron sur la tête comme de simples Somalis.

Vers 6 heures et demie du matin, l'affreuse musique du bord a trouvé bon de jouer des hymnes pour célébrer la solennité du dimanche. Des hymnes jouées par des instruments de cuivre, c'est bien inventé!

Tout le monde a l'air un peu fatigué. Une nouvelle averse est venue rafraîchir sensiblement la température; la mer reste tourmentée, le roulis violent. Les vagues déferlent sur toute l'étendue visible de l'océan, c'est un spectacle bien plus imposant que vu de la côte; mais rien n'efface le souvenir du brise-lames de Colombo avec les gerbes d'eau salée filant droit vers le ciel!

Lundi, 10 octobre.

Ce matin, des îles côtières sont en vue, leur profil montagneux se distingue nettement. Nous arriverons à Singapore mercredi, deux jours avant la date officielle. Le soleil et le beau temps nous sont revenus, le roulis est moindre; mais hier encore, en marchant contre le mouvement du bateau, on avait la sensation de grimper une forte rampe, et l'on glissait sur les tapis sans avancer. Les hublots ayant été fermés longtemps, la chaleur sans air était intolérable dans les cabines. La nôtre, inondée plusieurs fois par suite de notre imprudence, dégageait une forte odeur de moisi et tout y était collant, humide, rouillé. Voilà les petits inconvénients de la vie de bord.

Une jeune Anglaise, qui est une de nos meilleures relations à bord va, à Hong-Kong retrouver son fiancé qu'elle épousera le jour même de son arrivée. Après cela le jeune couple compte faire un long voyage en Chine et ne s'installer au Japon qu'en décembre. A Singapore les deux tiers des passagers quittent le *Sachsen*. Beaucoup d'entre eux vont à Deli, à Batavia, Samarang et Chéribon. De toute notre gentille table, M. de Luca continuera seul vers Shanghaï.

Les îles devant lesquelles nous défilions ce matin sont Poulo Rondo, Poulo Wai, Poulo Siras, Poulo Buvu, îles côtières appartenant aux Hollandais et où flottent leurs couleurs. Elles sont très rapprochées l'une de l'autre. De plus on voit par-ci par-là des *atolls* ou récifs inhabités. L'un d'eux cependant porte un phare et un petit chalet où habitent seuls et loin de toute civilisation le gardien du phare, sa femme et un aide. Les grandes îles sont très boisées et peuplées de tigres, de panthères noires et d'innombrables serpents.

Du bateau nous n'avons rien distingué de vivant; rien que la végétation touffue des grands arbres et la teinte roussie des prairies qui sont verdoyantes, nous dit-on, au printemps.

La coque du navire étant quelque peu salie, on veut la nettoyer avant d'arriver à Singapore où nous abordons à quai. Coquetterie difficile à contenter, pensez-vous? Pas du tout! On a suspendu à des cordes un petit échafaudage mobile comme on le fait dans les cales sèches, et deux mousses, debout là-dessus *sans le moindre garde-fou derrière eux*, se sont mis à laver la coque à grande eau. Un faux pas, une distraction, un mouvement mal calculé, et les voilà dans la mer; et ce qui est pis dans le remous de notre sillage. Ils n'ont pas l'air de s'en soucier.

En seconde classe, nous venons de voir un autre genre de spectacle, un jeu d'enfant pas compliqué et très amusant : Dix enfants, divisés en deux camps, tenaient par les extrémités une corde assez longue. Chaque bande avait un *entraîneur*, le papa d'un des mioches sans doute, qui, chose bien anglaise, les excitait à grands cris comme un jockey fait de ses chevaux. « Pull up! Go on, etc. etc. ». Un long moment, au moins une bonne demi-minute, la corde ne bougeait pas d'un millimètre, les forces se balançaient dans les deux camps. Il fallait voir les mines sérieuses de tous ces petits mioches, leurs petits corps arc-boutés, leurs bras tendus, leurs frimousses contractées par l'effort. Puis un léger mouvement de recul se faisait d'un côté ou de l'autre, imperceptible d'abord et bientôt plus sensible, rapidement suivi alors d'une défaite complète.

Applaudissements chez les uns, et air vexé des autres; puis revanche, etc., etc. — Enfin, tout à fait comme chez les grands et même avec bien plus d'amour-propre. Ce jeu s'appelle le « tug of war. »

Nous ne sommes plus qu'à 500 milles de Singapore. Demain sera la dernière journée de notre vie à bord. Je pense déjà tristement à la séparation d'avec nos amis d'ici. Puis, les malles à faire et à défaire, hélas! Nous séjournerons trois ou quatre jours à Singapore.

Mardi 11 octobre, matin.

Nous nous sommes éveillés dans une demi-obscurité: la pluie fait rage, le ciel est gris plombé, il fait froid! Cela nous paraît bizarre de grelotter, juste comme nous arrivons à l'Equateur!

On voit partout des stewards rapportant du linge, tirant des malles, des gens affairés empilant des paquets dans les couloirs.

Mardi soir.

Je ne me risque pas à une description de coucher de soleil, mais voici ce que nous venons de voir : Un côté du ciel argenté, l'autre doré, sans parler des dégradations intermédiaires. La mer jaune et l'écume violette sous le chaos de nuages le plus fantastique!

Tous les passagers, même les plus indifférents ou les plus habitués à la vie tropicale, se pressaient le long des bastingages et personne ne se lassait d'admirer cette fantasmagorie continuellement changeante. Pour nous, sans aucune exagération, c'est le plus admirable spectacle céleste que nous ayons jamais vu.

Singapore, 13 octobre.

Nous voici arrivés d'hier matin. Nous avons quitté le bateau sans nous presser, intéressés par le curieux spectacle de son déchargement et de son approvisionnement.

Mais revenons au moment où nous approchions de Singapore, mercredi dans la matinée : nous voyageons entre des îles verdoyantes et habitées qui nous cachent la ville. C'est comme un Archipel autour de la pointe de Malacca.

Comme toujours nous apercevons les quais bien longtemps avant d'aborder. Ils fourmillent de costumes blancs, de casques, de mouchoirs qui s'agitent; une foule indigène compacte de colporteurs et de marchands se préparent à envahir le pont.

A bord on se fait des adieux, on distribue les pourboires, on surveille ses malles, c'est la petite fièvre qui précède le débarquement. Insensiblement le bateau arrive à quai : d'énormes cabestans enroulent d'énormes cables, nous sommes immobiles! et envahis bientôt par la cohue.

Petit à petit chacun s'en va; vivement intéressés par tout ce qui se passe autour de nous, nous nous attardons et prenons le lunch à bord avec les rares passagers qui y sont restés.

On débarque les grosses marchandises : trois ouvertures sont pratiquées dans le pont par le glissement de planches mobiles et la cale dégorge pêle-mêle des pianos, des tonnelets, des caisses et des ballots. Un machiniste chinois fait manœuvrer les deux leviers qui mettent les grues en mouvement.

Dans les cales, sur le pont, sur le quai sont échelonnés les nombreux intermédiaires qui servent à la manutention. Ce sont des coolies chinois au teint bronzé, vêtus d'un court pantalon de coton couleur indigo, le torse nu, la tête préservée par un chapeau parasol en paille tressée. En même temps que le débarquement se fait l'approvisionnement. D'abord le charbon : du côté de la mer, un bac plein est venu se placer contre la coque et se décharge dans la cale. Du côté du quai, de bien, bien loin derrière les hangars, nous voyons arriver et se dérouler, mince et sinueuse, une file de coolies qui, deux à deux, portent de pesants paniers de charbon suspendus à des bambous posés sur leurs épaules. Dans ce long cortège tout paraît noir, c'est comme une traînée d'encre dans le paysage lumineux.

Après le charbon c'est la glace : d'un pas lent et solennel, des bœufs blancs amènent sur le quai de petites charrettes où sont empilés les blocs rectangulaires de glace, plus ou moins protégés du soleil par des bâches et de la terre glaise. Des porteurs s'en emparent, les transportent à bord du Sachsen dans des enveloppes de grosse toile.

Ensuite viennent des paniers contenant des poissons de grande taille dont les écailles luisent au soleil ; des fruits de toutes espèces, des paniers de citrons et d'oranges, des marchandises de toutes sortes vont s'enfourner dans l'immense soute aux provisions, à l'avant du bateau.

Accoudés au pont de première, nous dominons le fourmillement général. De quelque côté que l'on se tourne, c'est le même grouillement de corps jaunes vêtus de loques bleues. Car il n'y a pas que le Sachsen, il y a toute une file de steamers et de bateaux, allongés le long des quais jusqu'à perte de vue. On voit de loin se balancer les étroites planches sur lesquelles passent les coolies pesamment chargés.

Qu'on ajoute à cela les multiples cris et les bruits dont l'air retentit, et l'on pourra se faire une idée approximative de ce vaste panorama exotique, merveilleux dans sa couleur d'ensemble, et criblé d'une multitude de scènes de détail toujours pittoresques et quelquefois comiques, dont chacune mériterait une description.

Captivés par ce spectacle généralement peu connu des passagers qui se hâtent de quitter le bateau sitôt qu'il est arrivé, nous nous en allons les derniers !

CHAPITRE V

SINGAPORE. — JOHORE. — DÉPART POUR BANGKOK.
DANS LE GOLFE DE SIAM.

A bord du *Gorgon*, 15 octobre 1898
dans la mer de Chine.

Changement de bateau et changement de confort! Je suis assis sur un pliant, j'écris à une petite table éclairée par une bougie, cherchant à reprendre le fil des jours passés.

En quittant le *Sachsen*, nous traversons en voiture une grande partie de la ville qui paraît belle et animée par endroits, et nous arrivons devant l'hôtel de l'Europe. Presque tous les passagers s'y trouvent : ils sont attablés dans la véranda où ils sirotent des boissons diverses.

On nous conduit dans un bâtiment séparé où une grande chambre blanchie, meublée de lits à moustiquaires et de meubles de Vienne nous a été réservée par cable. Tout l'hôtel est formé de constructions séparées reliées par des passages couverts.

Après nous être rafraîchis nous allons retrouver nos camarades du *Sachsen*, et nous reformons au dîner la même joyeuse petite table.

Grande salle blanchie, tables nombreuses de quatre, six ou huit places, servies par des boys chinois tout en blanc, très agiles, leur longue queue voletant derrière eux. Cuisine fort médiocre, heureusement assaisonnée d'un spectacle très curieux. Singapore est le rendez-vous, le lieu de réunion de toutes les races possibles, la jonction des lignes Européennes pour l'Australie, la Chine et le Japon, et souvent pour la côte Ouest de l'Amérique. Comme tous les steamers y font escale *au moins* douze heures, et que l'hôtel de l'Europe est un des meilleurs parmi les mauvais hôtels de la ville, je vous laisse à penser la variété de types et de figures que nous avons devant les yeux. Nous entendons parler, à chaque table, une langue différente.

Après le dîner nous faisons une promenade en jinrikisha (prononcez Riksha) petite voiture pousse-pousse traînée par un coolie chinois. Ce moyen de locomotion serait délicieux si l'on n'avait sous les yeux son semblable comme bête de somme, ce qui est sensible à nos sentiments d'Européens encore frais débarqués. Il y a plus de *deux mille* de ces petites voitures à Singapore. Elles sont plus ou moins élégantes ; beaucoup sont laquées de noir et d'or avec des dessins fantastiques. Le soir on voit briller leur millier de lanternes quand elles courent à toute vitesse dans les rues de la ville ; les coureurs de jinrikisha font un dur métier, et l'on nous a dit de plusieurs côtés qu'ils ne peuvent résister à pareille vie plus de sept à huit ans ; ils contractent inévitablement une maladie de la poitrine dont ils meurent rapidement. Leurs services sont réglementés par l'administration publique comme celui des voitures de place. La course qui ne dépasse pas un demi-mille est payée 5 cents (12 centimes 1/2) ; à l'heure le prix est de 20 cents ! Ce ne sont pas seulement les Européens, mais beaucoup aussi les Chinois aisés qui se font ainsi véhiculer. Ces petites voitures sont agréables parce qu'on y est tout à fait en plein air. Elles sont très légères et vont quelquefois, surtout dans les rues encombrées, plus vite que les voitures à poneys.

Nous faisons une promenade assez longue, un peu partout, mais principalement dans le quartier du petit commerce chinois. Assez curieux intérieurs, vus de la rue, mais que nous reverrons mieux en plein jour. Ce qui nous charme aussi, en plus du milieu, c'est la parfaite commodité et même le bien-être que nous éprouvons sous ce ciel et dans ce climat nouveau pour nous. La promenade est exquise et l'on ne s'en fatiguerait pas. Après une heure, nous revenons à l'hôtel et nous congédions notre coolie, non sans entendre les protestations du susdit qui voudrait un dollar pour sa course, le quintuple du tarif! Protestations vite étouffées par le personnel de l'hôtel, et c'est une chose un peu triste à voir dans ces pays coloniaux que la facilité avec laquelle l'Européen a raison, toujours et en toute circonstance, contre l'homme de couleur.

Nous avons passé notre première nuit à terre sous le ciel des tropiques. Lits spacieux et sans couvertures, lesquelles seraient d'ailleurs fort inutiles; moustiquaire large et élevée. Très commode et très reposant après les lits du bord!

A six heures du matin, la meilleure heure de la journée, tout s'éveille. Le jour arrive en un quart d'heure de temps, éblouissant, il fait bon. On déjeune sommairement dans sa chambre à coucher, en attendant le déjeuner de neuf heures.

L'hôtel est spacieux, compris suivant les nécessités du climat, avec de grands vestibules, des verandahs, des terrasses, une profusion de chaises longues et de fauteuils à bascule qui invitent à la paresse. Serviteurs chinois, silencieux, diligents et respectueux.

Comme le lendemain 13 octobre j'avais à faire une foule de choses longues et ennuyeuses, bagages, achats, formalités de tout genre, j'ai décidé Mme Jottrand à accompagner nos amis hollandais dans une excursion au

Sultanat de Johore. Ils sont tous partis à sept heures du matin dans un grand char à banc à la mode du pays pour rentrer vers quatre heures.

Pendant ce temps je suis retourné au *Sachsen*, où j'avais des informations à prendre, et où j'ai dit un dernier adieu aux amis. J'ai tenu à voir partir le steamer, non sans quelque émotion. Assez solennelles sont les minutes qui précèdent le départ. Dès 10 heures moins cinq tout était prêt, les matelots chargés de retirer la passerelle mobile avaient les mains sur les cordes et n'attendait qu'un ordre, un geste. La foule immense des Indigènes et des Européens, tantôt remuante et tumultueuse, était immobile et presque muette. Sur un signal, la passerelle s'abaissa et le *Sachsen* s'éloigna lentement du quai; il était 10 heures exactement et l'on n'avait attendu que l'heure. Au même moment apparaissaient comme par magie les petites barquettes d'hommes-poissons que nous avons vues à toutes les escales. Cris, quête d'aumônes, pièces de monnaie jetées dans l'eau, plongeons de toute espèce. Jusque bien loin, bien loin, au tournant de la baie, le grand navire demeura entouré de sa frêle escorte d'Asiatiques.

J'ai pris le tiffin aujourd'hui avec un Allemand très agréable, compagnon du *Sachsen*. Il va remplir les fonctions de juge impérial dans l'archipel Bismarck, jadis possession Anglaise, appartenant à l'Allemagne depuis 1884. Il sera le seul blanc de sa résidence!

16 octobre.

Quelques mots sur l'excursion à Johore à laquelle M. Jottrand, retenu par des affaires pressantes, n'a malheureusement pas pu prendre part.

Nous étions six en char à banc à deux chevaux.

Matinée délicieuse annonçant une température supportable; du reste l'air nous arrive de tous côtés dans la voiture découverte.

Johore, pointe extrême de la presqu'île de Malacca, est un Sultanat presque indépendant, l'Angleterre ne s'occupant que de ses relations internationales.

Le trajet en voiture dure deux heures et demie, puis il y a un petit bras de mer à traverser. La route excellente est d'abord très animée : ce sont des charrettes traînées par des bœufs blancs à bosse, des pousse-pousse, des coolies portant de gros bambous qui plient sous le poids de lourds fardeaux.

Peu à peu le mouvement diminue, la végétation devient de plus en plus luxuriante : ici comme à Colombo, les arbres et les arbustes se mêlent aux palmiers et aux bananiers. Un des plus admirables est le « flamboyant », arbre de la taille de nos grands acacias, aux feuilles de même forme mais très grandes, aux fleurs rappelant les capucines rouge feu, rassemblées en grappes échevelées. L'effet de cet arbre est merveilleux. On le voit souvent en feuilles, en fleurs et en fruits tout à la fois. Le fruit est une gousse brune d'au moins trente centimètres de long, il en pend une quantité.

Plus nous avançons vers Johore, plus la végétation devient splendide et variée : orchidées (non fleuries), fougères énormes, cocotiers, rotang (rotin), bambous, banians, cannes à sucre, caféiers, ananas, cactus, lianes, parasites, c'est un mélange inextricable de toutes sortes de feuilles, de fleurs et de fruits. Mes compagnons rient de mes étonnements, habitués qu'ils sont à cette puissante végétation.

Nous arrivons devant le bras de mer très calme que nous allons traverser; il ressemble plutôt à un lac entouré de verdure. Au bout d'une longue jetée, légèrement suspendue, nous prenons place dans deux mauvaises barques conduites par des Chinois. La chaleur est forte sur l'eau, et à côté de moi les grosses dames Hollandaises commencent à s'en plaindre. Une demi-heure après, nous abordons à un bel escalier au haut duquel six pousse-pousse nous attendent. Chacun prend place et une course commence entre tous ces Chinois qui nous emmènent en courant.

Nous allons dans la *Rest House*, sorte d'auberge où nous nous faisons indiquer le Post-office et le Club où nous comptons déjeuner. Les employés des postes indigènes sont fort aimables et paraissent au courant des caprices des collectionneurs...

Le Chinois qui conduit mon pousse-pousse a soin de revenir me chercher après chaque arrêt. Il nous a sans doute jaugées de l'œil, ces dames hollandaises et moi... Un anthropophage aurait fait un choix différent!

Le Johore Club est un baraquement blanchi à la chaux, construit sur pilotis dans un grand carré d'eau. On entre dans un grand hall où se trouvent à peu près tous les journaux du monde (Johore est une promenade favorite de Singapore). Des fauteuils confortables, beaucoup de fraîcheur. Nous nous y reposons un moment pendant qu'on prépare le déjeuner qui bientôt nous est servi dans une pièce contigüe par des Chinois aux petits soins.

Nous reprenons nos pousse-pousse qui nous conduisent à grande vitesse au palais du Sultan. Celui-ci est absent en chasse et nous obtenons facilement la permission de tout visiter. Ce qui nous frappe d'abord, ce sont de grands portraits en pied, à l'huile, d'altesses et de gouverneurs Anglais. Cela fait un singulier effet dans cette maison orientale. Beaucoup, beaucoup de chambres, meublées très simplement à l'anglaise. Je remarque l'extrême longueur et largeur des lits, tout à fait inusitée chez nous. M. Salomonson m'explique qu'on tourne tout autour du lit pour trouver un endroit frais. C'est plutôt une espèce de table matelassée où l'on promène son oreiller comme l'on veut. — Le grand salon d'apparat est de style empire. J'y remarque deux glaces immenses dont le transport a dû être difficile! En somme, aspect Européen démodé, avec, par-ci par-là, de grosses pièces d'Exposition universelle, plutôt riches que belles, telles que des candélabres de cristal plus hauts qu'un homme, des lustres énormes, etc. Les meubles sont couverts de housses. Beaucoup de porcelaines Chinoises anciennes, qui ont, paraît-il, grande valeur.

En somme le palais n'a rien de remarquable, mais le parc, vrai jardin botanique, est intéressant pour l'Européen nouvellement arrivé.

Nous n'avons pas pu visiter la mosquée, très grande, ornée de quatre minarets pointant vers le ciel; elle était fermée. Nous arrivons au Club à une heure, pour le lunch.

Un Anglais en costume blanc et un Malais en costume européen sont attablés près de nous. Le second porte au doigt un diamant de grosseur surprenante, qui jette positivement des feux à chaque mouvement de sa main. Le steward, interrogé après son départ, nous apprend que c'est le frère du Sultan.

Nous devons renoncer à la sieste après le lunch, car la route du retour est longue. Nous reprenons successivement les rikshas, les barques, la voiture, un peu sommeillants et fatigués. Pour nous dégourdir, nous descendons de voiture pendant qu'on change les chevaux. Je cueille quelques petites fleurs sur la route et les messieurs, voyant mon admiration, s'amusent à m'apporter d'un jardin voisin une quantité de fleurs et de feuilles plus jolies les unes que les autres. Ils me remplissent les mains, je ne sais plus tenir ma moisson. Je la mets dans une feuille de bananier pour en faire un bouquet que j'apporte dans la voiture. Là je les examine une à une et je compte vingt-six fleurs différentes cueillies en quelques minutes, sans parler des feuilles coloriées, panachées, striées, jaune vif, rose carmin, pointillées, aussi jolies que des fleurs. Quelques brèves descriptions : feuille en forme de sagittaire, verte, pointillée de rouge et de blanc. — La même, très grande, avec tout le milieu rose vif — ou bien, toute striée de vert et blanc.

Longue feuille épaisse et comme vernie, ressemblant tout à fait au fond des meubles de Boulle, rouge et noire.

Quant aux fleurs, je crois avoir reconnu le *Bouvardia*, une sorte de *nicotine* jaune citron, le *Convolvulus*, l'*OEillet de Chine*, le *Petunia*, le *Zinnia*, l'*Amaranthe*, le *Yucca*, le *Canna ;* toutefois cette énumération contient aussi des fleurs vues plus tard au jardin botanique.

Nous rentrons, charmés de notre promenade, à l'hôtel où M. Jottrand nous attend.

Dix minutes de repos et changement de toilette, une promenade d'une heure en pousse-pousse, un peu de flâne à la terrasse d'un café, et voilà le moment venu de retrouver nos amis à la table du dîner.

Choses et autres. — Singapore est un port libre, sans douane. La population y est très mélangée, les Chinois sont particulièrement nombreux. Chaque race a ses métiers et ses professions. La police est faite par les Malais indigènes. Les stewards et les boys sont chinois, les bonnes d'enfants sont chinoises et très dévouées, paraît-il. Les conducteurs de voitures sont malais, tandis que les tireurs de rikshas sont des coolies chinois. Tous les cochers, domestiques en livrée, portiers de magasins sont malais.

Il y a des Chinois catholiques fort considérés, d'une condition sociale élevée; ils ont fait bâtir une église fort riche.

Un mot de la queue des Célestes. Plus elle est longue, plus elle est belle; sa grosseur est de deux doigts environ et la queue se termine par une floche de soie noire. Souvent elle est entremêlée de cordons de couleurs qui finissent même par la composer entièrement vers le bout comme pour l'allonger ; ces couleurs sont invariablement *blanc* pour le grand deuil, *rouge* pour un deuil éloigné et *bleu*, nous dit-on, pour les élégants. Quelquefois les stewards mettent le bout de leur queue en poche, ou l'enferment dans leur veston pour qu'elle ne saute pas capricieusement derrière leur dos à chacun de leurs mouvements.

Le costume des Chinois est très reconnaissable et nul autre que lui ne le porte. C'est un large pantalon, soit court, soit demi-long suivant la profession, et une sorte de caraco-veste à manches assez flottantes. On ne les voit jamais ni en rouge, ni en jaune, mais toujours en indigo, en bleu pâle, en mauve ou en noir. Ils semblent affectionner une sorte de lustrine noire très brillante qui ressemble à du caoutchouc. La couleur jaune est divine, elle est réservée aux hauts personnages.

Les stewards sont gentiment habillés. Le costume décrit ci-dessus est blanc; le pantalon est rentré dans des chaussettes blanches et serré à la jonction par des cordons; souliers feutrés noirs sur d'épaisses semelles. Calotte noire en forme de dôme, surmontée d'un pompon rouge, et d'où sort la queue majestueuse.

Les Malais portent tous le jupon collant, comme les Cynghalais. Ils affectionnent les étoffes à carreaux de toutes nuances. Une coiffure en forme de fez ou de turban, sans caractère bien tranché ni invariable. Toujours les pieds nus.

Tout près de l'hôtel de l'Europe se dresse un éléphant en bronze, regardant la mer du haut d'un piédestal de pierre. Sur une des faces, une inscription anglaise nous apprend que « Somdetch Phra Paramindr Maha Chulalongkorn », the supreme King of Siam, aborda sur cette côte le 16 mars 1871, premier souverain du Siam qui ait jamais mis le pied en dehors de ses États, et que ce monument a été érigé pour perpétuer la mémoire de cet événement.

Vendredi nous sommes allés en voiture faire quelques courses. D'abord, retenir nos places à bord du *Gorgon* d'où nous écrivons ces lignes. Rien de plus bizarre que le bureau des maisons de commerce exotiques, ces quelques blancs autour desquels s'agite une nuée de serviteurs et d'employés Malais et Chinois. Il n'y a guère de bruit de pas, car presque tous ces pieds sont nus. Mais par toutes les portes et fenêtres ouvertes arrive ce murmure particulier aux grandes agglomérations. L'éternel et inévitable pankah se balance au-dessus des têtes des blancs.

On nous sert avec assez de diligence, et de là nous allons au télégraphe pour lancer une dépêche annonçant notre prochaine arrivée à Bangkok. Puis, nous faisons choix de lits, de literie et de vêtements blancs dans une de ces grandes maisons de commerce où l'on trouve tout ce que l'on peut désirer. Nous revenons à l'hôtel pour le lunch, ensuite nous allons visiter le Jardin Botanique, une des curiosités de la ville.

Le soir, dîner d'adieu. Les Hollandais partent le lendemain matin pour Batavia, à quarante-huit heures de mer de Singapore. On s'exprime un léger espoir de se revoir, bien que ce soit grandement improbable.

Puis c'est notre tour de partir : les malles faites et cadenassées, tous les colis en bon ordre, une charrette à bœufs les transporte au Pier, et de là un petit bateau les conduit au steamer *Gorgon* où nous arrivons nous-mêmes après de longues pérégrinations dans la rade, dues à l'inexpérience du batelier malais qui ne savait où nous conduire et ne connaissait pas un mot d'anglais.

A bord, on nous reçoit comme en famille : nous sommes les deux seuls passagers du steamer. Mais quel steamer! Aucun aménagement sérieux n'existe pour passagers. On nous donne la meilleure cabine sur le pont, contiguë à celle du capitaine; mais qu'en dire! Nous nous demandons ce que doivent être celles de seconde classe! Certes, la troisième classe du *Sachsen* valait mieux que la première ici : les couvre-lits sont tachés, les draps et les taies ont des trous où l'on peut passer la main; pas de sommier, la paillasse est mise directement sur la planche à claire-voie. Le lavabo est rudimentaire; on ne sait trop si l'eau est propre ou sale, mais il faut s'en servir sans trancher la question.

Dès la seconde nuit nous avons couché sur le pont, avec la pleine approbation du capitaine qui nous a aidés à cet effet et qui dit que ses passagers le font assez souvent. Très causeur, il n'a pas l'air de se faire illusion sur son bateau ni sur son confort. Il nous a prévenus dès le premier jour que si nous avions trop à manger sur le *Sachsen*, nous pourrions bien ici avoir des tiraillements d'estomac... Et ma foi, sans le bon gros rire qui accompagnait cette phrase sinistre, nous aurions été effrayés! Toutefois, pour nous consoler, il nous dit qu'à certains voyages on est bien plus nombreux et qu'il a déjà eu jusqu'à *onze* passagers de première, alors que le bateau est aménagé (si l'on peut ainsi parler) pour huit. Nous ne parlerons ni d'un fumoir, ni d'un salon, ni d'une passerelle-promenade, si ce n'est pour les regretter. A peine une salle à manger, petite, commune aux passagers et aux officiers, éclairée aux bougies, et sur laquelle ouvrent, *directement*, deux cabines, la salle de bains et le W. C!! Ajoutons que le bateau a la quille fort plate, pour pouvoir traverser la barre de la Meïnam, d'où il résulte un roulis et un tangage qui, même par un temps calme, défient toute description. Au lieu des larges et berçantes ondulations du *Sachsen*, il nous semble être dans un moulin à café. Le bateau fait mine de se coucher dans l'eau sans avoir aucune envie de se relever.

Alors, les choses les plus simples deviennent presque impraticables : boire dans son verre, descendre un escalier, et même se promener sur le pont...

Heureusement ces petits inconvénients sont compensés par d'agréables conversations. Quoique Anglais, le capitaine est très loquace; c'est un bel homme, très décidé, pétulant. Il a épousé il y a dix-huit mois une jeune fille née à Singapore d'un père hollandais et d'une mère portugaise, et est depuis peu l'heureux père d'un petit garçon qui représente les trois nations les plus voyageuses du globe! Le capitaine nous raconte des traversées mouvementées, des souvenirs intéressants.

De toutes les villes du monde qu'il connaît, c'est Anvers qu'il préfère; — c'était aussi l'avis du commandant du *Sachsen.* — Après Anvers, Odessa; maintenant il ne voudrait plus quitter Singapore qu'il trouve délicieux.

Il nous parle des grands ports du monde : comme étendue matérielle et magnificence d'ensemble, le premier à son avis est Sidney, le second Rio-de-Janeiro, le troisième San-Francisco.

Comme tonnage, d'abord Londres, puis Liverpool, puis Hambourg. Singapore est cependant plus important comme transit.

Les bateaux *à voile* pour passagers subsistaient encore entre l'Angleterre et l'Australie il y a une dizaine d'années, Malgré la concurrence des steamers, ils avaient les préférences de nombreux Européens soucieux de leur santé : les médecins recommandaient ces traversées comme remède à la consomption; le voyage durait plus de trois mois!

18 octobre.

Hier, le mal de mer a suspendu tout effort épistolaire... maintenant un grand nombre d'îles côtières du Siam sont en vue sur notre droite, nous approchons!

Nous mangions tantôt avec assez d'appétit une viande que nous croyions être du veau; le capitaine nous a dit que c'était de la tortue de mer, et, chose curieuse, Mme Jottrand n'a vidé son assiette qu'en faisant la mine. Ce que peut l'imagination! C'est le seul mets jusqu'ici qui soit tout à fait nouveau pour nous. Quant aux fruits nous faisons souvent de nouvelles connaissances. La banane et l'ananas sont servis à profusion, la pamplemousse mérite tous les éloges.

Le soir.

Le soleil s'est couché tantôt dans une gloire de nuages fantastiques; est-ce la clarté des ciels tropicaux, je ne sais, mais jamais nous n'avons vu en Europe, même au littoral, de semblables effets!

Nous sommes maintenant tout près de la Menam, dont l'embouchure est fermée à marée basse par des bancs de sable. Au moment où j'écris, on va jeter l'ancre, et nous stopperons ici jusqu'à 5 heures du matin.

Bangkok n'est plus qu'à une dizaine de milles, mais nous devons attendre la marée.

Voilà donc bientôt terminée cette étape de 1,537 kilomètres qui sépare Singapore de notre future résidence!

M. Émile Jottrand a résidé pendant près de quatre années dans le royaume de Siam, où il a rempli les fonctions de conseiller juridique du gouvernement siamois. M. et Mme Jottrand étaient donc bien placés à Bangkok pour observer les mœurs, les coutumes, la législation, les pratiques religieuses, la mentalité de ce pays. Ils ont publié sur leur séjour un volume intitulé *Au Siam*, relevé d'impressions rapides et précises, mises en commun et disposées dans un apparent désordre qui est un effet de l'art, sorte de défilé cinématographique, où s'inscrivent au jour le jour les moindres mouvements, où se fixent au passage, d'un trait sûr, les aspects ondoyants et divers de la société siamoise aux prises avec la pénétration européenne, sourdement travaillée déjà par l'impérialisme japonais. Par intervalles, des incidents d'un pittoresque inattendu, des figures d'un relief particulier se détachent de l'ensemble décoratif et du fouillis curieux des anecdotes : le prince Henri de Prusse en visite, M. Doumer, le comte de Turin, M. Rolin-Jaequemyns, dont le rôle a été si considérable là-bas, la chasse royale aux éléphants, les chanteuses siamoises, les fêtes de la cour, etc.

Durant leur séjour au Siam, les auteurs ont fait en Cochin-Chine et au Cambodge un séjour de six semaines afin de visiter les célèbres ruines du temple d'Angkor. Leurs impressions sur cette excursion seront suivies du récit de leur voyage de retour par la Chine et le Japon. M. et Mme Jottrand ont ensuite traversé les États-Unis et ont ainsi complété leur tour du monde, observant et comparant autour d'eux, et nous donnant un récit fidèle et vrai, simple et sans prétention de leur beau voyage.

Note des éditeurs.

CHAPITRE VI

A BORD DU « DONAÏ », VERS SAÏGON.

A bord du *Donaï*.
30 septembre 1900.

Le *Donaï*, qui va nous mener de Bangkok à Saïgon, est un mauvais petit steamer de trois cent soixante-dix tonnes qui roule beaucoup. Encore doit-on se montrer satisfait de l'avoir, car il n'y a aucun trafic entre Saïgon et Bangkok, et rien ne justifie un service de bateau entre ces deux villes. Son unique chargement consiste en lest (deux cents tonnes de ballast) et en quelques réquisitions du gouvernement français qui voyagent en franchise, ravitaillement du pénitentier de Poulo-Condor et du fort français de Chantaboon. Les passagers sont aussi rares que les marchandises : nous sommes seuls à bord ! Est-il nécessaire de dire que le bateau est largement subsidié ! Son subside est de 15,000 francs par voyage, somme qui suffit à payer tout le personnel et le charbon, de sorte qu'on n'a aucun intérêt à rechercher le trafic et les débouchés. On a parlé, il est vrai, de remplacer ce subside généreux par une subvention *à la tonne*, ce qui serait en effet plus commercial et plus raisonnable. Mais l'arrangement actuel a été préféré.

Le Donaï est arrivé devant la légation de France le 30 septembre à 11 heures. J'étais sur la rive à l'attendre, et je sautai dans une barque pour me faire conduire à bord aussitôt, car il est prompt à disparaître vu qu'il n'a guère de chargement qui le retienne; il importe de se renseigner immédiatement. Bien m'en a pris; il repart le même jour à quatre heures, à moins que la valise diplomatique ne donne du retard. Mais heureusement il n'en est rien; M. le ministre est probablement satisfait de ses cigares et de ses nœuds de cravate et aucune circonstance grave ne trouble en ce moment l'horizon politique.

On lève l'ancre. Les manœuvres du départ sont agrémentées d'exclamations qui nous changent quelque peu du flegme des bateaux anglais : « Mais remue-toi donc, espèce d'empaillé! » « Tu me rases, toi, fais donc pas la moule! » Ces malédictions en pur argot adressées à des Chinois, des Malais, des Annamites, nous amusent beaucoup. C'est une particularité du Français à l'étranger de ne savoir parler que sa langue et de s'impatienter si on ne le comprend pas.

Il y avait à bord quatre-vingts ballots de tabac venant de Battambang à l'adresse d'un négociant de Bangkok, mais on n'en a pas même déchargé la moitié, *faute de temps*. Le reste retourne à Saïgon! Ce tabac a tout à fait l'air d'être là pour la parade.

Nous partons en faisant machine arrière. Beaucoup de temps se passe à chercher un endroit favorable pour virer. La Ménam est toujours si encombrée, la circulation des chaloupes à vapeur, des sampans, des lorchas, des jonques si intense que les accidents arrivent assez fréquemment. Après avoir frôlé une jonque d'une manière inquiétante pour son équipage qui s'effarait sous les jurons de notre capitaine, nous sommes enfin en route et marchons bientôt à neuf nœuds, vitesse habituelle du *Donaï*. A la faveur de la marée haute, nous franchissons sans arrêt la barre qui ferme le fleuve, au commencement de la nuit.

Le lendemain 1er octobre, temps détestable! La mousson d'été (S.-O.) domine encore et nous fait rouler beaucoup.

Nous avons doublé le cap Liant pendant la nuit et nous filons vers l'Est, longeant la côte siamoise et les quelques îles de ces parages, généralement inhabitées, mais visitées par les pêcheurs qui recherchent les nids d'hirondelles.

Vers midi, on annonce Chantaboon, où deux officiers doivent monter à bord. Cette ville appartient au Siam et se trouve en plein territoire siamois : seulement, le traité de paix de 1893 a reconnu aux Français le droit d'occuper militairement la place jusqu'à la complète exécution du traité (1).

Le *Donaï* jette l'ancre à l'entrée de la rivière de Chantaboon. Un grand pic boisé où flottent les trois couleurs domine la place ; à ses pieds, quelques baraquements fort simples. Chantaboon même, avec sa forteresse, est assez loin en amont, à 3 ou 4 heures de bateau.

Quelques barques quittent la rive et viennent à nous. Naturellement, on ne décharge rien, puisqu'on n'a pas pris un seul kilogramme de marchandise à Bangkok. Mais on embarque quelques ballots et les bagages des deux officiers.

Mme Jottrand essaie avec succès son siamois auprès d'une femme annamite qui a un beau chat indigène.

Quelques soldats annamites s'embarquent ; leur coiffure ressemble à un plat à tarte en jonc, orné au centre d'une rondelle de cuivre. Leur costume, fort seyant, est, nous dit-on, le costume des anciens guerriers tonkinois. Les quatre régiments de l'Indo-Chine française portent le même uniforme, qui rappelle assez bien les estampes d'anciennes peuplades guerrières.

Les femmes annamites portent le pantalon chinois, affectionnent la couleur violette comme les Chinoises, et en somme s'habillent d'une manière assez analogue.

(1) Chantaboon a été évacué en 1904.

Hommes et femmes portent les cheveux coiffés en chignon. Les gens du peuple sont souvent vêtus de noir et ont un aspect misérable à nos yeux accoutumés aux vives couleurs des vêtements siamois.

Les Annamites qui, par leur type, leur costume, leur caractère, se rapprochent des Chinois, forment la population indigène de la Cochinchine, aussi bien que de l'Annam et du Tonkin. (Il n'existe pas de gens qu'on appelle Cochinchinois). Ils se répandent assez bien et commencent à envahir le Cambodge, dont la population native est paresseuse et indolente. Les Cambodgiens constituent une race sœur de la race siamoise, à ce point qu'il faut de l'attention pour la différencier.

Au delà de Chantaboon, la mer devient de plus en plus agitée. Le nombre des passagers s'est augmenté de vingt-sept Annamites qu'on transporte à Poulo-Condor, où se trouve le pénitencier de la Cochinchine. Ils sont atteints du beri-beri, maladie qui est caractérisée par le gonflement progressif des pieds, des jambes et du ventre. Les malades meurent généralement dans des crises d'étouffement au bout de deux ou quelques jours. Les femmes n'en sont jamais atteintes et il est très rare que des Européens gagnent ce mal épidémique dont on ne connaît encore ni les causes, ni le traitement.

Malgré le violent roulis, Mme Jottrand est fort occupée à réparer les désastres survenus la nuit dans nos bagages; tandis que nous dormions ou essayions de dormir malgré les heurts fatigants du bateau, la pluie ruisselait du pont le long de la paroi de la cabine; et dans celle-ci, transformée en une sorte de machine à laver, nos colis voguaient de long en large, absorbant une eau noire et mal odorante qui en avait nettoyé les coins et recoins.

Quel réveil! Dans la valise de toile, imprégnée comme une éponge, mes douze costumes blancs, frais lavés et repassés, sont devenus noirs! Le nécessaire de toilette en cuir est décollé, abîmé, ce n'est plus qu'une loque informe, les objets qui sont dedans sont détériorés en grande partie. Je me lève tant bien que mal pour appeler un boy, afin de faire enlever l'eau qui couvre le plancher et éclabousse tout au moindre mouvement du bateau. A grand'-peine, Mme Jottrand obtient une cabine vide pour faire sécher contenants et contenus qui répandent une fort désagréable odeur. Aucune aide ne lui est offerte ; seul le commissaire du bord promet de veiller à la réparation du pont, pour que l'accident ne se renouvelle pas.

La journée du 2 octobre nous semble longue ; aucune escale, mais de nombreuses îles sont toujours en vue. Gros temps. Les officiers du bord déclarent n'avoir pas vu pareil temps depuis deux ans. Généralement une tempête cède par instants et n'est pas aussi constante.

On roule sans relâche. Vers 10 heures du soir, nous dépassons Poulo-Obi, île toute proche de la pointe méridionale de Cochinchine. Les îles maintenant ne s'appellent plus Koh, comme dans les eaux siamoises, mais Poulo, et nous filons droit vers Poulo-Condor dans une mer sans limites.

La traversée est monotone à cause du manque absolu de trafic dans ces parages ; pas une cheminée, pas une voile en vue depuis la barre de la Ménam jusqu'à celle du Mékong. Aussi la voie est mal connue et le capitaine dit que la navigation offre toujours de l'aléa. Charmant à entendre !

Vers 11 heures du matin, le 3 octobre, nous jetons l'ancre devant Poulo-Condor : quelques maisons basses, un pier, un drapeau français, puis des collines escarpées et boisées. Une plage de sable, étroite, trace une raie jaune. La baie se développe en trois quarts de cercle, dominée par un bel arc de montagnes. Ce serait un port admirable, s'il n'y avait des bas-fonds qui en rendent l'accès très difficile.

Il y a là quatre Européens, tous Français : le directeur du pénitencier, le docteur du même, le commandant de la garnison et un fonctionnaire cumulant divers emplois, y compris celui de maître de postes. Trois petits villages annamites vivent de quelques pauvres cultures de riz.

Un des résidents vient à bord. Il est à Poulo-Condor depuis deux ans. Ce n'est pas gai, dit-il. Le soir il fait la partie de cartes avec les trois autres. Ils ont maintenant 33 degrés de chaleur, mais en hiver ils sont en paradis avec 22 degrés.

On débarque beaucoup d'Annamites malades ou mourants, et un mort, couché sous une natte, tant bien que mal. Pour les natifs, on ne fait pas beaucoup de cérémonies, à peine ce qui est décent.

Le temps est redevenu magnifique; tout le monde est brave au départ, on prend le tiffin sur le pont. Nous passons près d'un rocher habité par des milliers et des milliers de mouettes ; elles sont posées en masses si compactes que l'œil ne les sépare pas. Le capitaine fait donner un coup de sifflet et aussitôt un vol immense s'élève et tournoie dans les airs; on dirait les flocons d'une neige serrée, tourbillonnant dans le vent.

Le soir, on voit au loin briller le phare du cap Saint-Jacques; bientôt, nous entrons dans la rivière de Saïgon où nous stoppons pour attendre le jour.

Dès le lever du soleil, nous sommes sur le pont. Impossible d'imaginer un spectacle plus triste : sur les deux rives s'étendent à l'infini les mornes palétuviers, l'arbre triste et monotone entre tous. Pas un cocotier, pas un bananier, pas une herbe ne vient interrompre ce lamentable tableau. Pas une maison, pas un chantier, pas même une pauvre hutte sur les rives, pas une voile, pas une barque autour de nous. C'est un séjour vraiment funèbre, qui donne froid dans l'âme. Quelle différence avec les abords si animés de Bangkok !

Et il y a du cap Saint-Jacques à Saïgon cinq heures de navigation, et c'est le même spectacle tout le temps! Les détours du fleuve achèvent d'exaspérer les voyageurs : les deux flèches de la cathédrale de Saïgon apparaissent tantôt à babord, tantot à tribord, et enfin, à un dernier détour, on se trouve tout à coup entre les quais de la capitale, sans qu'aucune animation sur la rivière ait pu faire deviner l'approche d'une ville. Il est cependant 7 heures du matin, l'heure de la grande activité en pays tropical!

CHAPITRE VII

CAP SAINT-JACQUES

Nous abordons à quai. Des pousse-pousse très propres dans lesquels un Européen peut prendre place sans déchoir — ce n'est pas comme à Bangkok — nous mènent à un hôtel tout proche.

Nous trouvons là un très digne homme pour nous recevoir, mais un exécrable bâtiment où il est vraiment miraculeux et digne d'éloge que l'on puisse faire d'excellente cuisine. — Pas de salle de bain dont on puisse parler, des dépendances inabordables, des cancrelats partout, des chambres aux tentures sombres, sans air et sans lumière, des corridors obscurs, rien, en un mot, d'adapté au climat. Hâtons-nous de dire que cet hôtel date du début de Saïgon, et qu'une bâtisse monumentale, avec tous les progrès du jour, s'élève peu à peu à ses côtés pour le remplacer.

Après avoir obtenu difficilement un déjeuner plus sérieux que la simple tasse de chocolat dont se contentent les Français, nous nous promenons dans les rues délicieusement ombragées de grands palmiers, de tamariniers et de manguiers. La voirie est magnifique, les étalages sont provocants; nous jouissons du plaisir, oublié depuis deux ans, de flâner sur des trottoirs et de regarder des magasins. En quelques minutes, nous voyons des choses devenues pour nous extraordinaires : des cafés, où des gens assis à de petites tables prennent l'absinthe, des dames circulant à pied dans les rues, des affiches de théâtre placardées sur les murs, un libraire, des aubettes de journaux! Nous ne sommes pas moins surpris par ce que nous ne voyons pas : des chiens errants et des corbeaux. Voilà des lacunes qui ne sont pas regrettables!

Mais nous devons interrompre nos ébahissements; il y a un bateau en partance pour le cap Saint-Jacques, et nous y prenons place avec M. Mottet, le propriétaire de l'hôtel du Cap où nous comptons séjourner.

Nous reverrons Saïgon une autre fois. A 9 heures, le *Yeck Lee*, chaloupe chinoise appartenant à l'armateur Yeng Seng, nous emmène. Ce bateau a 30 mètres de long, il possède une machine de 130 chevaux et peut contenir cent passagers. Il y a un salon chinois sur le pont principal, et l'on est confortablement installé sur le pont supérieur. Le personnel est restreint, il y a peu de frais généraux. Cette chaloupe non subsidiée fait une concurrence sérieuse au service des Messageries Fluviales, qui est subsidié d'une façon scandaleuse de l'aveu de tous les Français que j'ai rencontrés. Eux-mêmes préfèrent la chaloupe chinoise, dont ils louent à bon droit l'extrême propreté, et reconnaissent qu'aucun autre service de navigation dans toute la Cochinchine et le Cambodge ne vaut celui de Yeng Seng. Nous pouvons constater par nous-mêmes quel soin on a des passagers : Mme Jottrand s'étant assise sur une chaise longue, un boy lui apporte immédiatement un coussin dont il vient de renouveler la taie blanche tuyautée. A 11 heures on nous sert un tiffin irréprochable et le service est parfait. Enfin, pour tout dire, certain endroit est entretenu avec une minutie si hollandaise qu'il y a de quoi en être surpris.

Je me rappelle avec étonnement ce que M. Bard a jadis jugé bon d'imprimer sur ce sujet (1), et je commence à

(1) *Les Chinois chez eux*, par Bard.

penser que, comme un voyageur bien documenté me le disait, les hôtels tenus par les Chinois pourraient bien être plus propres que ceux que tiennent les Européens. Avec M. Mottet et nous, il y a quelques passagers. Après les conversations impossibles du *Donaï*, qu'il est agréable de se trouver en société de gens intéressants, et lettrés! Venant du milieu très anglais de Bangkok, nous apprécions fort le charme de nous trouver entre gens de même race, parlant la même langue; cela nous tient lieu du paysage absent.

Vers 3 heures nous voyons, surgissant dans ce pays tout plat, les deux ou trois mamelons du cap Saint-Jacques. Beaucoup à gauche, des montagnes lointaines d'aspect similaire : ce sont celles de Baria.

Pendant la mousson du S.-O., qui règne encore, on ne peut pas aborder au Cap même, mais de l'autre côté de la montagne, à Binh-Dinh. Mme Mottet attend son mari sur la rive et nous montons avec eux dans un break de l'hôtel. Le paysage nous rappelle l'île de Wight : des mamelons boisés, de jolies petites routes soignées qui serpentent; des massifs d'arbres touffus, beaucoup de fleurs, une exubérance et une variété de végétation qui ne se lasse pas, au fond des vallons comme au sommet des collines. Un mail-coach, s'il y en avait un, compléterait l'illusion. Plus loin les montagnes se reculent et nous traversons une plaine quelque peu marécageuse au milieu de laquelle on construit les nouvelles casernes que pareil voisinage risque de rendre malsaines.

Bientôt apparaît la mer et nous arrivons au bord d'une large baie exposée au soleil couchant (O.-S.-O.).

L'hôtel, situé au bord de la mer, entre les deux montagnes du nord et du sud, est une grande construction confortable datant de 1895. La brise y souffle avec force et l'on s'y passe aisément de pankah. Il y a vingt-sept chambres à coucher; la nôtre, ouvrant sur une grande terrasse au-dessus de la porte d'entrée, est spacieuse, fraîche et agréable. Tout autour de l'hôtel s'étendent les dépendances : boulangerie, blanchisserie, magasin de comestibles, remises, écuries pour seize chevaux, et enfin un grand sanatorium subsidié qui comprend deux catégories : le régime des officiers et sous-officiers à 6 francs par jour, celui des soldats à 3 francs et 3 fr. 50 par jour.

M. Mottet et sa jeune femme, tous deux d'origine suisse et ayant séjourné en Algérie, habitent tour à tour Saïgon et le Cap. A l'hôtel nous avons fait dès le premier jour la connaissance de quelques Français fort aimables, notamment le directeur du service d'immigration et d'identification à Saïgon. Tout Chinois qui arrive, serait-ce pour vingt-quatre heures seulement avec son maître, doit aller se faire toiser et bertillonner dans ses bureaux. Voilà un degré de civilisation dont nous sommes loin à Bangkok! La conversation de ce monsieur vaut une encyclopédie : que l'on parle de la manière de toucher la harpe, de l'armement d'un cuirassé, du type facial de la race nègre, il donne son avis, qui semble décisif. Il s'intéresse à tout et peut renseigner sur tout. Même en prévision des événements de 1893, il s'était mis, me dit-il, à apprendre le siamois! Un peu pressé de nous avaler, cet excellent voisin! très gentil garçon d'ailleurs.

Après ce Parisien, voici un Bordelais, trahi par son accent. Il est chef du service des douanes au Cap, où il habite en permanence. Tout ce qu'il a vu est toujours extraordinaire et fabuleux, et au moins « grand comme ça! » Il est d'un comique fort réussi et joue les premiers rôles dans les séances de farce qui nous réunissent le soir autour du piano.

Le médecin de la marine est un Breton de Lorient qui regrette sa Bretagne. Il est marié, mais sa femme n'a pu l'accompagner. Il a voyagé à Madagascar et ailleurs, mais ne paraît pas mordre aux colonies.

Un jeune Anglais, attaché à l'administration du câble de l'Eastern C° qui émerge ici même de l'Océan, se joint volontiers à cet aimable cercle qui se réunit en séances joyeuses. Ayant plusieurs années de Marseille dans son passé, il est certainement assez francisé. Remarqué du reste que les Anglais se dérouillent assez vite en plein milieu français, et sympathisent volontiers avec ces « jolly fellows ».

Il y a en tout, au Cap, une vingtaine de fonctionnaires répartis à l'administration générale, à l'intendance, à la poste, aux douanes. En général, je remarque qu'on use beaucoup moins des natifs ici qu'en colonie anglaise : c'est un Européen en personne qui vend les timbres à la poste, et ils sont cinq employés pour ce seul petit bureau du Cap, postes et télégraphes réunis ; ce fonctionnarisme outré doit être bien coûteux ! Les natifs sont cependant aptes à tenir ces petits emplois.

Toutes ces constructions, les postes, le câble anglais, l'inspection, les douanes, etc., s'alignent le long de la route qui borde la plage, à droite et à gauche de l'hôtel qui les domine toutes de ses deux grands étages surmontés d'un toit élevé. La beauté du site réside surtout dans l'admirable baie qu'illuminent souvent de splendides couchers de soleil. Un pier de petites dimensions s'avance dans la mer non loin de l'hôtel. Un autre, beaucoup plus considérable, a été commencé plus loin et l'on y a englouti déjà près d'un million ; mais on a suspendu les travaux parce qu'on s'est aperçu qu'on allait infailliblement ensabler la baie, y faire venir les palétuviers et ruiner la localité. Ainsi passe l'argent ! Je préfère ne rien dire de la villa du Gouverneur général. Sa laideur attriste le joli site qui l'environne.

Les journées se passent dans la flânerie traditionnelle des plages. De grand matin nous descendons sur la berge, à travers les liserons mauves qui s'étendent comme un

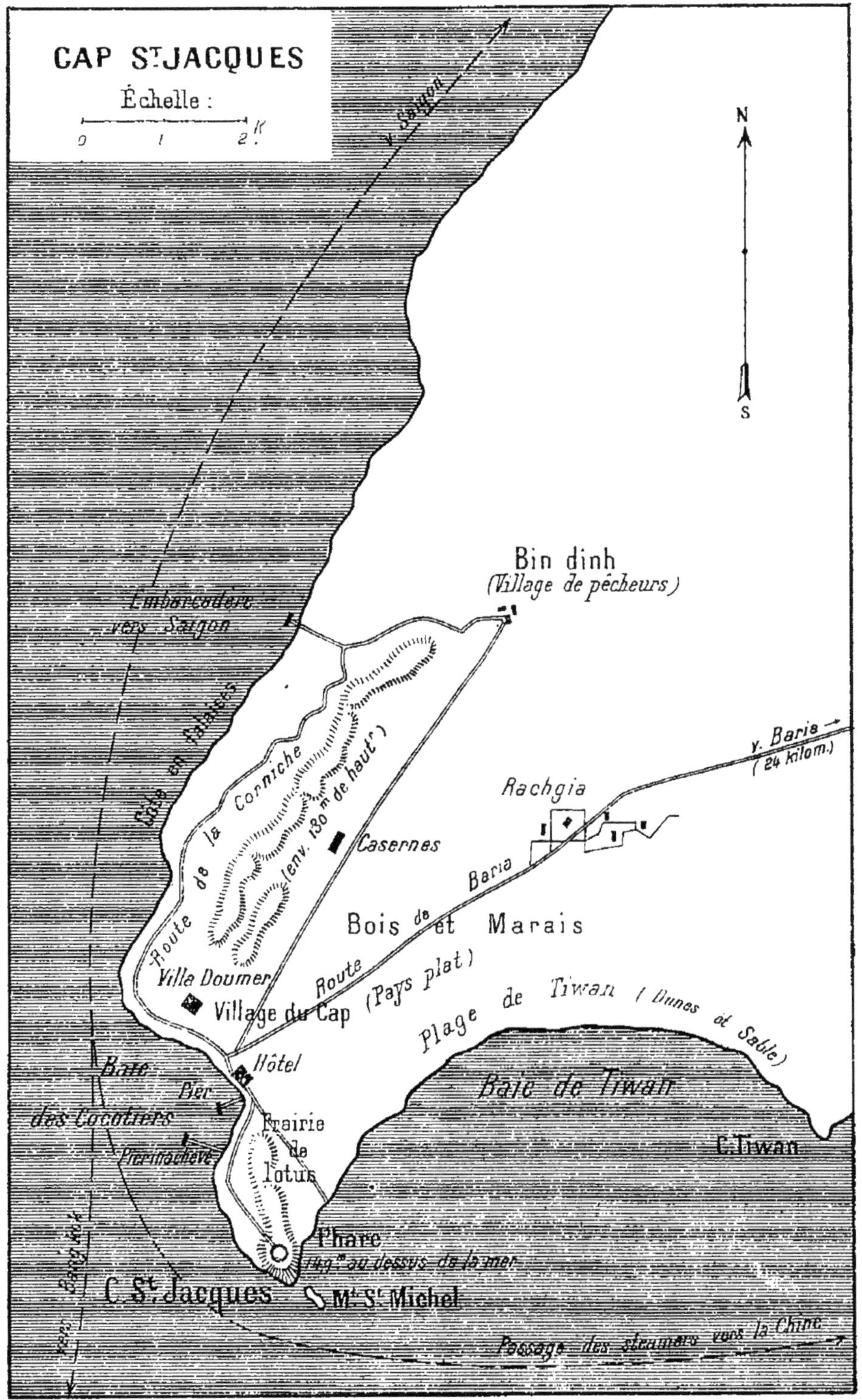
CAP St JACQUES
Échelle :
0 1 2 K
N
S
v. Saïgon
Embarcadère
vers Saïgon
Côte en falaises
Route de la Corniche
(env. 130 m de haut r)
Casernes
Bin dinh
(Village de pêcheurs)
v. Baria
(24 kilom.)
Rachgia
Route de Baria
Bois et Marais
Villa Doumer
Village du Cap (Pays plat)
Plage de Tiwan (Dunes et Sable)
Hôtel
Baie de Tiwan
Baie
des Cocotiers
Pier
Pier inachevé
Prairie
de
lotus
C. Tiwan
Phare
149 m au dessus de la mer
C. St Jacques
Mt St Michel
vers Bangkok
Passage des steamers vers la Chine

tapis jusqu'à la marée haute. Nous rentrons déjeuner à l'hôtel vers 8 heures, puis jusqu'au lunch, promenade à pied ou en voiture ; le choix ne manque pas, on est tout de suite en pleine nature. A 11 heures, on déjeune ; les repas se prolongent tard, allongés suivant l'usage français par le café et le cognac, et l'on fait la sieste de une heure à 3 heures. Tout dort et l'hôtel est fermé.

De 4 heures à 6 heures, promenades vers le coucher du soleil, sur les belles routes taillées à pic au-dessus de majestueux précipices encombrés de lianes.

Dîner à 7 heures. Puis, si l'on est nombreux, l'hôtel se change en kursaal, on chante, on danse, on s'amuse.

Un grand charme du Cap, c'est sa double plage : en une demi-heure de marche on est à la plage de Ti-wan, orientée vers l'Est, et d'un caractère tout différent de celle qui s'étend devant l'hôtel. Au lieu du sable uni et des liserons mauves, ce sont des éboulis de rochers dans lesquels la marée montante fait un vacarme furieux. De roc en roc on peut atteindre une sorte de mont Saint-Michel en miniature, île à marée haute, péninsule quand les eaux se retirent, surmonté d'une petite pagode aux couleurs vives. Le phare, à 150 mètres de haut, domine ce site. Plus à l'Est se déroule en demi circonférence la grande plage de Ti-wan, longée d'un cordon de dunes. Elle s'étend sur des kilomètres et des kilomètres, jusqu'à la pointe du cap Ti-wan. Vus de loin, les Européens qui s'y promènent, tout de blanc vêtus, font penser à des mouettes. Ils font fuir à leur approche une multitude de crabes qui disparaissent subitement en faisant des trous dans le sable.

Les deux plages Est et Ouest sont réunies par une route qui traverse un bois d'aréquiers et de cocotiers soigné comme un jardin, puis divise un champ de lotus rose foncé d'une étendue telle que nous n'en avons jamais vu.

Ce chemin de Ti-wan est une charmante promenade à faire à la tombée du soir.

Le phare mérite une visite, mais la promenade est longue et les voitures n'y ont pas d'accès possible. De là-haut, par un temps clair on voit la fumée des steamers trois heures avant leur passage. La lampe est d'un ancien modèle, à cinq mèches, et brûle 17 à 18 litres d'huile par nuit. Sa lumière s'aperçoit à 40 milles de distance au maximum.

Sur les typhons, la météorologie, etc., le gardien me renseigne peu, pour l'excellente raison qu'il vient d'arriver il y a quelques mois. Remarquons en passant que les fréquentes mutations des fonctionnaires aux colonies ont de grands inconvénients ; quelle expérience sérieuse peut-on attendre de gens si nomades ? Cependant il est infiniment rare de rencontrer ici un résident de dix ans comme le Directeur du service d'identification.

Le gardien du phare, à mon arrivée, était occupé à guetter un serpent de six mètres de long qu'il venait d'apercevoir dans une plate-bande. Si maintenant les serpents, au lieu de ramper tranquillement dans l'herbe, s'élèvent jusqu'aux phares qui regardent le ciel, qu'allons-nous devenir ?

Une autre jolie promenade est celle de Rachgia. Là plus de montagnes, c'est le pays plat et sablonneux. La flore des bois qu'on traverse est très différente de celle du Siam, beaucoup plus riche que celle-ci en petites fleurs. Le lycopode est abondant, les azalées en fleurs mauves sont délicieuses à voir. Vu aussi de la vigne sauvage en fruits. Naturellement les fougères et les palmiers de toute espèce poussent en abondance extrême.

Au bord d'un canal boueux, nous nous trouvons en présence de poissons bizarres : nous les voyons successivement *marcher*, *sautiller* et *nager*, si bien que nous nous demandons s'ils sont poissons, sauterelles ou lézards ; et vraiment leur étrange structure tient un peu des trois. Ils paraissent fuir le flot, bien qu'ils ne s'y noient pas. Ils ont sur le sommet de la tête un appareil qui semble être le siège de la vue ou de la respiration. Leurs contorsions dans la boue gluante sont loin d'être agréables à voir.

L'excursion de Binh-Dinh par la corniche est incontestablement la plus belle de toutes : on s'élève peu à peu jusqu'à mi-côte de la montagne escarpée et boisée qui domine la mer. De fréquents éboulements ajoutent encore au pittoresque de la route. Presque partout le lycopode tapisse les aspérités du roc, mais en bas, de gros blocs qui ont dévalé récemment jusqu'à la mer restent tristes et dépouillés. Cependant les liserons mauves étendent leur étroit réseau jusqu'au bord de l'eau, ils recouvrent même les éboulis que la mer ne peut pas atteindre. Quant au palétuvier, il va plus loin, il entre dans les flots, rampe, s'arcboute, se contourne et se tord, lutte avec énergie contre vents, flots et marées. Il a l'allure en zigzag des arbres exposés aux rafales. La lutte pour la vie se manifeste là-bas d'une manière frappante.

Un soir, comme nous revenions de Binh-Dinh par la corniche, la mer nous est apparue bleu azur, rouge, rose, violette, jaune d'or, mordorée, fulgurante, reflétant un ciel d'apothéose. Quelques petites barques pointillaient le lointain... Nous étions seuls, à mi-hauteur de la falaise, entourés d'un océan de lianes et de verdure, à voir le soleil disparaître dans ce flamboiement.

Binh-Dinh est un village de pêcheurs, très pauvre; les maisonnettes sont aussi rudimentaires que possible, je pourrais mettre la main sur les toits et enlever les poissons qu'on y a mis sécher. Par-ci par-là, de vieilles caisses ont été utilisées pour leur construction, et l'on voit des marques de fabriques variées, réclames inattendues dans ce primitif coin du monde. Les cours des maisons sont entourées de cloisons de paille, et de minuscules sentiers serpentent entre elles.

Une ribambelle de gamins tout nus, garçons et filles, s'enfuit à notre approche avec tous les signes d'une terreur extrême. Ceux qui ne savent pas encore marcher sanglotent à fendre l'âme; les parents rient, nous saluent, et se moquent de leur peureuse progéniture. Les fugitifs réapparaissent, un d'abord, puis deux, puis trois. Enfin les voilà qui maintenant nous font escorte, mais à distance respectueuse.

La population est primitive, misérable et mal habillée. On ne peut d'ailleurs rien imaginer de plus triste que ce long manteau noir que portent les femmes. Quel nonsens que ce costume sans couleur sous ce soleil ! Les hommes sont un peu moins lugubres grâce à une ceinture de couleur qui se noue par devant... mais c'est encore les enfants qui sont le mieux habillés... pour le climat!

Nous visitons un temple annamite très simple et très rustique. Son plan d'ensemble est absolument celui des temples chinois : l'autel avec les baguettes de bois odorant; la décoration intérieure et extérieure, les dragons peints qui gardent l'endroit sacré, les minuscules autels disséminés dans les pelouses, tout y est.

Il n'existe pas de mobilier annamite, non plus que de mobilier siamois ou laotien. Les meubles que l'on voit sont un emprunt fait à la Chine; car seuls les Chinois connaissent de temps immémorial les tables et les chaises.

De plus, nous avons été frappés, dès notre arrivée au Cap, de la rareté du bois de construction, et il en est de même à Saïgon et dans toute cette partie de la colonie française. Contraste radical avec Bangkok où le tek et autres excellents bois de construction arrivent en abondance par le fleuve Menam, dont le cours paisible permet un flottage facile. Le pauvre même a sa maison construite en bois. Au Cap, nous voyons partout la paillotte (tressage de feuilles de palmiers séchées). En paillote, toutes les habitations des natifs ; en paillotte les écuries, remises et dépendances des maisons ; en paillotte, de nombreux bureaux du service militaire ou administratif ! Par conséquent, pas de vérandas ou très peu, rien que de la brique et de la paille. Cela a un aspect peu riant, peu tropical : les grandes maisons ressemblent à des cubes de briques comme la villa Doumer, les petites sont fragiles comme des cages d'oiseaux.

C'est qu'en effet les forêts de Cochinchine ne fournissent guère que du bois de chauffage et du bois d'ébénisterie, ce dernier en petite quantité. Quant aux immenses forêts de tek qui s'étendent dans le nord de l'Indo-Chine, l'exploitation en est impossible par le Mékong, fleuve parsemé de chutes et de rapides.

Il n'y a pas longtemps on a fait descendre, à force de subsides, un train de bois de trois cents pièces, mais c'est un tour de force qu'on ne recommencera pas. La marine elle-même fait venir son bois de tek de Bangkok.

Les bois de valeur inférieure ne sont pas bons pour la construction, car ils sont attaqués par les fourmis blanches, appelées ici *poux de bois*. Le prix de revient en est d'autant plus énorme que souvent les arbres mettent deux ans à descendre du haut pays ; en effet, si la baisse des eaux vient à les surprendre, les voilà arrêtés durant huit mois. Au moins si, comme au Congo, les rapides du Mékong se suivaient en une série dans une seule région déterminée, rien ne serait plus simple que de les doubler d'une voie ferrée. Mais il y en a cinq séries, s'étendant sur 5 degrés de latitude, et d'une longueur variant de 35 à 100 kilomètres. Néanmoins un service de pirogues, pour le transport des lettres et des petits paquets, fonctionne certains mois de l'année jusqu'à Luang-Prabang, mais les risques sont considérables et les naufrages fréquents. Les multiples transbordements exigent une main-d'œuvre difficile à trouver dans cette population clairsemée, et difficile à nourrir dans ce pays pauvre.

Nous ne pouvons guère parler par expérience de la faune du cap Saint-Jacques, car à part de superbes papillons et de petits serpents assez insignifiants, nous avons vu peu d'animaux. Les singes vivent dans les bois voisins en troupes assez nombreuses, paraît-il; les sangliers abondent. Les tigres ne s'approchent guère du Cap, mais cependant on en voit. Il circule une singulière histoire, sans doute quelque peu brodée et arrangée, sur un certain tigre qui serait tout à coup apparu au guichet du télégraphe devant l'employé stupéfait! Un autre aurait été rencontré par un pilote, qui se serait défendu contre lui avec un parapluie. Il y a des cerfs de l'espèce appelée *coman*, très recherchée pour sa chair. Des serpents, notamment le cobra et le serpent minute; des pluviers, des poules d'eaux, des tortues de mer, etc. Pour passer aux familiers des maisons, nous avons entendu quelques tokays et vu des margouillats; mais ceux-ci sont rares et ne font pas entendre ici ce singulier bruit de baiser qui étonne tous les nouveaux arrivés à Singapore et au Siam. Comme animaux domestiques, on voit surtout des porcs, qui se sont acclimatés avec le plus grand succès, comme au Siam; mais ce n'est pas une beauté dans le paysage! Noirs, ventrus à l'excès, l'échine pliée par leur poids, on les voit se promener entourés de leur ribambelle de petits.

Le mouton n'a guère réussi. Les chevaux sont rares, on en commence l'élevage sur une petite échelle. Je ne parle pas de la volaille : comme à Bangkok, canards et poulets arrivent tous les jours sur la table.

Les poissons abondent, et c'est là le principal moyen d'existence de la population. Au coucher du soleil, on voit les pêcheurs entrer à mi-corps dans la mer, tandis qu'au loin les barques font voile et lancent leurs filets.

Près de Baria, où se font de grandes pêches, nous avons vu retirer un immense filet; quarante hommes s'étaient mis à la besogne et n'étaient pas de trop pour en venir à bout. Dans le filet mis à sec se débattaient une multitude de poissons de toutes tailles, y compris de petits requins. Affolés, ils se jetaient les uns sur les autres et se battaient, c'était un spectacle affreux.

Le poisson salé constitue, avec le riz, l'élément principal de l'alimentation des indigènes.

CHAPITRE VIII

CAP SAINT-JACQUES

Au point de vue administratif, le Cap Saint-Jacques est sous un régime spécial. Il constitue une municipalité séparée, comme la ville de Saïgon et la ville de Cholen et n'est, de même qu'elles, rattaché à aucune province de la Cochinchine. La place a une importance stratégique, elle défend l'entrée de la rivière de Saïgon; les pittoresques montagnes de la Corniche et du Phare cachen sous leurs ombrages toute une série de canons drôles à rencontrer dans cette nature verdoyante et paisible.

L'emploi des journées est très différent de celui auquel nous a habitués l'usage plus anglais de Bangkok. En somme, chacune des deux races continue à vivre sous les tropiques comme elle vit chez elle, ce qui ne paraît pas très logique. Les Anglais, après un solide déjeuner, vont à leurs affaires de 10 à 4 ou 5 heures, se contentant à midi d'une collation légère. Après le bureau le club, puis le dîner à 8 heures.

Le Français se lève à 6 heures, déjeune peu ou pas, ouvre son bureau à 7 heures et y travaille jusque 10 heures. Particuliers, bureaux publics et maisons de commerce, suivent la même règle; à 10 heures tous les bureaux ferment, on prend l'apéritif. A 11 heures copieux déjeuner, prolongé par le café, le pousse-café, les cigares, et puis la sieste.

Après 3 heures les bureaux rouvrent leurs portes, la

vie recommence. Enfin vers 6 heures, on laisse définitivement les affaires pour prendre un nouvel apéritif; on dîne à 7 heures, puis on s'installe au théâtre ou au café.

Le café remplace le club. Car s'il n'y a pas de café à Bangkok — du moins pour la bonne société — en revanche il n'y a pas un seul club à Saïgon! Ils sont là 2,500 Européens, presque tous fonctionnaires et gens instruits que les journaux, les revues, la conversation devraient intéresser, et ils n'ont pas un seul club! Est-ce au profit des sports? Il y a *deux* jeux de tennis à Saïgon : l'un appartient aux Anglais de la Hong-Kong et Shanghaï Bank, l'autre n'est jamais occupé! Le café, voilà le seul passe-temps, le seul refuge! Il y en a quarante grands et bien fréquentés, sans compter les autres! Et il y en a plusieurs au Cap!

Choses et autres. — Dans les conversations d'ici, il est souvent question des *Moïs*, peuplade très isolée et très rebelle à tout contact européen, que l'on rencontre pas bien loin au nord-est de Saïgon, à 200 kilomètres environ. Cette race est un problème ethnologique, car on ne peut guère, paraît-il, la rattacher au type Mongol.

Les Moïs vivent en sauvages, presque nus, et fuient l'Européen sans lui être hostiles. Quant une partie d'excursionnistes s'approche d'un village, tout le monde décampe, et l'on se trouve devant les cases vides. Si on les réquisitionne de force comme on a voulu le faire pour les levés préliminaires du chemin de fer de Saïgon à Bien-hoa, ils travaillent durant un jour, et dès le lendemain ils disparaissent sans qu'on puisse retrouver leurs traces.

Naturellement ils se familiarisent après une longue connaissance et l'on cite des Européens qui ont passé des mois entiers chez les Moïs, pour le plaisir de la chasse. On pratique avec eux l'échange le plus primitif : pour une bouteille vide on a deux ou trois poulets, ou plusieurs douzaines d'œufs. Chasseurs adroits, ils tirent à l'arbalète et de cette façon s'attaquent même à l'éléphant. Sans doute ils ne peuvent pas ainsi le tuer, mais ils le criblent de flèches, ce qui ralentit sa marche et permet de le poursuivre jusqu'à ce qu'il tombe épuisé à la merci de ses assaillants.

Que tout doit être pittoresque dans ces voyages au pays des Moïs ! Si j'avais le temps et rien à faire, voilà qui me tenterait ! J'aime à voir des races indomptables qui narguent le blanc et refusent ses présents, que ce soit « la bible, le revolver ou la bouteille de whisky. » Tels sont aussi, me dit-on, les Muïrs à Madagascar et les Muongs au Tonkin. Comme le loup de La Fontaine ils n'aiment pas à avoir le cou pelé, même si cela doit leur rapporter le boire et le manger...

Inutile de dire que le chemin de fer projeté vers Bienhoa n'a aucun but commercial, car non seulement les Moïs sont à peu près sauvages, mais la culture y est absolument rudimentaire. Elle se fait par essartage, ce qui est bien un comble en Indo-Chine, où assez généralement on a deux ou trois récoltes par an.

Le chemin de fer était destiné à atteindre un plateau élevé, où l'on a conçu le projet d'ériger un sanatorium pour les fonctionnaires malades. Mais on s'est aperçu depuis peu, par des études plus exactes, que l'endroit ne convenait pas du tout à l'objet poursuivi. De sorte qu'on va abandonner ce projet qui, quoique à peine sorti des bureaux d'études, a déjà coûté des dizaines de millions. Car ici les frais de tous ces grands travaux s'additionnent et se gonflent avec une rapidité vertigineuse, et l'on se raconte à l'oreille de surprenantes histoires sur la façon mystérieuse dont se dépensent les crédits.

On a parlé aussi d'un chemin de fer reliant Saïgon au cap Saint-Jacques. Il n'aurait, lui non plus, guère d'intérêt industriel, puisque la voie du fleuve est préférable pour les transports de cette région du pays. Il serait motivé par des raisons stratégiques et de villégiature. Mais on a reculé devant les frais d'une voie qui devrait franchir, sur une aussi courte distance, environ trente ponts sur des arroyos d'une largeur variant entre 15 et 100 mètres.

Nous avons vu un soir, du haut du pier où nous étions accoudés, une admirable phosphorescence. Quelques hommes nageaient, et leur académie ainsi que tous leurs mouvements étaient dessinés dans l'eau d'une manière fulgurante. Remontés à la surface, ils semblaient cracher du feu. Loïe Füller elle-même, avec l'aide de savants effets électriques, ne m'a pas paru dépasser le caractère superbe de cette simple scène naturelle.

Nous aimons à nous asseoir sur les bancs placés le long de la route qui suit la mer. Devant nous, les liserons mauves s'étendent, la vague avance ou recule, ne laissant à marée haute aucune plage entre la mer et l'envahissante végétation. A marée basse au contraire, la mer recule fort loin et l'on peut gagner le pier à pied sec à travers la plage. Les steamers qui font route vers le Tonkin ou la Chine passent à peu de distance ; la douane les visite aussi bien au départ qu'à l'arrivée, car il y a des droits d'entrée et de sortie.

Le système douanier témoigne d'un protectionnisme candide : toute marchandise qui entre paie des droits, sauf si elle vient de France ; toute marchandise qui sort paie des droits, sauf si elle se rend en France. Les colons français ont beau crier qu'on les ruine, que la France ne produit à peu près rien de l'article à bon marché qu'il faut pour l'indigène, qu'il n'y a plus moyen de faire d'affaires, qu'on va devoir fermer boutique... n'importe, l'administration reste sourde : périssent les colonies plutôt qu'un principe !

La vie à l'hôtel est agréable ; nous sommes une douzaine de pensionnaires, pas plus, car il fait maintenant assez supportable à Saïgon et la saison ici est finie. On se dit bonjour, on n'est pas un simple numéro comme dans les hôtels Terminus. Le gérant ne vous ignore pas comme dans les hôtels anglais, il ne se plie pas à se casser l'échine comme dans les hôtels italiens. Et jusqu'à la mode française de servir à discrétion le vin, le café et les liqueurs, tout contribue à rendre le séjour plus hospitalier que dans les autres hôtels d'Orient. Le service est bien fait ; comme partout, les races ont chacune leurs aptitudes spéciales : les cochers sont tous annamites, les cuisiniers tous chinois, ainsi que les blanchisseurs de linge. La cuisine est bonne, cependant il n'y a pas un seul Européen qui s'en occupe. Tout ce département est sous la direction d'un chef chinois, formé il y a dix-huit ans par le premier propriétaire de l'hôtel.

Arrivant de Bangkok, tout ici nous paraît d'un étonnant bon marché. Par exemple, la pension complète à l'hôtel est de 80 piastres ou 200 francs par mois, moins de 7 fr. par jour ! A Bangkok, c'est 20 francs, sans boissons, système anglais. Cependant, ici aussi l'on se plaint que tout augmente de prix ; en cinq ans, les prix auraient monté d'un tiers, me dit quelqu'un qui en attribue la responsabilité au gouvernement : l'indigène, dit-il, est tellement accablé d'impôts qu'il n'ose plus venir au marché vendre ses produits ; on le fait payer sur tout ce qu'il vend, sur ses moyens de transport, sur son sel, sur ses allumettes ! On parle maintenant d'imposer les parapluies ! Avec cet argent-là, on subsidie largement les services européens, et notamment le théâtre, 180,000 francs, vous avez bien lu ; cela permet aux gens chics de voir *Faust* et l'*Africaine* pour *une piastre* aux fauteuils : 2 fr. 50 !

Par contre, les loyers, au Cap, sont fort chers. Pour une villa insignifiante, sans cour, sans jardin, sans étage, étriquée et absurde, nous avons vu demander 100 francs par mois. Nous payons à peine plus à Bangkok pour une vraie maison digne de ce nom.

La municipalité du Cap a construit un marché et un abattoir. Le marché couvert, entouré d'une place avec toutes les maisons des détaillants s'alignant à l'entour, a quelque caractère. Le commerce est presque exclusivement aux mains des Chinois et des Hindous (Malabars). Dans chaque boutique on vend un peu de tout, du riz, des boutons de cols, des clous, des souliers, du beurre, etc. Ce sont des magasins généraux en miniature.

Partout on parle beaucoup le français. Plus, je pense, qu'on ne parle l'anglais sur les territoires conquis par l'Angleterre. Les Français se mêlent beaucoup plus à la population ; ils ne sont pas distants comme les Anglais : mais tour à tour familiers et colères, ils ne se font guère respecter par leurs boys. Ce n'est pas ici qu'on trouve l'équivalent du serviteur hindou, silencieux, obéissant, respectueux. Quant au dévouement, c'est une autre affaire : je crois que là-dessus tous les maîtres, anglais ou français, aiment à se faire illusion. Au fond, l'Asiatique ne s'attache guère à son maître ; pour lui, la nature est une si bonne mère qu'elle lui suffit. Celui qui l'héberge et le recueille ne doit pas s'attendre à sa reconnaissance, car cela est si insignifiant sous ces climats que ce n'est pas un bienfait. Le guérir d'une maladie mortelle, lui sauver la vie n'a pas beaucoup plus d'importance ; il s'inquiète peu, en général, de vivre ou de mourir.

La grande mésintelligence entre Européens et Asiatiques ne proviendrait-elle pas le plus souvent de ce que l'un croit rendre à l'autre des services que cet autre n'apprécie pas ? Pour avoir de bonnes relations sociales, il faudrait trouver un commun dénominateur !

Choses et autres. — Bien que les femmes annamites

s'habillent et semblent vivre un peu comme les Chinoises, elles ne portent pas les enfants de la même façon : les Chinoises les portent sur le dos, dans un sac attaché aux épaules. Les Annamites les portent à cheval sur la hanche, à la manière des femmes siamoises et ceylanaises.

A propos de chemins de fer : la dernière voie ferrée d'Hanoï (capitale du Tonkin) à Lang-Son, frontière chinoise, est longue de 140 kilomètres. Le trajet se fait en huit heures et demie, soit 16 kilom. 1/2 à l'heure.

L'histoire de ce chemin de fer est assez mouvementée : pendant une tempête, on a dû jeter une bonne partie du matériel dans le golfe de Gascogne, pour alléger le vapeur qui le transportait. D'autres commandes ont péri presque au port, car il a fallu leur faire subir le même destin dans la baie de Tourane, côte d'Annam, durant un typhon.

En désespoir de cause et comme le temps pressait, comme il *fallait faire quelque chose* avant d'avoir fini son mandat, on s'est contenté d'un matériel de second ordre qu'on sait devoir renouveler sous peu.

Le médecin du cap Saint-Jacques raconte un curieux exemple d'aberration administrative. Un jour, à la caserne, il voit une belle caisse en fer-blanc, soutenue par des équerres de bois, bien conditionnée pour le transport. L'idée lui vient, si elle ne sert à rien, de se l'approprier pour en faire une caisse à médicaments. « Pardon, lui dit-on, c'est une caisse à riz. » — « Comment, du riz ? mais cela vient de France !!! — « Oui, parfaitement, c'est du riz qui vient de France.... » Et c'était vrai ! Par quelle folie? Peut-être voulait-on obliger quelque électeur influent qui avait du riz à placer, et lui aura-t-on donné la fourniture des casernes en Indo-Chine, oubliant pour la circonstance qu'il pousse du riz au Tonkin ?...

M. Mottet, à cette anecdote, sursaute et déclare qu'il en a déjà vu de bien fortes en ce genre, mais pas encore de pareilles, et qu'il ne peut y croire. Seulement, s'il récuse l'histoire du docteur, il en raconte une autre qui nous paraît à peu près aussi édifiante :

Dans le village de X..., sur la côte, on pêche le poisson, on le sale, on le met en jarres, puis on l'envoie dans l'intérieur pour le trafic et la vente. C'est une industrie bien connue de cette région. Dernièrement, pour des terrassements à faire à X..., on y envoie une équipe d'ouvriers, contremaîtres, surveillants, etc. ; et gravement, dans le fourgon qui les suit, on emmagasine à titre de provisions... une foule de jarres de poisson salé, soigneusement fermées, cachetées, étiquetées, prêtes pour l'envoi à l'intérieur, qu'ensuite on a gravement ouvertes, vidées et dégustées devant les gens de X..., tout ahuris de voir leurs poissons revenir au milieu d'eux.

C'était pas la peine, se disaient-ils sans doute, de si bien les boucher... !

L'élevage est encore peu développé et ce n'est guère que dans l'Annam qu'on s'en occupe. Il y a là, paraît-il, quelques milliers de têtes de bétail, un bien humble commencement. En ce moment même, une compagnie de Manille, qui fait partout des rafles de bestiaux, fait des offres avantageuses aux éleveurs annamites. Mais la Chambre de commerce s'effraie, elle veut empêcher que les éleveurs ne se laissent séduire et ne vendent le capital avec le croît, la mère avec l'enfant ; et tout en protestant de ses sentiments libre-échangistes et de son attachement à la liberté entière du commerce, la Chambre de commerce de Saïgon pétitionne pour qu'un droit de sortie élevé soit perçu sur le bétail de l'Annam.

Cette question a été violemment discutée ici. Pourquoi craindre, disait-on, que le capital parte avec le revenu ? L'intéressé, ayant fait une bonne affaire, renouvellera son capital. C'est ainsi que l'élevage a pris tant d'extension en

Australie et en Amérique. Si nous mettons une pareille timidité dans nos entreprises, la Compagnie manilloise cherchera ailleurs, et ne reviendra plus. Un bon commerçant ne refuse jamais de vendre, il se refournit tout de suite, même avec perte, pour amorcer le débouché!... Voilà quel était l'état de la discussion. Comme on le voit, ces colons ne sont jamais contents de la protection dont le gouvernement les comble!

La suite de l'affaire, je l'appris plus tard : le gouvernement a transigé ; il a interdit aux génisses la sortie du pays, mais les taureaux sont libres, eux, de voguer vers des climats nouveaux. Pauvres génisses, elles sont chargées toutes seules de la lourde tâche de faire prospérer la race...

CHAPITRE IX

DÉPART DU CAP. — SAÏGON ET CHOLEN

15 octobre 1900.

Ainsi s'est passé bien tranquillement notre séjour au cap Saint-Jacques. Nous n'avons pas à raconter d'aventures extraordinaires; nous n'avons pas eu, comme un de nos voisins d'hôtel, à nous défendre contre une guenon d'un mètre de taille. Ni contre des gendarmes annamites, comme un couple d'aventuriers autrichiens qu'on a arrêtés à bord d'un steamer qui passait devant le cap... nous n'avons même pas eu à nous protéger de la pluie, les rares averses étant gracieusement tombées à l'heure de la sieste, nous préparant une plus fraîche et plus agréable promenade. Quant à la température, elle a toujours été de 25 à 28 degrés, c'est-à-dire idéale, avec beaucoup d'air et beaucoup d'ombrages.

Au moment de quitter, à regret, la baie des Cocotiers, nous y voyons à l'ancre une canonnière, le *Styx*, qui vient d'arriver. Elle est de construction récente et réunit tous les perfectionnements modernes. Seulement, il paraît que de grossières erreurs de calcul ont été commises et la canonnière n'a pas d'équilibre. Elle ne peut tenir la forte mer et en somme ne rend guère de services. En ce moment elle sert à ravitailler le *Chasseloup-Laubat* qui est en quarantaine en aval de Saïgon. Décadence d'une canonnière! Quelques millions jetés à l'eau !

Mais l'on s'étonne ici de mon étonnement : si ce n'était que cela! Mais toutes les autres gaffes monumentales, des ponts qu'on doit refaire, des édifices dont on recommence cinq fois les plans, et toutes celles que l'on cache!...

Nous sommes partis ce matin même, 15 octobre, à 9 heures. Une voiture nous emporte avec nos bagages vers Binh-Dinh ; une dernière fois nous voyons la jolie route, les lotus, les étangs tranquilles, les haies de cactus, le temple annamite... reverrons-nous jamais ce coin du monde?

Nous retrouvons l'excellente chaloupe chinoise. A l'embarcadère, on vend par douzaines des langoustes qui grouillent dans des paniers.

Des équipages de gala, avec des cochers galonnés, sont rangés sur la route et un fringant aide de camp annamite attend M. Doumer, le gouverneur général de l'Indo-Chine. Peu après avoir quitté le cap, nous croisons en effet sa chaloupe, le *Laos*.

La route est insipide jusque Saïgon. Comme intermèdes, un tiffin excellent, et l'embarquement de natifs arrivant en barquettes des villages situés sur les arroyos voisins. La chaloupe ralentit pour eux, mais n'arrête pas.

Nous suivons des yeux le vol de quelques beaux oiseaux dont les brillantes couleurs tranchent sur l'universelle et morne teinte boueuse du paysage.

Enfin le double clocher de Saïgon commence son jeu de cache-cache agaçant et, à un dernier détour, nous abordons à quai.

A l'hôtel, très encombré, nous ne trouvons plus qu'une mauvaise chambre, où nous suffoquons après le plein air du cap. Ce n'est heureusement pas pour longtemps, nous partons après-demain pour Mythô.

Il est 5 heures quand nous nous mettons en route pour la promenade, traditionnelle à Saïgon, du « tour de l'Inspection ». Excellentes routes, assez bonnes voitures, joli paysage. Dames élégantes et officiers en superbes attelages. Partis à la brune, Saïgon nous éblouit de ses lumières au retour. La vaste rue Catinat est éclairée de globes électriques, les grands cafés rivalisent d'éclairage et regorgent de monde.

Nous nous croyons en Europe quand à notre tour nous dégustons des cherry-gobler devant une table de marbre, et l'illusion est complète quand un gamin vient offrir ses roses et un camelot ses bibelots.

Nous rentrons à pied à l'hôtel, en regardant des étalages à l'instar de Paris comme nous n'en avons plus vu depuis deux ans.

Saïgon est une ville si européenne, si française, qu'on rencontre relativement peu d'indigènes dans les rues. On se croirait dans une ville de plaisance bien tranquille, la circulation est modérée dans les rues comme sur la rivière. Nous sommes loin de la New Road de Bangkok !

Il est à remarquer, d'ailleurs, que parmi les 2,500 Européens de Saïgon, les fonctionnaires et leurs familles se comptent au nombre d'environ 2,000. Restent 150 commerçants, guère plus, tous fournisseurs des fonctionnaires susdits. Il n'y a ni commerce ni industrie ; les tarifs douaniers, à ce que l'on m'affirme, ont tué Saïgon et toute l'Indo-Chine. On me parle d'un âge d'or, jadis, où l'on faisait des affaires... mais depuis l'établissement des tarifs protecteurs les faillites sont survenues coup sur coup.

Tel a été le beau résultat de cette politique de petit esprit qui veut drainer, pressurer les colonies françaises au profit de quelques gros électeurs, marchands de drap d'Elbeuf et marchands de soie de Lyon; lesquels sont d'ailleurs incapables, malgré les excés du système créé en leur faveur, de lutter contre les produits allemands et autres accablés de droits d'entrée.

Le soir, nous allons à Cholen, ville chinoise située à 5 kilomètres de Saïgon, le long d'un arroyo. C'est incontestablement la ville commerçante la plus importante de toute l'Indo-Chine. Les Européens n'y sont qu'une centaine; il y a 60,000 Annamites, 40,000 Chinois, 150 Indiens, 15 Cambodgiens. Il y a là d'immenses fortunes chinoises, et la prodigieuses activité des Célestes s'y exerce de façon à confondre l'Européen.

Quand nous arrivons dans la ville il est déjà tard et beaucoup de magasins sont fermés. Nous admirons les rues larges, les trottoirs spacieux, l'air d'aisance qui règne partout. Il y a aussi des cafés à la française et tout ce qui peut plaire à l'Européen de Saïgon et l'attirer; car en dépit de toutes les bêtises qu'on écrit sur le compte des Chinois, il n'y a pas de peuple plus avide de toute invention étrangère, du moment qu'il y trouve un avantage commercial.

L'élégance, la richesse, l'ordre des magasins chinois de Cholen est magnifique à voir. Les boiseries sont sculptées et dorées, les enseignes et les lanternes extérieures rivalisent d'éclat et d'élégance, cela sent le dollar! Mais le nouvel arrivé qui croirait voir à Cholen le type de la ville chinoise serait bien trompé, d'après les descriptions oculaires qu'on nous fait de Pékin et de Canton.

Rien de plus curieux que l'histoire de cette ville; elle montre combien, de même que pour les juifs, la persécution rend une race forte et puissante.

En cette contrée, il y a moins d'un siècle, les Chinois étaient traités en proscrits; l'empereur d'Annam leur interdisait les territoires de l'Indo-Chine sans une autorisation spéciale de la cour. Leur nombre dans les villages était limité par des règlements; ils ne pouvaient posséder de biens immeubles sans permission. Il leur était défendu d'exporter d'autres produits que le riz, et ils payaient d'énormes impôts sur toutes choses (1).

(1) Voy. H.-L. Jammes, *Souvenirs du pays d'Annam*, 1900.

Retirés à Cholen comme en un ghetto, un lieu de réprouvés, ils groupèrent leurs intérêts commerciaux. Et grâce à leurs associations secrètes dont on ne peut concevoir l'énorme puissance dans nos pays sans discipline, ils eurent bientôt fait de creuser des canaux, d'approfondir les rivières, de créer des cales sèches et des docks, de bâtir des établissements industriels, d'ouvrir des écoles et même des collèges supérieurs, d'éclairer les rues, de bâtir des ponts sans s'aider de personne que d'eux-mêmes.

Voilà ce que des Chinois ont fait, dans un pays où ils étaient proscrits jadis par les Annamites, où ils sont mal vus encore aujourd'hui, où on les frappe d'impôts par le seul fait qu'ils sont Chinois, où leurs soies ne peuvent entrer qu'en payant 30 pour 100 de droits.

Ils ont fait tout cela sans un sou de subvention, accueillant parmi eux les Annamites qui les avaient jadis proscrits, et attirant les étrangers par des avantages commerciaux.

Cependant à Saïgon, à une heure de là, on reste très persuadé, et on le sera trop longtemps encore, qu'il est impossible d'ouvrir une école ou d'éclairer une rue sans le secours paternel du gouvernement !

Il y a dans la ville de Cholen huit vastes usines à décortiquer le riz. C'est naturellement la plus grande industrie de l'endroit.

Ces usines appartiennent entièrement à des Chinois et travaillent jour et nuit, employant un matériel venu d'Angleterre. Elles font, paraît-il, d'énormes bénéfices. Réunies, elles peuvent travailler par jour 7,000 tonnes de riz. (Le Siam, en 1898, a exporté 2,000 tonnes par jour.) On construit une nouvelle usine cette année.

Le combustible est fourni par l'écorce même du riz. Le riz non décortiqué, tel que le mangent ici les animaux, s'appelle « paddy ». Il entre sous cette forme à l'usine et en sort blanc, tel que nous le trouvons dans le commerce.

Il y a à Cholen des briqueteries, des poteries, des chantiers de scieurs de long, de radoubeurs et de constructeurs de barques. On y trouve aussi tous les corps de métier, notamment des bijoutiers, incrusteurs, ébénistes, tanneurs, teinturiers, forgerons, de grands importateurs de thés, de soieries, de broderies et d'étoffes. Toutes ces professions et tous ces métiers sont exercés par des Asiatiques.

16 octobre.

Nous nous sommes mis dès ce matin à parcourir la ville de Saïgon, dont le plan est des plus simples : les rues se coupent généralement à angles droits, la ville est bâtie par carrés, et on ne voit pas en pleine agglomération des jardins maraîchers ou des champs de cannes à sucre comme à Bangkok.

Pour nous Européens, une ville ne mérite guère ce nom sans une parfaite voirie, et celle de Saïgon est excellente. Pour l'Asiatique la voirie est un détail négligeable, aussi rien ne saurait différer comme Saïgon et Bangkok, vus d'une manière générale.

Mais ce qui manque ici, ce que nous regrettons, ce sont les toits vernissés, dorés, verts et pourpres des palais et des wats; c'est le désordre des cases indigènes disséminées dans les cultures; ce sont les canaux, avec leur incessante circulation de barques variées, le fleuve avec ses jonques et ses maisons flottantes, et les natifs gaiement attifés de couleurs claires.

Saïgon ne présente, au point de vue asiatique, aucune originalité.

La rue la plus importante est la rue Catinat qui partage la ville en deux. On y voit de beaux magasins, le théâtre, la poste et la cathédrale.

Celle-ci, qui a coûté deux millions, est banale au possible. Mais aux colonies tout se paye royalement; par l'incapacité des uns, par la déloyauté des autres, chaque édifice public a coûté deux ou trois fois sa vraie valeur. On bombarde architectes de l'État des gens qui n'ont jamais vu un plan, on passe des adjudications importantes à ceux qui ont de vieux matériaux à écouler.

Le théâtre municipal, achevé cette année, a coûté environ trois millions de francs. Pour les 2,500 Européens de Saïgon, on n'y a pas regardé! Cependant il est petit et ne contient que huit cents places assises. Il faut dire d'ailleurs que l'édifice est gracieux et réussi de tous points, la décoration est charmante. La troupe vient d'arriver et nous prenons nos billets pour la représentation du soir.

Les postes et télégraphes occupent un joli bâtiment bien aménagé et décoré; mais tout cela est copié sur les modèles européens, sans appropriation au climat. J'ai dit déjà combien la rareté du bois est ici un grand obstacle à la construction de galeries, balcons et vérandas. Le genre chalet, si agréable en pays chaud, est malheureusement absent de Saïgon.

Les rues sont remplies de bureaux publics, on ne voit que cela! Que d'administration!! Comment en serait-il autrement, puisque selon les recueils officiels eux-mêmes, il y a dans la Cochinchine entière 66 pour 100 de fonctionnaires!

Le palais de justice est riche et confortable. J'y rencontre peu de monde; dans une des chambres du tribunal civil, deux avocats plaident une affaire devant trois juges, et tous sont en robe! Voilà un usage dont nous continuerons, j'espère, à nous passer à Bangkok. L'un des avocats plaide avec une volubilité toute française une affaire de route et de domaines publics. Pas de parties présentes, pas de curieux dans la salle. Les audiences durent de 7 heures à 11 heures du matin.

Dans la salle des pas perdus, un tableau porte des avis

divers, en français et en annamite. On y a oublié, comme par hasard, une dépêche Havas de trois ans de date, apprenant au monde entier que le général Mercier affirme devant la Cour son inébranlable conviction dans la culpabilité de Dreyfus...

La même dépêche ajoute en passant que les Allemands, qui ont pris Kiau-Chau, prétendent le garder... O, les leçons de l'histoire !

Pour exercer à Saïgon la profession d'avocat, il faut une autorisation du gouvernement. C'est un monopole, ils sont dix ou douze et la position est enviable; l'un d'eux gagne, me dit-on, 150,000 francs par an.

Si Saïgon est dans le marasme, les avocats ne s'en portent pas plus mal, et je comprends que le gouvernement siamois ait peur de plaider en appel ses procès contre des sujets français, cela coûte cher ! (C'est la Cour d'appel de Saïgon qui est compétente pour juger les appels du consulat de France à Bangkok.)

Le palais du gouverneur général a très grand air. Il est entouré d'un magnifique jardin, où l'on voit croître et fleurir avec exubérance les plantes et les arbres tropicaux qui végètent dans nos serres d'Europe.

Il paraît que les salons de réception et les appartements sont très luxueux. Il paraît aussi que le pillage des buffets, le 14 juillet, au bal officiel, est un spectacle à voir !

Non loin se trouve le palais du lieutenant gouverneur de la Cochinchine, construit également dans les lignes classiques, mais à front de rue.

Tout à coup, un surprenant spectacle s'offre à nos yeux : au beau milieu d'une des places de la ville, un homme en pelisse, nu-tête, le teint bronzé, harangue la population. Tout occupé du discours qu'il adresse au peuple, il s'expose imprudemment aux ardeurs d'un soleil tropical, sans en paraître le moins du monde incommodé. Quel est cet original ou ce fou ?

Nous nous approchons curieusement : cet homme, c'est Gambetta ! Quelle circonstance a amené en Indochine le vieux tribun? Nul n'a pu nous le dire... peut-être n'aura-t-on pas pu lui trouver de place à Paris ou ailleurs ; alors on l'a expédié ici, oubliant de lui enlever d'abord sa pelisse !

Ainsi vêtu, il a l'air d'avoir été mis au supplice inventé jadis par Petrus pour abréger la durée des débats parlementaires en Belgique... dans cinq minutes il tombera anéanti et demandera grâce !

A d'autres endroits de la ville s'élèvent les monuments dédiés à la mémoire de l'amiral Rigault de Genouilly, qui conquit Saïgon en 1858 ; de Doudard de Lagrée et Garnier, qui explorèrent les rives peu connues du Mékong et cherchèrent ses origines de 1866 à 1869 ; de l'évêque d'Adran enfin, qui fut le conseiller de l'empereur Gia-Long au commencement de ce siècle.

Nous faisons, comme hier, le « tour de l'Inspection ». A mi-chemin de la promenade il y a en plein bois un joli café, où l'on voit une nombreuse et élégante société réunie en plein air. Les voitures s'alignent des deux côtés de la route.

Nous faisons nombre avec les autres, en pensant à la Laiterie du bois de la Cambre.

Rentrés à l'hôtel nous apprenons avec un vif plaisir que M. et Mme Mottet se décident à nous accompagner au wat d'Angkor, qui est le but principal de notre petit voyage. Le départ est fixé à demain de bon matin ; en attendant, nous allons au théâtre voir *Carmen*.

La salle, remplie d'hommes en costumes blancs éblouissants, présente un aspect inattendu dans un théâtre. Les dames rehaussent cette tonalité par trop uniforme grâce à leurs toilettes décolletées de nuance foncée, souvent noire. C'est la mode renversée, et ce n'est pas plus mal.

Seul, absolument seul, un smoking s'aperçoit : il

en sort la tête de rastaquouère la plus admirablement réussie que nous ayons jamais vue, un vrai chef-d'œuvre. Je ne croyais cette perfection possible qu'aux étalages des coiffeurs.

Pendant les entr'actes, en nous promenant au foyer, nous retrouvons la manière de marcher, de saluer, de s'habiller française, latine plutôt, faisant contraste avec l'allure anglaise qui n'a jamais rien de *paré*. La femme anglaise entre dans un salon les bras ballants, le buste étouffé dans un corset trop haut, les cheveux plaqués et rangés sous un invisible filet; elle ne montre qu'un timide décolletage et va saluer d'un pas de promenade, souvent comme en courant, les amphytrions. Combien elle est plus jolie et plus souple dans sa simple blouse de tennis !

Au contraire, la femme française est en parade, elle ne perd pas un pouce de sa taille ni de son hardi décolletage, et les fait valoir en cambrant le corps et en marchant sans crainte. Dans un salon, elle est chez elle. Quand on passe brusquement d'un milieu dans l'autre, cette différence est frappante.

Nous avons eu une agréable surprise en voyant jouer *Carmen* d'une manière très satisfaisante comme ensemble; nous étions enchantés de notre soirée et très jaloux des Saïgonnais qui peuvent se payer ce plaisir trois fois par semaine.

Pendant le premier acte est tombée une averse telle qu'on n'entendait presque plus les chœurs. Heureusement que ces pluies sont généralement aussi courtes que bruyantes; mais une saison théâtrale serait difficilement conciliable avec une saison des pluies.

CHAPITRE X

DÉPART DE SAÏGON. — A BORD DU NAM-VIAN

Quelques heures plus tard, avant l'aube, nous sommes de nouveau sur pied, occupés des derniers préparatifs de notre voyage à Angkor. M. Mottet emmène avec lui un boy qui répond au surnom de « Microbe ». Nous prenons des conserves et du vin, le reste de l'approvisionnement se fera à Pnom-Penh, capitale du Cambodge.

A 6 heures 1/2 du matin, le 17 octobre, nous sommes tous quatre sur le quai de la gare du chemin de fer de Mythô.

Dans ce pays, c'est une heure où tout le monde est sur pied et la ville présente déjà son aspect de la journée. Quelques amis viennent saluer les Mottet et leur souhaiter bon voyage; ils nous comprennent dans leurs attentions avec cette exquise bonne grâce, cette gaieté accueillante de tous les Français, qui n'a pas cessé de nous charmer durant tout le voyage.

L'un de ces messieurs doit aller à Angkor depuis dix-neuf ans! C'est toujours ainsi, il habite trop près. Un autre y est allé, il en dit merveilles; mais si nous voulons avoir là-bas des moyens de transport, il pense qu'il sera bon d'oublier chez le gouverneur une paire de jumelles ou quelque autre de nos objets... Sinon tous les bœufs se trouveront subitement malades, ou bien les Siamois seront occupés à repiquer le riz... nous sommes en Orient!

Le train contient un public de tous les genres ; nous voyons quelques « chettys » : on appelle ainsi des Indiens du Malabar qui font le lucratif métier de prêteurs sur gages. Ils sont toujours habillés de vêtements larges et flottants, tout blancs. L'usurier portant la blanche hermine!...

Le chemin de fer de Saïgon à Mythô a été construit il y a plusieurs années; il relie la capitale et la rivière de Saïgon à la branche la plus orientale du delta du Mékong. Il traverse des terres basses et souvent inondées, aussi sa construction a été difficile et coûteuse; tout le pays est sillonné d'arroyos, ce qui a nécessité des ponts nombreux.

Cependant le paddy, unique culture de cette région, trouve dans la navigation fluviale un transport facile et à bon marché, préférable au transport par voie ferrée. Aussi cette entreprise a été vivement critiquée, et ses défenseurs n'ont guère à faire valoir que des raisons stratégiques ou politiques.

La ligne a une longueur de 72 kilomètres, il y a douze stations intermédiaires, et le trajet s'effectue en deux heures.

Saïgon disparaît tout de suite, et aussitôt on aperçoit les cheminées d'usine de Cholen. Après cette ville dont on admire les parcs et les allées bien soignées, la voie traverse une immense plaine de tombeaux. Ils sont largement disséminés aux quatre coins de l'horizon, dans les cultures de riz; il y en a de somptueux et de modestes, mais tous ont une même structure bien caractéristique. Pêle-mêle dans cette vaste nécropole sont éparpillées les paillotes des indigènes, qui vivent auprès de leurs morts : ce voisinage n'a rien qui effraie le Chinois ou l'Annamite, mais pour rien au monde il ne voudrait cultiver sur les ruines d'un tombeau enfoui ou disparu. Il paraît, et je le crois sans peine, que la création du chemin de fer a donné lieu à des difficultés dans cette région.

Le temps est admirable, partout du soleil, et la vue est fort imposante. Dans les rizières nues, ces tombes souvent placées à l'ombre d'un arbre isolé semblent autant de monuments.

On cite la région qui s'étend entre Saïgon et Mythô comme la plus riche de la Cochinchine. Il y a cependant, à côté de rizières très touffues, des endroits fort pauvres et clairsemés.

La Cochinchine exporte environ 500,000 tonnes de riz : cette statistique doit comprendre le Cambodge, car, maintenant qu'une union douanière existe entre les deux pays, aucune statistique n'est plus faite à la frontière.

Au Siam, en 1898, 720,000 tonnes ont été exportées. Mais les chiffres varient grandement suivant l'intensité et le nombre des pluies.

Les trois quarts du riz exporté par la Cochinchine passent par Mythô.

A toutes les gares nous voyons de nombreux types annamites. L'impression première s'accentue : figures de cire, joues creusées, pommettes saillantes, la face fort osseuse tout en étant de forme ronde. Mais quel déplorable costume! Nous nous affligeons de ne plus voir le défilé des paysans et paysannes du Siam dans les champs de riz, qu'ils pointillent de riantes couleurs.

Nous passons sur trois grands ponts métalliques, dont l'un a 400 mètres de long. A peu de distance, nous voyons la route que suivait autrefois le chemin de fer, et l'ancien pont aujourd'hui abandonné parce qu'il menaçait ruine, ayant été mal calculé et mal construit.

La ville la plus importante après Cholen est Tanan, qui est, comme Mythô, un chef-lieu de province. Il y a vingt provinces en Cochinchine, outre Saïgon, Cholen et le Cap Saint-Jacques qui sont des municipalités séparées. Chacune de ces provinces a à sa tête un administrateur nommé directement par le Gouvernement français. Ces vingt administrateurs sont hiérarchiquement placés sous le lieutenant gouverneur de la Cochinchine, lequel à son tour cède le pas au gouverneur général de l'Indo-Chine française.

Les provinces sont divisées en cantons et en villages, administrés en partie par des notables indigènes sous un contrôle serré qu'exerce le lieutenant gouverneur et son conseil colonial composé de dix Européens et de six indigènes.

La Cochinchine est représentée au Parlement français par un député. Elle a une superficie égale au dixième de la France, et compte 2,300,000 habitants. L'Indo-Chine française, de même que le Siam, est peu peuplée pour un pays asiatique : contraste complet avec la Chine et l'Inde.

La province de Chanan, qui compte 70,000 habitants, est très marécageuse : ici commence la grande plaine des joncs, absolument improductive, qui couvre au moins un cinquième de la Cochinchine. Mais le chemin de fer n'y pénètre pas et pour nous le paysage demeure riant et vert. Près de Mythô nous traversons une pittoresque forêt de cocotiers et de palmiers.

C'est à Mythô que nous comptons rejoindre le vapeur *Nam-Vian*, des Messageries fluviales, qui a quitté Saïgon hier à 10 heures du soir, arrivera ici à 10 heures du matin et nous transportera en trois jours à proximité d'Angkor. Son tonnage élevé lui interdisant les canaux de l'intérieur, il doit descendre la rivière de Saïgon jusqu'au Cap, prendre la mer pendant une demi-heure, et remonter ensuite la branche orientale du Mékong.

En attendant son arrivée, nous circulons dans la ville de Mythô, peuplée de 20,000 habitants. La province entière en a 200,000.

L'aspect de Mythô est très agréable, mais c'est la civilisation française qui a tout fait. Nous sommes stupéfaits de voir avec quelle largesse le Gouvernement fait les choses, dans les villes secondaires comme dans la capitale. Sous bien des rapports, chaque préfecture est ici une réduction de Saïgon : les routes sont belles, les jardins des résidences officielles sont entretenus comme des parcs. Les nombreux bâtiments publics sont vastes et bien conçus.

Il y a à Mythô un hôpital militaire, un hôpital indigène, un collège, un entrepôt d'opium (service des douanes), un tribunal de première instance, une église, une sainte Enfance, un grand hôtel, sans parler de la somptueuse résidence de M. l'administrateur dont les écuries sont en elles-mêmes une petite résidence, entourée d'un joli parc bien entretenu. Tout cela naturellement est aux frais de la princesse, outre un traitement considérable. C'est le système français : à rebours de ce qui se fait ailleurs, à force de crédits on fait des installations splendides; le colon viendra ensuite, s'il en a envie. On achète le cadre avant de savoir si l'on aura le tableau.

Je ne m'étonne pas, ayant vu Mythô et plus tard d'autres résidences, que l'Indo-Chine ait coûté si cher à la France. On a largement fait les choses, et maintenant on voudrait bien que *cela paie*, suivant l'expression anglaise. Mais le colon ne vient toujours pas, et les routes si bien commencées s'arrêtent tout court dans la campagne. On se désole, les gouverneurs généraux se succèdent, mais les choses ne s'améliorent pas.

En tous cas, pour nous qui sommes touristes et non contribuables, le séjour est charmant. Nous montons dans un « malabar » et nous faisons le « tour de l'inspection » qui est traditionnel dans tout chef-lieu. On appelle ainsi la promenade originairement créée par le gouvernement colonial partout où il a établi une préfecture : autour et à large distance de la Résidence, il y a un carré de routes bien entretenues et généralement ombragées qui donne l'illusion d'une ville. Malheureusement, à Mythô, une des allées est veuve de tous ses arbres : c'étaient des cocotiers, et il paraît qu'un administrateur original les a fait abattre, de peur que les noix de coco ne lui tombent sur la tête...

Voilà ce dont tout le monde se plaint : des changements de direction fréquents, et le plaisir que trouve le successeur à mettre à néant dans la mesure du possible ce qu'a fait le prédécesseur.

Nous nous attablons au café; peut-on faire autrement?

Mais pendant que nous sommes « chez Félicité » occupés à écrire quelques cartes postales, nous entendons la sirène du bateau... un instant après nous sommes à bord du *Nam-Vian*, en route vers Pnom-Penh.

Ainsi que l'on peut s'en rendre compte par un simple coup d'œil sur l'atlas, le Mékong est un fleuve beaucoup plus important que le Ménam. Il prend sa source dans les montagnes du Thibet, où la fonte des neiges grossit ses eaux au printemps dans des proportions considérables. Cette crue met environ six mois pour arriver au Cambodge, elle a 2,500 à 3,000 kilomètres à franchir. La crue s'augmente aussi des pluies torrentielles de la saison d'été, si bien qu'il y a environ 14 mètres de différence, dans le Cambodge, entre le niveau des hautes eaux et des eaux basses du Mékong.

En ce moment-ci, la crue est exactement à son maximum; aussi la vue sur le fleuve est splendide! Son caractère imposant, ses rives qui émergent à peine, sa largeur ne me rappellent rien de vu précédemment. A Mythô cependant le paysage ne présente point encore l'aspect d'inondations que nous verrons en amont du delta, car ici le flux se partage et se répand dans les divers bras du fleuve qui descendent vers la mer.

Les rizières toutes vertes font penser à la Hollande et à

ses interminables prairies ; l'analogie est accentuée par les touffes d'arbres disséminées ça et là. Des buffalos sont attelés par paire à des charrues légères, sur lesquelles le conducteur se place debout pour leur donner du poids.

Le *Nam-Vian* est un bateau autrement confortable que le Donaï. Ici l'on paraît se douter qu'il existe des gens qu'on appelle passagers, demandant quelques égards. Le capitaine est un homme charmant, ainsi que le commissaire du bord, un Corse à la moustache farouche.

Nous sommes seuls passagers de première avec un jeune médecin du Gouvernement, Juif au type accentué, qui va rejoindre son poste à Pnom-Penh.

Le pont promenade est spacieux et l'on y prend agréablement les repas, mais il n'y a pas de rouff. Le campement des Asiatiques est bien pittoresque. Chaque famille s'installe sur une natte carrée qui semble limiter sa part de propriété sur le pont. Sur sa natte, l'Asiatique passe la journée entière, il mange, il fume, il chique son bétel, il joue aux cartes ou aux dominos, tour à tour accroupi ou couché. Pour la nuit, il enroule sa natte autour de lui, et s'y enfonce tout entier, tête comprise, pour échapper aux morsures des moustiques. Comment peut-il respirer, comment n'est-il pas anéanti par la chaleur, c'est pour nous un mystère. En voyant la natte étendue, on peut juger de la fortune de l'occupant, car elle sert aussi de table, on y pose les accessoires, les bagages, etc.

Nous remarquons un ménage siamois de la classe aisée avec deux petits enfants, ils vont à Pnom-Penh. Nous nous amusons à voir habiller l'aîné des marmots, on lui met de belles bottines jaunes toutes neuves et une toque à panache, il est impayable! La mère a les cheveux courts coiffés en brosse et porte le panung comme toutes les Siamoises. M. et Mme Mottet ne s'habituent pas à cette toilette et confondent souvent hommes et femmes, ce qui nous amuse en nous rappelant nos premières impressions de

Bangkok. Les articles de voyages, les objets de toilette de ces Siamois sont rangés bien proprement dans des boîtes, avec minutie. Il y a même une petite caisse à médicaments, remplies de flacons artistement étiquetés en siamois, qui mérite notre admiration.

Dans un autre groupe de ce campement indigène se trouve un gramophone destiné au roi Norodom. Le respect dû à la royauté n'empêche pas que l'on ne se serve de l'instrument comme d'une chose appartenant à tous, et en attendant qu'il charme les oreilles royales, il écorche les nôtres! La fabrication est fort imparfaite, bien que l'objet ait coûté 300 ticaux, 450 francs. Il y a un grand nombre de rouleaux, beaucoup d'airs français, quelques airs siamois appropriés. L'hymne national siamois est à peine reconnaissable.

Il faudrait une grande expérience du pays pour distinguer les Cambodgiens des Siamois. Le panung s'appelle ici sampot; sauf le nom, c'est absolument le même vêtement, une pièce d'étoffe non confectionnée qui se drape de manière à former une culotte bouffante. La langue diffère totalement, les radicaux ne sont pas les mêmes, mais beaucoup de Cambodgiens connaissent le siamois.

Partis à 10 heures de Mythô, nous arrivons à 2 heures 1/2 à Vinh-Long, à 40 kilomètres de distance. La vitesse est très modérée à cause de la violence du courant. Le capitaine nous dit qu'à cette époque de l'année on va quelquefois de Pnom-Penh à Saïgon en vingt et une heures, alors qu'en remontant on met trente-huit heures. Le courant est tel qu'en arrivant à la mer on va jusque six ou sept milles trop loin avant de pouvoir virer pour remonter la rivière de Saïgon.

Vinh-Long a la même importance administrative que Mythô. Nous profitons d'un quart d'heure d'arrêt pour faire une petite promenade; comme à Mythô, tout nous paraît soigné, élégant, souriant. Ici comme là-bas, l'administrateur a la part du lion, une magnifique maison entourée d'un vaste parc. Il n'y a pas d'autre culture que le riz. Devant l'embarcadère, nous faisons la causette avec un officier qui vient d'arriver en droite ligne de Paris... il trouve qu'il y a une différence, cela ne lui semble pas très gai ici! Sa seule distraction est d'aller quelquefois à Saïgon pour y transférer les prisonniers qui doivent y subir leur peine.

Un peu plus tard, nous entrons dans la province de Sadec. La ville même de Sadec est à 3 kilomètres du fleuve, nous ne la verrons pas. On l'appelle le « Jardin de la Cochinchine ». Il n'y a pas de rizières, et l'on y cultive principalement le coco, les noix d'arec et d'autres fruits. Un administrateur a pris ses fonctions très à cœur et a fait de la région, paraît-il, une merveille. Nous regrettons d'autant plus de devoir laisser tout cela à distance.

Le paysage se modifie insensiblement, et devient un peu boisé par endroits. De l'avant du bateau, nous contemplons un admirable coucher de soleil : des barques passent à distance, traversant le large fleuve; elles se découpent en ombres chinoises sur le rougeoiement d'un ciel en feu et sur l'eau miroitante. L'homme qui rame debout, à la façon des gondoliers, doit lutter contre un terrible courant.

Après le dîner, on cause. Il y a bien un piano, mais c'est une patraque qui donne à peine un son, il est donc impossible d'improviser un concert. A défaut, on discute à perte de vue sur la Chine et sur la guerre : mais là non plus les puissances ne nous procurent pas le plaisir d'un concert... (1)!

(1) Allusion à l'insurrection des Boxers chinois et aux expéditions militaires européennes qui ont suivi (1900).

CHAPITRE XI

PNOM-PENH, CAPITALE DU CAMBODGE

18 octobre.
Dans le Cambodge.

Pendant la nuit nous avons passé d'un pays dans l'autre. Levés dès l'aurore, nous circulons sur le pont au milieu des indigènes encore endormis et ensevelis dans leurs singuliers portefeuilles. Rien de plus drôle que de les voir s'éveiller : le sac remue et se balance dans les deux sens, le dormeur cherchant l'ouverture de sa natte.

Le paysage s'est assez sensiblement modifié : les bananiers et d'autres essences sont très nombreux sur les deux rives et y forment des sous-bois dans la pénombre desquels se distinguent des paillottes indigènes et leurs habitants.

Ceci nous rappelle un peu la Ménam, mais en beaucoup plus large. L'inondation est très forte, et d'autant plus apparente qu'on est plus en amont. Le courant est si violent que le bateau évite soigneusement le milieu du fleuve; côtoyant de très près tantôt une rive tantôt l'autre, nous rasons la berge à tel point que le remous qui nous suit submerge et fait danser les barquettes amarrées à la rive, à la grande joie des enfants qui accourent pour jouir de ce spectacle et se faire arroser des pieds à la tête. Ce que j'appelle berge ne mérite plus ce nom, car le plus souvent la terre ferme a disparu sous l'eau, les paillottes sur leurs pilotis forment autant d'îlots. La forêt est inondée jusqu'à de grandes distances, car quand une vaste clairière s'ouvre à perte de vue, nous ne voyons pourtant pas la fin de l'inondation. Des arbres entiers sont submergés, nous sommes déjà à dix mètres au-dessus du niveau normal, d'après le capitaine, et cela augmente encore jusque Pnom-Penh, où commence le delta. On voit dans cette étendue d'eau des courants en tous sens, des tourbillons, parfois de petites cascades. Bref, bien que l'inondation soit ici un phénomène périodique, elle présente tous les caractères d'un cataclysme de chez nous.

Le fleuve charrie incessamment toutes sortes de débris et d'herbages qui descendent vers la mer avec une rapidité qui permet de juger de la force du courant.

Le fil télégraphique, lui aussi, semble avoir changé d'élément, et il s'en faut à peine de deux mètres qu'il ne soit submergé. A différentes places il traverse le fleuve sans autre soutien que les deux grands supports métalliques placés sur les deux rives; spectacle assez inattendu sur un fleuve aussi large!

Tout à coup une nombreuse réunion de prêtres bouddhistes assis dans des barques nous apparaît, jetant une note jaune et vive dans une vaste clairière inondée. Plus loin, c'est tout un village qui nous regarde; hommes, femmes et enfants gesticulent et nous saluent avec des cris. Comme toujours, nous rasons la rive et voyons tout dans les moindres détails : avec la forêt comme arrière-plan, les couleurs des sampots et des écharpes flamboient comme une illumination.

Il y a des teintes peu usitées au Siam, notamment un bleu très voyant pour les sampots, et un orange vif pour les pa-homs ou écharpes. Du haut du pont nous retournons aux Cambodgiens leurs saluts, et le bateau en filant leur envoie quelques grosses vagues.

Nous avons un peu l'impression de retrouver notre pays, nos Siamois et leurs gais costumes. Nous ne regrettons certes pas les femmes Annamites et leurs affreuses défroques noires.

De temps à autre nous longeons des plantations de bétel, immédiatement reconnaissables par leur ressemblance avec des houblonnières.

Nous dépassons quelques barques d'apparat qui sans doute se rendent au Tôt-Kathin, cérémonie religieuse dont voici la saison. De même qu'au Siam, nous voyons l'autel élevé au milieu de la barque, les parasols déployés. La multitude des embarcations indigènes fait escorte, puis plus loin — ça, c'est pratique ! — une chaloupe à vapeur remorque les barques royales qui sont décorées de drapeaux triangulaires ornés de dragons, et de grands parasols princiers. Où sont-ils, les soixante rameurs de la tradition, avec leurs antiques costumes et leurs sauvages cris de guerre?

L'inondation apparaît de plus en plus vaste, et certains petits villages semblent se trouver au milieu du fleuve, comme des cités lacustres. Le fil télégraphique nous tient toujours compagnie, à un moment donné il semble se trouver en plein fleuve à quatre cents mètres de la rive au moins !

Vers midi, Pnom-Penh apparaît : quelques édifices européens s'alignent le long du quai tandis que des toits de wats apparaissent disséminés au second plan.

Nous revoyons avec plaisir la silhouette des wats, bien que ceux-ci ne soient qu'un pâle reflet de ceux de Bangkok. Leur structure du reste est un peu différente : les éperons qui terminent les toits vernissés sont beaucoup plus redressés, plus verticaux que ceux du Siam. A notre avis, la courbe en est moins gracieuse.

La ville est bâtie tout entière sur la rive droite.

L'autre rive ne possède aucune agglomération et ne se distingue que par une quantité considérable d'orangers tout au bord de l'eau.

Il y a un carrefour de fleuves devant Pnom-Penh : deux grands bras descendent vers la mer, un autre tout aussi important vient du Grand Lac et se réunit au Mékong proprement dit, qui arrive de l'Est après avoir franchi en de multiples rapides les montagnes qui séparent l'Annam du Laos.

Pnom-Penh compte 30,000 habitants, dont 300 Français. Parmi ceux-ci, 40 Françaises. A l'heure où nous arrivons, on fait la sieste, habitude générale dans l'Indochine française. Nous remettons donc les visites à plus tard, et, montant dans un malabar, nous allons voir le village indigène. D'abord nous longeons le fleuve vers l'amont. Nous passons sur un pont singulier, énorme, aux massives colonnes cylindriques; on dirait un château d'eau, parfaitement affreux du reste. Ce serait tout au plus supportable dans le compartiment des tôles d'une exposition. En tous cas, il paraît que quelqu'un avait grand intérêt à le construire, car, si l'on en croit l'histoire, il remonte à de nombreuses années, au temps où il n'y avait que de la jungle tout autour. Dans la suite des temps, pour utiliser le pont, on a fait passer une route au-dessus, et un canal au-dessous...

Dans le village indigène, nous voyons tout d'abord un tigre mort, pris au piège la nuit précédente dans une localité voisine. C'était un beau mâle adulte, fort, mesurant 2 m. 60 environ. Les gens qui l'avaient pris l'offraient en vente pour 25 piastres, mais l'animal était assez abimé : d'abord, il avait dans sa rage fortement rongé la patte emprisonnée et les ongles étaient détériorés. De plus, on l'avait achevé à coups de fusils et les balles avaient endommagé la peau. Néanmoins, c'était une bête encore fort imposante, vue d'aussi près, les yeux ouverts et semblant vivre encore. L'énormité des pattes en proportion du corps est frappante; on devine des muscles d'acier, et l'on s'explique les bonds prodigieux de ces félins.

A la saison des hautes eaux, les animaux sauvages sont souvent chassés de leurs tanières, ils s'égarent, ne savent où se réfugier, et on les voit apparaître dans des régions où leur présence n'avait pas été signalée auparavant, causant une violente panique parmi les habitants. Ce ne sont pas seulement les bestiaux qui disparaissent, mais parfois aussi les gens. On dit souvent que le tigre n'attaque pas l'homme, en règle générale; que seuls quelques vieux solitaires se rencontrent qui ont goûté à la chair humaine et y ont pris goût. On les appelle « man eaters » (mangeurs d'hommes). C'est là de l'histoire naturelle de salon, et il faut en rabattre. Nombreux sont les indigènes qui ont péri sous les griffes de « Mylord the Striped One » (Monseigneur le Rayé, comme disent les Hindous qui, par superstition, n'osent pas prononcer le nom de leur redoutable ennemi.) Notamment, il serait fou de s'aventurer dans la jungle sans escorte après le coucher du soleil, dans une région visitée par les tigres, car c'est l'heure où, ayant faim, ils sortent de leurs repaires et se mettent en campagne. Il n'y a pas longtemps qu'un Européen a péri de cette façon en Birmanie; mais en plein jour il n'y a aucun danger. Quant aux paillottes indigènes, elles sont protégées par des palissades que le tigre ne pourrait franchir que fort exceptionnellement, traqué ou poussé par la faim.

Nous visitons une colline surmontée d'un temple qui s'appelle le Pnom. Que les habitants de Saïgon prêtent quelque attention aux wats de Pnom-Penh, je le comprends ; mais pour qui connaît Bangkok, c'est un pauvre simili !

Autour du Pnom s'étend un joli jardin d'acclimatation qui présente à nos yeux plus d'intérêt : de beaux chemins bien entretenus, des pelouses tondues, des bancs, du gravier, de jolies promenades entre les massifs, cela nous rappelle les beaux jardins publics d'Europe.

Le roi de l'endroit est un chat sauvage magnifique! On dirait qu'il vient d'être capturé, tant sa colère est grande; ses yeux d'or sont immenses et flamboyants, son pelage est de toute beauté.

Plus loin, des panthères, puis un paquet de serpents hideux, que M. Mottet prend plaisir à secouer avec sa canne. Nous remarquons sur la peau d'un jeune python de magnifiques dessins qui semblent brodés au point de croix.

Il y a aussi bien d'autres petits animaux du pays, des ours à miel, des singes, etc. Bref, c'est surtout un établissement de zoologie régionale, plus intéressant par cela même.

Ensuite nous allons faire visite à un ami de M. Mottet, chef d'une importante maison d'affaires de la ville. Nous nous trouvons en présence d'un homme tout rond, ou propre et au figuré, qui nous fait un accueil cordial. Il vend des fers et des métaux, fabrique de la glace, fait bâtir; il a une autre maison de commerce à Battambang (Siam), et projette d'en établir une troisième à Bangkok. Il se met tout de suite à notre disposition pour nous piloter partout, et nous allons avec lui et son compradore visiter les boutiques pour y trouver de la soie cambodgienne. Le tissage de cette soie est encore primitif, il se fait dans les *kanyas* ou maisons indigènes, de telle sorte qu'on trouve difficilement deux pièces absolument identiques.

Puis, l'heure de la sieste étant passée, je vais avec M. Mottet faire visite au résident supérieur du Cambodge. La résidence est tout à fait grand genre, c'est rempli de laquais, de galons, de sonneries... D'abord apparaît le secrétaire : cheveux à la Capoul, col Wagner, bagues énormes à trois doigts de la main, plastron éblouissant. Très gentil garçon d'ailleurs, ainsi que son patron qui nous reçoit dans son bureau et nous fait remettre tout de suite nos passe-ports. Je vois pour la première fois l'écriture cambodgienne, sensiblement différente de l'écriture siamoise, malgré quelques analogies.

Un avis officiel me tombe sous les yeux : c'est le programme des courses de chevaux qui vont avoir lieu prochainement à Pnom-Penh, sous la présidence d'honneur de M. Luce, *résident supérieur;* S. M. Norodom Ier, *roi du Cambodge;* M. Hahn, *résident-maire.*

Ce programme en dit long! Roi infortuné, le voilà incorporé dans les « ronds de cuirs » sans avoir même la préséance : on le place entre le résident supérieur et le résident-maire comme entre deux gendarmes. Il doit faire quelques réflexions amères!

Justement nous avions les nouvelles toutes fraîches de l'incident Ducos. Inutile de dire qu'on en causait partout. J'ajoute que la sévérité du gouvernement n'a étonné personne, pas même M. Luce. Ils auront été moins étonnés encore quand ils auront lu la lettre incriminée, et vu avec quel cynisme M. Ducos a laissé voir comment des Français traitent de nos jours un vieux monarque de soixante-trois ans, souverain héréditaire et légitime d'un peuple libre!

N'insistons pas, c'est trop scandaleux, et du reste le gouvernement français a fait justice.

Après avoir pris congé et quitté la résidence, nous rejoignons M. Dupuy qui nous mène voir le palais du roi. Notre impression est la même que devant le Pnom et les wats. C'est un misérable pastiche du style de Bangkok. Tout est laissé dans un déplorable abandon, c'est navrant. Ce ne serait pas une résidence convenable pour un gouverneur siamois!

Dans un grand hall abandonné, aux planches vermoulues, aux colonnes branlantes, les toiles d'araignées voilent les fenêtres, les glaces n'ont plus de dorure, les tapis sont usés, les nattes ont des trous dépaillés. Il paraît que c'est la salle du trône, et l'on y a fait récemment pour 500,000 francs de réparation. Du moins, c'est ce que le roi a payé, mais c'est une autre question de savoir à quoi l'argent a servi.

Par compensation, on nous montre des dalles d'*argent* dont le roi va faire paver une pagode !

Les chambres d'habitation du palais sont petites et bourgeoises, peu confortables, délabrées. Pour comble d'ironie nous voyons sur les portes, gravé dans les panneaux vitrés, un grand N surmonté d'une couronne! Tout comme Napoléon!

Mme Mottet et Mme Jottrand entrent dans le quartier des femmes, auquel nous n'avons pas accès. Là non plus, rien de remarquable, paraît-il. Il n'y a jamais eu de reine sous le présent règne. Comme on le sait, en Orient bien plus encore que chez nous, un fils de roi ne peut épouser que des personnes de son rang, par conséquent des filles de roi. A défaut d'alliance possible à l'étranger, il faut donc bien qu'il se contente de ses demi-sœurs. Mais Norodom n'a pas eu, comme le roi de Siam, la chance de pouvoir épouser successivement ses quatre demi-sœurs, et le prince héritier Yukantor est le fils d'une femme royale. Parmi celles-ci on compte un bon nombre de Siamoises.

La ville royale, protégée par de longs murs blancs crénelés comme ceux de Bangkok, ne présente en somme rien d'intéressant. C'est une ville morte!

Cependant, le croirait-on, il y a encore des tribunaux cambodgiens, où des magistrats cambodgiens appliquent des lois cambodgiennes. Seulement, *cela ne nous gêne pas*, me dit un Français : ce sont des gens nommés par nous, et qui sont à notre dévotion. D'ailleurs, on a pris ses précautions, ils ne sont compétents que si *toutes les parties* sont cambodgiennes ; s'il intervient au procès un Chinois, un Malais, n'importe quel asiatique, l'affaire est aussitôt transférée aux tribunaux français.

De même, continue mon interlocuteur, les ministres du Roi sont nommés par nous, et le gouvernement ne manque pas d'appeler à ces fonctions les ennemis les plus avérés de Norodom, des gens qui ne saluent même pas le roi dans la rue, qui l'espionnent et le poursuivent de leur haine. Le roi n'a aucun pouvoir, son autorité est bafouée tous les jours par les hauts fonctionnaires français et les gens à leur solde. Dans la dernière affaire des jeux, celle qui a amené l'incident Ducos, on a même fait au roi l'affront d'annuler sa signature et de casser d'office un contrat qu'il avait fait dans la pleine limite de ses droits avec un fermier chinois.

Pendant ce temps, le gouverneur général prend des airs de César, double les garnisons, fait venir une canonnière à Pnom-Penh !

Pourquoi alors appeler le Cambodge un *Protectorat rançais ?*

Quelques-unes des lettres de Jean Hess — signées Yukantor — sont déjà arrivées par les derniers courriers. Et tout en déplorant de la part d'un Français une conduite aussi « anti-patriotique » — l'avons-nous assez entendue, cette rengaine ! — on s'accorde à dire qu'il a rudement raison !

Nous voyons peu de Cambodgiens aisés, et le vêtement de soie ne paraît pas ici aussi répandu qu'au Siam. Nous demandons à un ancien résident de la ville s'il voit une différence entre le type cambodgien et le type siamois. « Physiquement, je n'en vois pas plus que vous, dit-il; mais au moral, il y en a : en comparaison des Siamois, les Cambodgiens sont lourds et bornés ; *nous les abrutissons !* Quand j'ai affaire à un Siamois, je sens tout de suite qu'il me parle d'égal à égal ; mais un ministre cambodgien se tient devant le dernier des surveillants de travaux comme devant un supérieur. L'amélioration des races par la colonisation !

Le soir étant tombé, nous nous occupons de compléter nos approvisionnements pour Angkor. On nous fournit des matelas chinois, une caisse d'eau potable, des pains, etc. Que de choses il faut !

Au moment de l'apéritif, rendez-vous général au café. Le tout Pnom-Penh est là. L'aimable M. Dupuy nous a invités à dîner, et sa table, pas plus que sa société, n'est à dédaigner. Nous faisons la connaissance de diverses personnes, notamment de M. Rolland, commissaire du gouvernement français à Battambang, qui retourne à son poste par le même bateau que nous. M. Rolland a habité Bangkok une dizaine d'années, jusque vers 1895, et nous questionne sur toutes choses, très désireux d'avoir des nouvelles en détail.

Après le dîner, on improvise une soirée musicale qui se prolonge jusqu'au lendemain : on cause, on s'amuse, on boit, on chante et l'on se sépare à regret.

Nous logeons au *Grand Hôtel* de Pnom-Penh, pensant y jouir d'un peu plus de confort que sur le bateau. Les chambres qu'on nous réserve sont spacieuses et ont été bâties sur un plan grandiose, mais n'ont pas été entretenues : le plafond est dégarni de son plâtre et laisse voir le paillottage, tout est d'une propreté douteuse. La douche, indispensable confort en pays chaud, ne fonctionne pas. Personne ne s'occupe des voyageurs ; qu'ils se tirent d'affaire !

Notre étonnement, d'abord grand, a disparu quand nous avons appris que l'hôtel était largement subsidié : 10,000 fr. par an, rien que cela ! Alors, on subsidie même les hôtels ici? Quelle Providence, quelle mère qu'un tel Gouvernement !

CHAPITRE XII

DE PNOM-PENH AU GRAND LAC.

Vendredi, 19 octobre.

Des fenêtres de cette chambre, par compensation, nous assistons à un splendide lever de soleil, par delà l'autre rive du Mékong.

Le *Nam-Vian* est amarré devant l'hôtel, on procède aux derniers embarquements. Le fleuve est presque au niveau du quai. Il paraît que les inondations ont été cette année plus fortes que d'habitude, en deux jours il y a eu 4 mètres de crue. M. Brichey, un éleveur, me dit que 600 hectares de culture ont été noyés rien qu'à Pnom-Penh. Un champ de maïs vient de disparaître ; si l'on avait eu quinze jours de répit, on aurait pu récolter. On passe en barque au-dessus des cimes d'arbres sous lesquelles s'abritaient des éléphants !

Nous voici réinstallés à bord, avec plusieurs nouveaux passagers, et bientôt le *Nam-Vian* file vers les Lacs, conservant sa direction vers le nord. Le Pnom-Penh des indigènes s'allonge indéfiniment sur notre gauche. Plus loin, nous voyons un village malais. Parmi les autres races, les Malais font tout à fait bande à part.

Bientôt, de divers côtés apparaissent des montagnes, à distance. Le massif le plus important est celui de Pursat, vers le Siam. Une colline se montre à trois kilomètres du fleuve, couronnée de quelques pagodes blanches d'un bel effet : c'est tout ce qui reste de Oudong, ancienne résidence des rois de Cambodge. La forêt semble avoir presque tout envahi, comme à Ayuthia, ancienne capitale du Siam. Les villes abandonnées sont vite ensevelies par la jungle !

A Campong-Uong, où nous arrivons, la rivière perd un peu de son imposante largeur. Les parties inondées, s'avançant dans les terres, sont comme de vastes lacs bleus.

Le trafic sur le fleuve demeure, ici comme en aval, réduit à fort peu de chose. Nous n'avons vu que deux trains de bois, très peu importants.

Nous avons quitté Pnom-Penh à 7 heures du matin ; après le tiffin, on nous annonce que les Lacs ne sont plus loin ; le fleuve se rétrécit encore, et nous traversons une pittoresque forêt. Tout y est vert, mais grêle ; les lianes abondent.

Des pélicans voguent tranquillement à quelque distance du bateau, en groupe de deux ou trois ; leur vol est peu élevé, et quand ils reviennent sur l'eau, ils font un *pouff* sonore.

Voici maintenant un petit village dont les cases sont si misérables, si exiguës, si étonnamment rudimentaires, qu'elles nous font penser au tonneau de Diogène.

D'ailleurs la population devient de plus en plus pauvre sur les rives comme sur le bateau. Il y a maintenant environ soixante indigènes à bord, couchés au milieu de leurs jarres de ngoc-niam, jus de poisson qui leur sert de sauce et de condiment.

A Campong Chanang, on débarque une assez grande quantité de sel. Le *Nam-Vian* en a une cargaison de quatre cent cinquante sacs, provenant des salines de Baria et environs. Le déchargement se fait sous le contrôle du commissaire du bord, car il y a un impôt sur le sel en Indo-Chine. Pour bien saisir l'importance de cet impôt, il faut se rappeler que la moitié au moins des indigènes vit de poisson salé, et que c'est de plus un grand article de commerce et d'exportation.

Pendant qu'on débarque le sel, on embarque des langoustes cuites. Tout le peuple en achète, les Cambodgiens en sont très friands.

A Campong-Tom, un des passagers, qui est le nouveau résident de la localité, se prépare à descendre : chaussé de guêtres, en costume de chasse, très solennel, il a tout à fait l'air de croire que « c'est arrivé ». Il bouscule les Cambodgiens du bord et les écarte avec sa cravache. Arrivé dans la barque, d'un geste de dictateur il se fait apporter ses bagages. C'est impayable et l'on se tord! Il paraît que c'est un Créole de la Martinique et que ce sont leurs procédés là-bas. Il se calmera avec le temps, me dit l'un. C'est possible, mais d'ici là ce blanc-bec fera son expérience au détriment des pauvres indigènes pour qui il sera le Blanc, tout puissant dans son district.

Les Mottet, qui ont habité l'Algérie, font la réflexion que des Arabes l'auraient carrément jeté à l'eau. A la bonne heure! en ces sortes de choses, rien de tel que le paiement comptant. Cela vaut mieux que de devenir des moutons enragés après dix ans de patience, comme les Chinois. Qui sait gré à ceux-ci de leur longue endurance? On ne gagne rien à être trop débonnaire.

Nous entrons insensiblement dans la région des lacs. Bientôt la rive droite a fui hors de vue, et nous naviguons à la boussole; on a l'illusion de la mer. Nous sommes dans le petit lac, séparé du grand lac par un large détroit.

A 7 heures, nous stoppons à proximité d'un arroyo qui conduit à Pursat, un chef-lieu de résidence. Il y a vingt heures de sampan d'ici jusque là-bas. Le riz est peu cultivé dans ce district montagneux, la cardamone constitue la culture principale. Le Gouvernement a mis la récolte en régie.

Il y a à Pursat : un lieutenant et trente soldats, deux préposés à la douane, un résident et un chancelier ; aucun colon. Voilà bien le type d'un des nombreux districts créés au Cambodge par le Protectorat français.

Le grand lac où nous entrons maintenant a en ce moment une profondeur de 9 mètres à 9 m. 50. Par places, 15 mètres. Cependant, en saison sèche, il n'y a que 25 centimètres d'eau environ, les barques doivent se diriger à la gaffe et s'embourbent souvent ; il faut alors traîner l'embarcation sur la vase. Dans trois mois, cette vaste étendue d'eau qui fait penser à la mer sera devenue un simple marécage, couvert d'une eau infiltrable, épaisse de boue, remplie de roseaux et de poissons morts.

Il paraît que le Tale-Sap ou Grand Lac avait jadis une profondeur de 15 à 20 mètres ; mais le fond s'ensable et se rehausse chaque année par l'afflux des détritus et le charriage des terres.

D'après les observations qui ont été faites, le Tale-Sap est une sorte de déversoir du Mékong : lorsque les grandes crues du haut Mékong, causées par la fonte des neiges dans le Thibet, viennent se heurter à Pnom-Penh aux marées du Delta, il se produit un refoulement des eaux vers cette cuvette du Tale-Sap qui se trouve alors plus bas que le niveau des hautes eaux. Cette cuvette reçoit l'afflux de la crue jusqu'à ce que l'équilibre soit rétabli. Après octobre, les eaux du fleuve baissent rapidement et aussitôt les eaux du Tale-Sap, se trouvant plus élevées, descendent vers la mer. Donc les eaux de ce bras de fleuve, entre Pnom-Penh qui est la base du Delta, et le Grand Lac, coulent tantôt du sud au nord, tantôt du nord au sud, régularisant dans une certaine mesure les crues du Mékong, et en tempérant les excès.

Au dîner, nous nous croyons si bien en mer que toute la conversation roule sur la navigation au long cours, les accidents du brouillard, les naufrages. Des éphémères viennent en quantité se brûler aux lampes, et le capitaine, qui n'est pas pour rien du Midi, raconte qu'il en a déjà vu sur la table un lit de 5 centimètres d'épaisseur !

Pendant la nuit, l'ancre est jetée près de l'arroyo de Siemrab, que nous devrons suivre pour gagner Angkor.

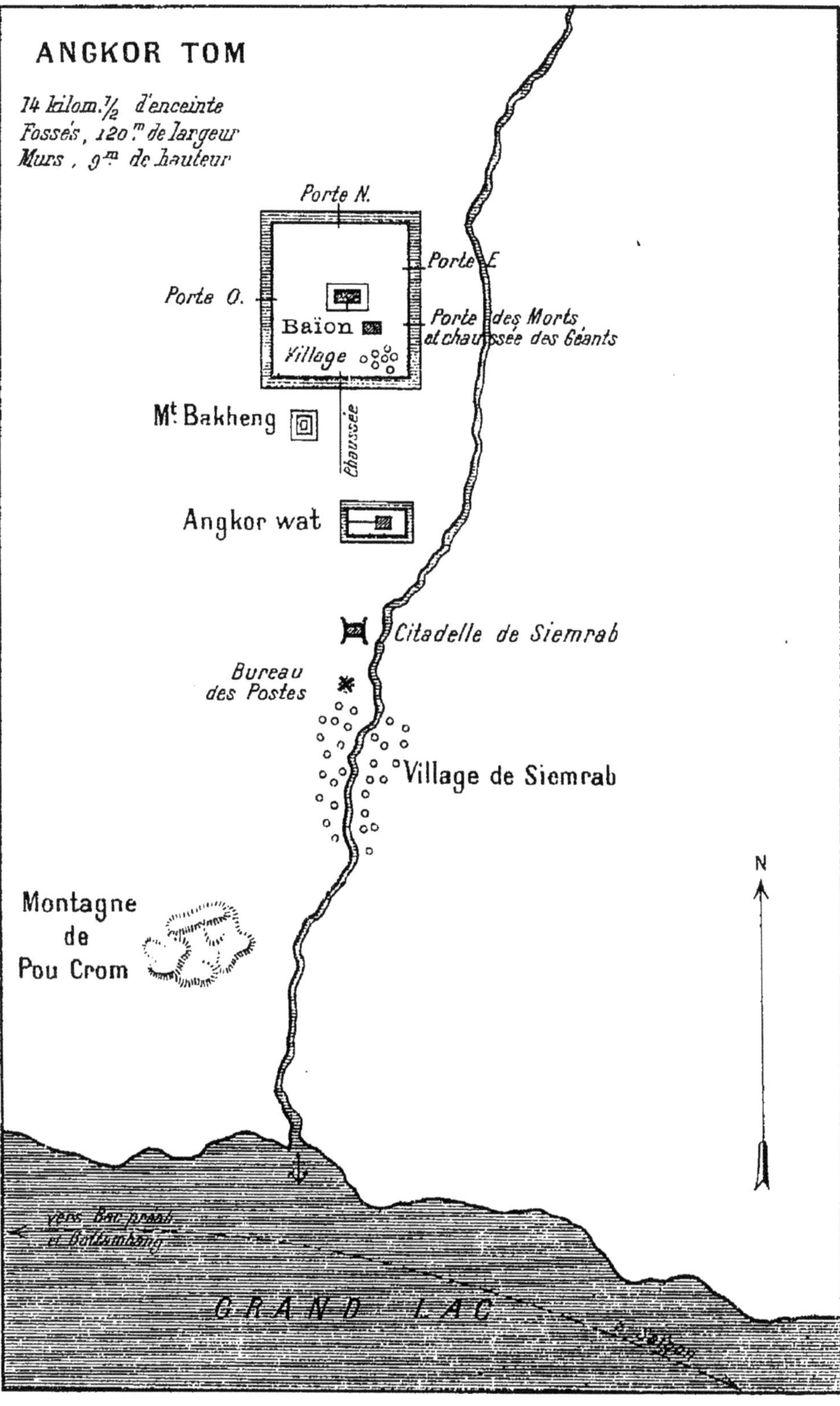
ANGKOR TOM
14 kilom.½ d'enceinte
Fossés, 120.m de largeur
Murs, 9m de hauteur
Porte N.
Porte E.
Porte O.
Baïon
Porte des Morts
et chaussée des Géants
Village
Mt Bakheng
Chaussée
Angkor wat
Citadelle de Siemrab
Bureau
des Postes
Village de Siemrab
Montagne
de
Pou Crom
N
GRAND LAC

CHAPITRE XIII

DU GRAND LAC AU TEMPLE D'ANGKOR (SIAM)

20 octobre.

A la pointe du jour nous tâchons de reconnaître l'endroit où nous sommes, mais rien ne brise l'uniformité des rives inondées, parsemées de palétuviers et de roseaux. L'arroyo est invisible; il n'y a pas de village, pas même une paillotte, nous allons débarquer en pleine solitude. A quelque distance se voit une montagne toute pelée, en dos d'âne, qui semble porter quelques ruines. C'est Pou Crôm, dont les souvenirs sont reliés à l'existence d'Angkor et des Khmers.

A part cette éminence, tout le pays semble plat, fuyant, mystérieux, enseveli sous les roseaux. Nous sommes à l'ancre à l'extrémité Nord du lac qui s'étend à l'infini derrière nous. Des bandes nombreuses d'oiseaux de marais s'élèvent des rives et voyagent en longues files indiennes qui se contournent et se reploient comme des banderoles, précédées d'un état-major en forme de croix; on dirait un très grand cerf-volant avec une interminable queue. D'autres espèces volent en rangs de deux ou trois, comme des pensionnats. Ces oiseaux sont pour la plupart des plongeons ou corbeaux d'eau.

Nous faisons notre toilette, nos bagages, nous déjeunons. Tout cela sans trop de hâte, car le bateau n'est jamais pressé quand ce sont des blancs qui font attendre...

Pendant ce temps deux sampans sont sortis des roseaux du rivage, comme dans un conte de fée. Ils apportent et prennent la poste, et les passagers pour Angkor. On embarque nos nombreux colis, et nous faisons nos adieux au *Nam-Vian*.

Il est à peine 8 heures du matin, il fait délicieux et frais. Pendant plus d'une heure nous voyageons dans la forêt inondée, entre les cimes des arbres qui dépassent l'eau à peine de la taille d'un homme. Il y a 8 à 10 mètres d'inondation; nous ne parvenons pas très bien à reconstituer en imagination le paysage de la saison sèche, et dans ce dédale je me demande comment nos rameurs peuvent trouver leur chemin.

Quelques pélicans flânent de droite et de gauche ; malheureusement pour M. Mottet, ils se tiennent hors de portée du coup de fusil qu'il leur destine. Le pélican est, je crois, peu utile et n'est pas l'objet d'une chasse spéciale. Cependant nous avons vu de jolis coussins faits de la peau de son ventre : elle est couverte de plumes soyeuses et semblable à de la peluche blanche.

A défaut de pélican, M. Mottet abat une aigrette. Mais c'est une aigrette sans aigrette, car nous ne sommes pas à la saison du beau plumage.

Nous ne voyons aucune fleur, mais par-ci par-là de toutes petites taches écarlates font par leur grand nombre d'admirables coups de lumière. Sont-ce des plantes d'eau, ou des pétales effeuillés? nous restons intrigués.

En sortant de la forêt sous l'eau nous arrivons à un hameau très pauvre où le grand sampan s'arrête définitivement : et nous prenons place dans une barquette. Maintenant l'arroyo se dessine, on le reconnaît entre ses rives, mais nous avons à lutter contre un courant très violent. Nous nous laissons conduire par nos rameurs cambodgiens dont nous ne pouvons comprendre la langue, et qui ne comprennent guère davantage notre siamois barbare...

Nous sommes sûrs d'arriver à Siemrab, un jour... quelques heures dans ce pays-ci ne font pas l'affaire.

Nous sommes maintenant en territoire siamois, mais toutefois les deux provinces de Siemrab et de Battambang sont d'origine cambodgienne, et la race qui les habite est cambodgienne. C'est tout ce qui reste au Siam de la conquête qu'il fit jadis du Cambodge. (Pnom-Penh a été pris et brûlé par les Siamois vers 1837.)

Le temps passe, nous allons toujours, suivant les méandres d'une rivière ravissante, dans un paysage vraiment tropical : les rives sont bordées de cocotiers et d'ananas sauvages, les cases indigènes se succèdent de plus en plus nombreuses, c'est déjà Siemrab qui commence. Les villages, dans ce pays, n'en finissent pas, parce qu'ils s'allongent comme des rubans au bord de l'eau.

A midi, nous sommes toujours dans le même arroyo, entre deux files de maisonnettes en bois entourées de jardins et de cultures. Nous demandons la maison du Gouverneur, impatients de savoir si l'on a reçu nos télégrammes et si nous aurons les sept ou huit charrettes demandées pour gagner Angkor. Toujours on nous répond : Païe ik ! (allez plus loin).

Notre petit sampan n'est guère large ni luxueux, nos quatre personnes et nos bagages y ont à peine trouvé la place nécessaire. Cependant nous augmentons chemin faisant nos provisions, en achetant deux canards vivants. Nous voyons un gros *plongeon* pêcher et avaler d'un seul coup de bec un poisson de la taille d'un hareng. Les Siamois l'appellent nok-ka, c'est-à-dire corbeau d'eau.

A une heure passée, après cinq heures et demie de cette navigation nous abordons enfin au centre du village de Siemrab.

Sur la berge un homme gesticule, nous fait de grands

saluts ; c'est un Cambodgien qui connaît un peu le siamois et sait dire une douzaine de mots français. Nous comprenons sans peine le point le plus important de son discours : on a reçu notre télégramme et sept charrettes à bœufs sont à notre disposition tout près d'ici. Joie générale ! Nous commencions à nous demander si nous arriverions jamais, connaissant la lenteur qu'on met à toutes choses en Orient ! Si le farang (étranger) est toujours pressé, l'indigène, lui, ne l'est jamais. De là des difficultés !

Ce bonhomme, à ce que nous devinons, est le factotum qui conduit les étrangers et les tire d'embarras dans toutes les complications d'un voyage qui n'est pas facile, étant donné le dénuement complet d'Angkor. Il passe ici en moyenne de quatre-vingts à cent visiteurs par an, pas plus. Aussi la place n'est pas le moins du monde truquée, oh non ! Il faut soi-même penser à tout ; monsieur Cook n'a pas encore passé par ici.

Notre première préoccupation est de déjeuner. On nous fait monter dans une chambre incommode et surchauffée par le soleil, où le séjour n'est un peu supportable qu'avec quelques bambins derrière nos chaises pour nous éventer, ce qui du reste les amuse énormément. C'est une installation rudimentaire à l'usage des étrangers ; sur l'unique table traîne un registre où l'on voit quelques signatures connues, en grande majorité des Français venant de Saïgon. C'est admirable, ce registre qui se trouve là, c'est tout à fait grand genre. Mais on préférerait voir la civilisation installée à Siemrab sous une forme plus substantielle, des chaises par exemple, ou un bassin pour se laver les mains. Pour obtenir cela il nous faut beaucoup de patience, le temps de retourner tout le village. Enfin tout arrive... nous pouvons même acheter pour prendre notre tiffin des assiettes dans un magasin voisin ; on y vend aussi des conserves dont il sera prudent de se défier, car elles datent probablement de quelques années; il y a des liqueurs en quantité, du cognac à cinq ou six étoiles, mais pas de whisky, ce qui nous change de Bangkok.

Inutile d'ajouter que cette boutique, la seule de l'endroit, est tenue par un Chinois.

Après cela on referme nos caisses, on les charge sur deux charrettes à buffles, pendant que nous gagnons le bureau de poste de Siemrab. Bureau de poste, du moins ainsi il s'intitule sur la pancarte qui s'adresse au public, mais jamais je n'ai vu pareil dénuement officiel. On finit par trouver deux chaises pour les dames, il est vrai que l'une d'elles n'a plus de fond. C'est cependant du luxe pour les Siamois, qui ne font pas usage de chaises.

Il va de soi que nous sommes partout escortés d'une nombreuse bande de gamins et même d'adultes; les dames sont assez rares qui affrontent les difficultés de l'excursion d'Angkor, et nos compagnes de route excitent l'intérêt général.

Nous quittons la poste après y avoir fait une brève correspondance, et nous voyons les charrettes qui nous attendent. Le moment est venu pour nous de faire la connaissance de ce pittoresque mode de transport, la charrette à bœufs. Avant de monter là-dedans, on se demande comment on pourra s'y tenir, tant la place est étroite. On s'assied sur une sorte de lattis d'où il semble qu'on volera dans les airs à la moindre secousse. Se coucher est impossible, s'accroupir à la mode indigène est peu commode; le mieux est encore de s'asseoir les jambes croisées comme Bouddha. C'est ce que nous faisons. Nos matelas nous font d'ailleurs un siège confortable grâce auquel nous sentons moins les cahots. Enfin, chacun s'installe dans son véhicule, et notre caravane se met en mouvement : nous occupons quatre charrettes, notre guide une cinquième, deux charrettes à buffles nous suivent avec les bagages. Au dernier moment notre factotum (qui répond à l'aimable surnom de « Fil de Fer »), bien avisé, arrive avec quatre chaises qu'il ajoute à notre chargement. Cela nous sera précieux à Angkor ; nous n'avions pas songé à ce raffinement européen. D'où venaient ces chaises? Nous ne l'avons jamais su, nous n'avons jamais payé un att pour leur usage, de même que pour bien d'autres petites choses. Dans ces pays-ci l'hospitalité est si générale et les choses se prêtent si facilement qu'on n'y fait pas attention.

Sitôt en route, nous nous rendons compte que ces charrettes sont très bien conditionnées pour les trajets qu'elles ont à faire sur les routes de ce pays, à peine tracées, très accidentées, parsemées de fondrières. A cet effet, pour rendre le centre de gravité aussi stable que possible, le corps de la charrette est réduit à un berceau fort étroit, tandis qu'au contraire les roues, très grandes, sont fort écartées. De plus, un cadre extérieur, en bois, rend les chutes sans danger en servant d'appui à la charrette si elle a la velléité de verser.

Grâce à cet aménagement, nous filons au trot dans des bourbiers impossibles, escaladant des différences de niveau d'un demi-mètre au moins ; parfois l'une des roues est tout entière hors de l'eau, tandis que l'autre y enfonce jusqu'au moyeu. Nous sommes éclaboussés jusqu'au sommet de nos casques, nos costumes blancs perdent rapidement leur fraîcheur. Comme le chemin est le plus souvent dissimulé sous la broussaille qui l'envahit, ou sous les inondations et les marécages il est impossible de prévoir les trous et les fondrières ; aussi, pour savoir dans quel sens réagir, il n'y a rien d'autre à faire que de fixer du regard la charrette précédente et d'observer les fantaisies de son équilibre.

Chaque charrette est attelée de deux bœufs. C'est le

seul moyen de savoir si les deux roues pourront passer, car là où les bœufs passent, les roues peuvent suivre. Un bœuf seul ne pourrait pas faire dix pas, le milieu du chemin étant occupé par des broussailles, et souvent même par des troncs d'arbres couchés.

En réalité, la route se compose de deux ornières fort grossières, entretenues simplement par le passage des bœufs et des roues qui les suivent. Le sol est très sablonneux; la poussière et la boue sont considérables.

Partis vers 3 heures 1/2, nous sommes assez vite hors de l'agglomération. Nous laissons à gauche l'ancienne citadelle de Siemrab, aujourd'hui démantelée en vertu du traité de 1893 avec la France, qui porte que les Siamois ne conserveront aucun ouvrage fortifié dans les provinces de Siemrab et de Battambang, limitrophes du territoire français.

Plus loin surgit une pagode, assez pittoresque. Les cultures sont pauvres, et le riz est même, paraît-il, de qualité inférieure. Le sol est évidemment défavorable par suite de sa nature sablonneuse.

Cette circonstance semble appuyer la théorie d'après laquelle les lacs étaient jadis bien plus étendus et arrivaient jusqu'ici même. D'autre part l'impétuosité des eaux balaie les dépôts d'humus, les empêche de s'accumuler et de fertiliser le sol. Aussi les routes et les endroits découverts nous rappellent le voisinage immédiat du littoral belge, autrefois sous l'eau.

Au contraire, dans les forêts, les eaux séjournent plus facilement, les courants et les pluies ont moins de pouvoir, de telle sorte qu'un riche dépôt de débris végétaux peut s'y accumuler assez rapidement.

Voilà probablement pourquoi les cultures et les bois offrent dans cette région un absolu contraste : les premières sont misérables, les secondes sont splendides !

Nous ne tardons pas à entrer dans la forêt et nous n'en

sortons plus jusqu'au wat d'Angkor, dont nous apercevons tout à coup, par une éclaircie, les cinq tours symétriques, pour les perdre de vue aussitôt.

Le trajet dure plus d'une heure et demie, par des détours sans fin qui empêchent le voyageur de s'orienter, et l'on traverse des mares à chaque instant.

La conversation est difficile dans les conditions où nous sommes, chacun s'absorbe dans le soin de son confort personnel et dans l'admiration d'une nature magnifique.

Tout à coup notre caravane s'arrête de la tête à la queue, et M. Mottet se prépare à viser, car des singes remuent le feuillage tout près de nous.

Ce sont des singes noirs avec un collier de barbe blanche, j'en vois quelques-uns ; ils sont toute une bande et détalent au premier coup de feu. Notre chasseur les suit à pied dans la forêt et tire encore deux coups ; il entend la chute d'un singe qui tombe du haut d'un arbre, mais l'ombre est si épaisse dans ces forêts touffues qu'il ne distingue pas l'animal. De plus, le sol est recouvert d'une forte couche d'humus qui fléchit sous les pieds. Dans ces circonstances un singe tombant de très haut a dû par son poids faire une trouée et disparaître dans les branchages qui jonchent le sol. Bref, on ne trouve rien.

Notre promenade se poursuit sans autre incident. Les bœufs sont très dociles ; ils poussent le joug sans être attelés. Mais il ne faut pas s'exposer à leurs ruades quand on monte ou qu'on descend du véhicule. Ils portent au cou un objet de bois qui fait l'office de clochette et rend un son sec. Quand on vient à rencontrer une autre charrette dans le chemin étroit, c'est une affaire délicate ; mais la douceur et la patience des Cambodgiens arrange tout ; on y met du reste le temps qu'il faut, Dieu merci !

Le trafic paraît presque nul, Angkor est d'ailleurs en pleine solitude ; cependant nous avons rencontré des charrettes remplies de natifs. Comment parviennent-ils à se tenir à cinq ou six là dedans, c'est ce que l'on ne peut s'expliquer que par l'étonnante agilité et la souplesse de cette race.

Il est environ 5 heures du soir quand nous sortons de la forêt... A très peu de distance et déjà embrumée, la masse imposante du temple d'Angkor se dresse devant nous.

Bientôt notre caravane s'arrête devant la chaussée dallée qui mène à la porte monumentale de l'enceinte extérieure.

CHAPITRE XIV

LE TEMPLE D'ANGKOR.

On reste stupéfait en songeant à la pensée grandiose qui a conçu le temple d'Angkor et à l'énergie persévérante qui l'a exécuté.

Ce qui frappe, c'est d'abord le caractère imposant, durable, définitif de l'œuvre. Chose rare en cette partie du monde, on se trouve devant un monument fait pour durer des siècles, pour durer toujours.

C'est ensuite la simplicité du plan : tout converge vers la grande tour centrale qui abrite le sanctuaire de Bouddha. Dans ce vaste enclos d'une lieue de tour, les fossés, les murailles, les terrasses, les galeries, l'édifice entier n'ont absolument d'autre destination que de protéger, d'envelopper l'image sacrée du Dieu.

Il n'y a pas une chambre, pas une cellule, il n'y a rien qui puisse servir à l'habitation des hommes; rien que des chaussées, des portes, des galeries qui toutes mènent infailliblement au point central. De quelque côté que l'on vienne, du Nord, du Midi, du Levant, de l'Occident, on est conduit devant l'image de Bouddha, vers laquelle on s'élève d'étage en étage, par des escaliers successifs, sans qu'aucune pensée étrangère puisse distraire le pieux pèlerin de son ascension ininterrompue. Et les galeries parallèles, les escaliers voisins, les toits des autres parties de l'édifice, tout lui fait escorte et s'élève avec lui.

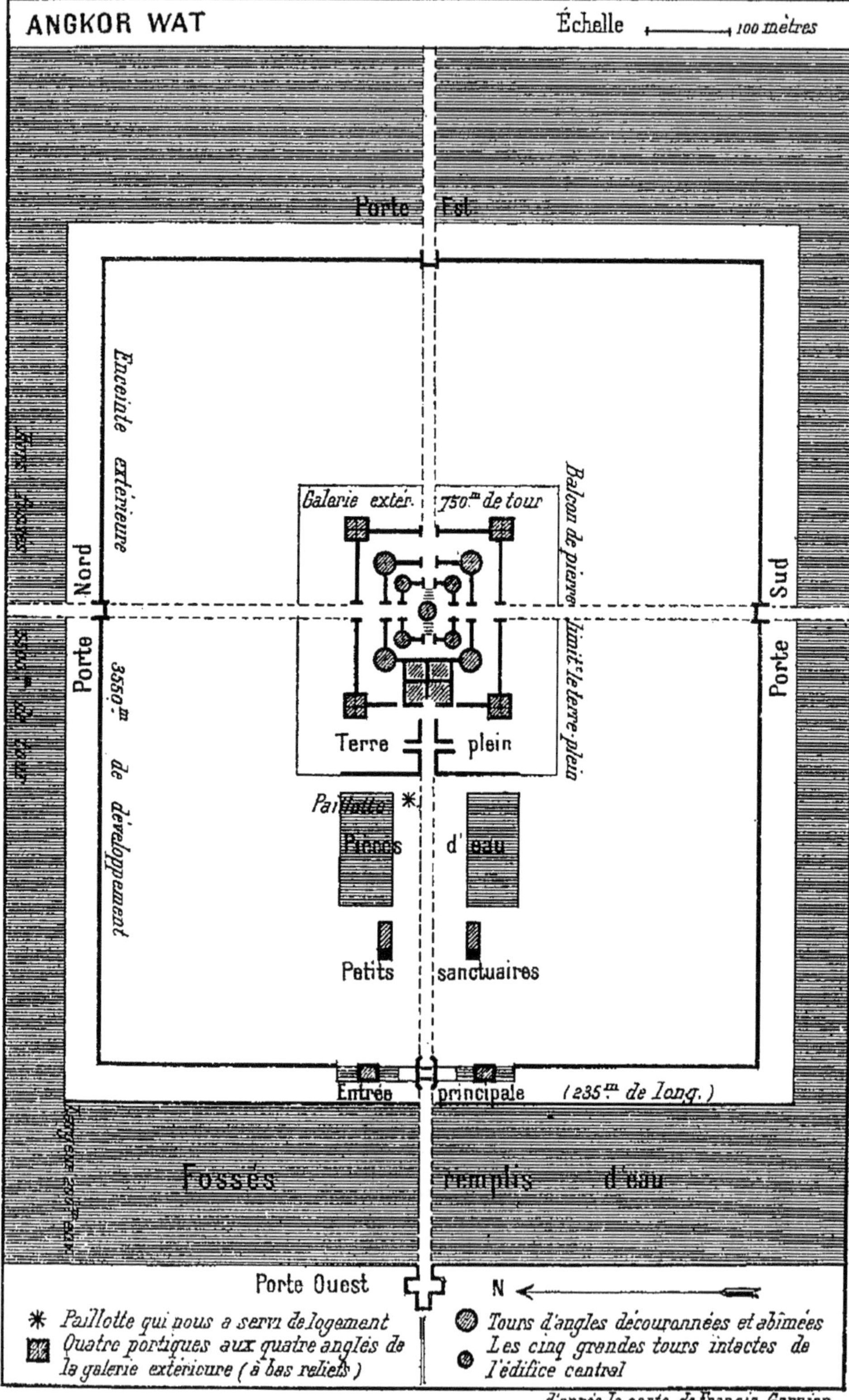

d'après la carte de Francis Garnier

La cour d'honneur, qui s'étend avec ses quatre pièces d'eau entre la première et la deuxième galerie, est un des plus beaux endroits du monument : on y contemple la perspective ascendante de tout l'édifice. Pour qui a vu cela de ses yeux, c'est inoubliable!

Angkor est bâti dans un style qui lui est propre. Ce temple abandonné et les rares vestiges de la ville voisine, Angkor Tom, constituent à peu près tout ce qui reste d'une civilisation ancienne, aujourd'hui disparue. On l'appelle du nom de Khmer : il y a cependant là-dessus de grandes controverses, et l'on s'accorde plutôt à croire que les Khmers ou Khamens, ancêtres des Cambodgiens actuels, n'ont servi que de coolies, étant réquisitionnés par droit de conquête. Il y aurait eu là quelque chose d'analogue à la construction des pyramides d'Égypte : on forçait les vaincus à glorifier les vainqueurs.

La race conquérante qui a conçu cette œuvre admirable devait venir de l'Inde, car le style est fortement imprégné d'influences brahmaniques ; d'autre part, le sanscrit des inscriptions est, paraît-il, très analogue au sanscrit tel que l'écrivaient les anciens savants de l'Inde Orientale.

Peut-être cette race a-t-elle émigré vers la Chine. Les fréquentes migrations de l'Inde vers la Chine ont dû passer par cette région, les montagnes du Thibet formant au Nord un obstacle insurmontable à leur passage.

Toutefois, le temple commencé en l'honneur des trois divinités brahmaniques s'est certainement achevé en l'honneur de Bouddha. Il y aurait eu une sorte d'adaptation postérieure à un culte nouveau, de même que le christianisme a profité jadis d'anciens temples romains.

La construction d'Angkor-Wat remonte, croit-on, à environ 900 ans. Mais cette question est également très controversée.

La première galerie, ou galerie extérieure, est entièrement décorée de bas-reliefs; il faudrait des volumes pour décrire ces sept cent cinquante mètres de sculpture. On y voit la représentation très fine et très détaillée de multiples scènes de la vie religieuse, guerrière ou simplement civile. Ainsi figurent les quatre castes brahmaniques avec leurs attributs : les brahmanes avec les ornements religieux, les kshatrias ou guerriers avec chevaux, arcs, flèches et tout leur appareil de guerre; les vaisyas ou marchands portant l'or et les attributs du commerce; enfin les soudras ou esclaves, nus et misérables.

Ces bas-reliefs ont souvent trois divisions en étages : généralement, les méchants figurent au-dessous et l'on y voit une grande variété de supplices. Il y a également des batailles, des cortèges, des animaux, des poissons surtout. D'après notre calcul, il doit y avoir de douze à quinze mille figures sur ces murs. La foule y est souvent représentée si dense que les profils se détachent les uns sur les autres comme dans les médailles.

Et quelle expression, quelle vie, quelle imagination! Il y a tels gestes, la pose du pied nu d'un cavalier soulevé sur l'étrier, l'attitude d'un éléphant à la bataille ou l'inflexion du corps d'une danseuse qui arrachent l'admiration.

L'impressionnisme peut venir ici prendre des leçons. Cette pierre parle!

Tout est travaillé, pas une pierre n'est laissée sans ornementation, à l'exception de la voûte en arc que devaient probablement cacher des plafonds dont on voit encore les endroits d'amorçage. Au-dessus et en dessous des bas-reliefs, il y a des motifs de bordure; vis-à-vis, l'on voit une double rangée de colonnes monolythes, dont les pans droits sont travaillés; à leur base, une figure. Il y a environ mille huit cents colonnes semblables dans le temple entier.

Des colonnettes groupées au nombre de sept par baies ornent l'intérieur de la seconde cour. Tous les frontons de portes sont admirablement sculptés.

La porte du mur d'enceinte, avec ses annexes, forme à elle seule un monument qui serait remarqué dans la ville la plus artistique de notre vieille Europe.

Les constructeurs d'Angkor-Wat devaient être en possession d'une science d'architecture arrivée à son plein développement : l'harmonie la plus complète règne dans toutes les parties de l'édifice, et les trois galeries en rectangle s'étagent les unes au-dessus des autres suivant des lois de perspective irréprochables. Même des non initiés comme nous peuvent se rendre compte des ingénieuses combinaisons par lesquelles on est arrivé à augmenter l'impression de hauteur des tours en mettant à leur base des tympans sculptés qui vont en décroissant, et à leurs arêtes des triangles de pierres qui se répètent de plus en plus petits jusqu'au sommet.

Quant aux toits, j'ai admiré sans comprendre, pour ma part; ces cascades de toits m'amusaient, m'enchantaient, sans que je parvinsse à saisir le procédé de construction qui leur donne un caractère si harmonieux, si parlant, si imposant dans leur apparent désordre. Leur inclinaison est très particulière et fait valoir leur élévation. Ils ont été calculés avec succès pour résister aux ravages du temps; car, chose remarquable, les toits sont demeurés presque intacts, tandis que chez nous les vieilles abbayes, les vieux manoirs ont toujours péri d'abord par les toits.

Il y a autant de mystère autour de l'exécution du temple qu'autour de sa conception. L'abondance de la main-d'œuvre peut s'expliquer, il est vrai, par le droit de conquête. Le temple est entièrement en grès fin, provenant, croit-on, des carrières de Pnom-Poulen, situées à 40 kilomètres de distance. Mais comment et par quels procédés les pierres ont-elles été travaillées, sculptées, transportées et élevées à de pareilles hauteurs? Le palier de la chapelle centrale est à 56 mètres au-dessus du sol de la chaussée!

Aucun ciment n'a été employé; tout cet édifice ne tient ensemble que par la juxtaposition des pierres, et elle est parfaite. Parfois, à la suite d'un mouvement, deux pierres contigües se trouvent légèrement écartées. L'on voit alors les deux faces polies du grès et l'on peut juger, surtout si le soleil donne derrière le mur, de leur parfaite netteté : on dirait deux miroirs. La taille des pierres traverse, suivant le hasard du dessin, la figure d'un dieu ou le sein d'une déesse sans altérer l'effet. Et pourtant il n'y a ni ciment ni enduit d'aucune sorte.

Quelques pierres détachées laissent apercevoir deux trous rapprochés sur l'un de leurs côtés cachés. Ces trous sont sans doute les points d'attache des crampons au moyen desquels on les soulevait. Quels étaient les engins de ces grands bâtisseurs, leurs machines, leurs systèmes de construction? Nul ne le sait... toute trace en a disparu, et comme pour les pyramides d'Égypte on est réduit aux hypothèses. Mais ce qui semble certain, c'est qu'aucun effort actuel ne saurait accomplir à nouveau une semblable merveille!

Les seules murailles non ornées sont celles des portiques principaux (intérieurement) ainsi que le mur plein extérieur de la deuxième galerie. Il est probable que des tentures ou des autels devaient cacher la pierre en ces endroits. Sauf cette exception ainsi que les plafonds, il ne devait y avoir aucune boiserie, aucune décoration additionnelle dans le temple d'Angkor. La pensée religieuse qui l'a conçu y est écrite uniquement dans la pierre, depuis la base jusqu'au sommet!

Angkor-Wat est depuis longtemps abandonné. Les bonzes qui habitent en petit nombre les cases de bois disséminées sur le terre-plein ne s'occupent pas de l'entretien du temple. Il y a d'ailleurs en Orient une superstition assez générale qui ne permet pas de réparer ce que le temps a détruit. Au surplus, on mettrait à la besogne mille coolies qu'à peine en verrait-on la place; il faudrait une armée pour entretenir cet espace immense. Aussi les chauves-souris sont à peu près les seuls habitants qu'on puisse y rencontrer, et elles sont légion!

Dans les parties un peu sombres de l'édifice on entend quand on passe leur singulier frémissement d'ailes, lugubre. Si l'on frappe dans les mains, aussitôt s'élève un son strident comme le ronronnement d'une machine, et l'on entend leur tournoiement affolé raser les voûtes. On les voit, on les entend, je regrette de devoir dire que même on les sent... et c'est une impression à laquelle il faut s'habituer. Leur fiente se dépose sur les dalles en couches épaisses, et il faut parfois tâtonner avec prudence. Tout en haut, au pied de l'autel, si l'on n'y faisait attention on enfoncerait jusqu'à la cheville dans la fiente fraîche. Elles vivent là par milliers, et plus on avance vers le centre du monument, plus elles sont nombreuses, étant moins souvent dérangées.

Le temple est donc laissé dans un assez déplorable état, bien que les siècles aient respecté toutes ses grandes lignes et même ses toits. Mais les tours du second étage se sont écroulées et sont à moitié détruites. Sur les marches des escaliers existaient jadis des lions de pierre que l'on n'y voit plus. Des colonnettes ont aussi disparu en grand nombre, d'autres sont brisées, des pierres sont tombées. Il est triste de constater que les vols sont nombreux. En Europe on se plaint des fous qui gravent leurs noms sur les monuments; ici cela se fait également, mais on a inventé mieux encore, on emporte avec soi! Des Américains ont chargé récemment cinq ou six charrettes du produit de leurs dilapidations. La surveillance est nulle. Si pour voir les merveilles de l'ancienne Grèce il faut maintenant visiter le British Museum et le Louvre, de même bientôt l'on pourra étudier Angkor-Wat dans les musées des États-Unis !

Certains touristes sont des corsaires qu'on ne poursuit point en police correctionnelle! Parfois on a tout simplement taillé dans la base d'une colonne comme dans un gâteau pour en emporter le pied sculpté !

A ce propos, un trait admirable : Quand nous fûmes de retour à Pnom-Penh, les poches vides en honnêtes gens que nous sommes, M. Mottet fût interpellé par un de ses amis : « Eh bien, vous n'avez rien rapporté? » Négation de Mottet, stupéfaction de l'ami qui aussitôt lui donne à choisir entre dix ou quinze fragments divers provenant d'Angkor, pour que ce pauvre Mottet ait au moins quelque chose de là-bas !

La jungle fait aussi des ravages. Elle s'étend entre les divers étages du wat, elle emprisonne des escaliers et quelques pavillons séparés de manière à en rendre l'accès presque impraticable, elle descelle les pierres.

Le rotin, cette terrible plante dont seule la hache peut avoir raison, est particulièrement redoutable. Il couvre de ses enchevêtrements bizarres les portes et les murs. Le plan des lieux semble net et propre, mais il faut par la pensée couvrir de broussaille et de végétation tout ce qui n'est pas pierre et encore! Seul le terre-plein est soigné comme un jeu de tennis, grâce à la diligence des bonzes plus soucieux de leur commodité personnelle que de celle de Bouddha. En dehors de cela tout est sauvage : les pièces d'eau près de notre campement sont devenues des mares couvertes d'herbes, et dans tout l'enclos la forêt s'étend, traversée par quelques chemins de charrettes qui font une brèche dans le mur d'enceinte. Là les singes vivent en sécurité, à l'abri des coups de feu défendus dans un enclos sacré. Quant aux fossés, ils ont été convertis en rizières, ce qui n'enlève rien à leur majesté. Ils tranchent par leur teinte unie vert pâle sur la forêt sombre qui les enserre...

CHAPITRE XV

NOTRE CAMPEMENT

Après avoir essayé de donner une idée d'ensemble du temple auprès duquel nous avons passé six jours, il faut bien parler de nouveau des voyageurs... c'est une des nécessités d'un récit de voyage que de parler souvent de soi!

Notre paillotte, située presque au pied du terre-plein, était une maison de poupée où nous avons pu cependant, avec beaucoup de bonne volonté, arranger une salle à manger, une cuisine, deux chambres à coucher et une salle de bain. Il n'en fallait pas davantage, et après tout nous aurions pu trouver plus mal. Bien entendu toutes ces chambres aux pompeuses désignations étaient formées par de simples cloisons en feuilles de palmiers séchées.

On a improvisé une table en liant à quatre pieux les quatre coins d'une natte; les chaises apportées par « Fil de fer » ont été précieuses. Des matelas chinois étalés sur le plancher ont servi de lit, les caisses à provisions ont servi de table, de lavabos, de tout.

M. Mottet, expert en matière de cuisine, a aidé le boy « Microbe » à préparer les repas, et a contribué par sa chasse à varier nos menus, après que les deux canards achetés à Siemrab eurent passé à la broche. Les bœufs pâturaient sous la maison, entre les pilotis qui la supportent. Quant aux cinq Cambodgiens, nos conducteurs de charrettes, ils nous rendaient gaiement mille services tout à fait en dehors de leurs attributions : dès le premier jour ils aidaient à arranger la vaisselle, à vider les caisses, à dépouiller les animaux, et toujours ils y mettaient une docilité toute simple, jamais lassée. Sans doute il y avait là une bonne part de curiosité, mais quelle facilité pour l'étranger! Ici rien ne coûte à donner, dirait-on, ni les services ni les choses. Réciproquement ils en attendront autant de vous, et ne songeront pas à vous rendre ce que vous leur aurez prêté. Dans ces coins reculés on est encore bien proche du communisme primitif.

Un premier soin des dames a été d'adopter le pantalon annamite qui les déguise sous un aimable travesti. Transformation aussi nécessaire que pittoresque, car il serait peu pratique et même imprudent de vouloir grimper dans les charrettes à bœufs, escalader les tours des wats, franchir la jungle et les amoncellements de ruines d'Angkor-Tom avec une incommode jupe européenne.

Avec le pantalon bouffant en soie noire, agrémenté d'une large ceinture écarlate, et un boléro blanc, Mme Mottet et Mme Jottrand ont un air de touristes intrépides, qu'elles justifient d'ailleurs par leur persévérance à nous accompagner dans les endroits les plus impossibles.

Dans les intervalles de nos diverses excursions à Angkor-Tom, dont nous parlerons plus loin, nous revoyions toujours avec plaisir les tours d'Angkor-Wat. Bien des fois, seul, à nous deux ou avec nos amis, je suis allé jusqu'au dessus des dernières marches de l'édifice. L'ascension est fatigante, mais quel spectacle là-haut, quand on domine tous ces toits, toutes ces murailles et toutes ces galeries superposées!

Les escaliers, presque verticaux, prennent peu d'espace dans l'architecture; les étages planent en quelque sorte l'un au-dessus de l'autre sans lien apparent. La forêt s'étend à l'infini dans toutes les directions, la solitude est absolue! Je cherchais à reconstituer par la pensée les magnifiques cortèges d'autrefois, les longues théories de pélerins, les couleurs richissimes, les draperies, les étoffes, l'or et les pierreries des processions... quel cadre merveilleux pour de tels spectacles! Cependant le silence imposant de l'espace qui m'environne, le caractère sauvage de toute cette nature au milieu de laquelle le temple surgit tout d'un bloc, sont peut-être plus impressionnants encore? Que l'on se figure l'émoi de celui qui, dans quelques milliers d'années, parcourant les rives désolées et désertes du bas Escaut, verrait tout à coup, à un tournant du fleuve, surgir derrière les sapins et les bruyères la vieille tour de Notre-Dame d'Anvers?

Du haut de l'édifice, la vue est belle le matin, sur la verdure rafraîchie; belle aussi au milieu du jour, à l'heure où tout se tait, où l'on n'entend ni un oiseau ni un insecte, où la nature semble endormie. Mais c'est vers le crépuscule que la scène prend tout son charme. Un soir nous étions assis tous deux au-dessus des marches du grand escalier; la lumière crue du plein jour avait fait place à des teintes plus douces. Le soleil, juste en face de nous, disparaissait dans un rayonnement étrange, une sorte de gloire ou d'auréole rose striée de vert... Alors les chauve-souris attirèrent notre attention : nous entendions leurs singuliers sifflements, leur bruit d'ailes, elles se réunissaient sous les voûtes du grand portique, attendant, accrochées aux murailles, que le ciel fût assez obscurci. Nous pouvions les voir, couvrant les murs en quantité innombrable, et toujours il en arrivait de nouvelles. Elles devenaient de plus en plus sifflantes, bruyantes, impatientes. Quelques-unes, deux à la fois, se détachaient du groupe pour explorer de temps en temps le plein air, et rentrer bientôt sous la voûte. Enfin, à un signal que nous n'avons pas vu, toute cette multitude prit son vol au dehors, filant en rangs serrés vers un même point du ciel. Leur passage assourdissant nous frôlait de si près qu'instinctivement nous avons baissé la tête. Au même moment, de semblables cortèges s'envolaient des autres tours, tandis que deux cigognes tournoyaient à quelque distance de leurs nids inaccessibles.

Peu après nous descendîmes, évitant d'être surpris par l'obscurité complète qui rendrait périlleuse la descente des escaliers. Il est regrettable que la visite du temple soit impraticable la nuit. Il n'y avait pas de clair de lune pendant notre séjour, de telle sorte que nous n'avons pas été tentés de commettre cette imprudence.

Bien que le monument s'élève en pleine forêt, un large terre-plein permet de circuler facilement tout autour, avec un recul très suffisant pour le coup d'œil. Du reste le temple ne se développe pas bien dans son ensemble quand on le voit du dehors. Il y a là une sorte de mystère, comme si l'on voulait cacher exprès le sanctuaire, suivant une habitude assez générale aux religions asiatiques. On découvre le temple au fur et à mesure qu'on y pénètre; du terre-plein on ne voit que la première galerie, celle des bas-reliefs, du reste bien pittoresque, sur ce fond de sombre verdure.

Le terre-plein est en grande partie occupé par les prêtres, qui en ont fait une sorte de parvis bien aménagé. C'était aussi une de nos promenades favorites. La tranquillité des phras rend l'endroit aussi silencieux que les portiques voisins; des cocotiers, de modestes cultures traversées par d'étroits sentiers entourent les cases de bois. Un ours à miel apprivoisé vit en paix avec les poules et les porcs, un faisan familier vient manger dans la main. C'est la coutume que les wats sont ainsi le refuge d'une quantité d'animaux.

A l'extrémité de ce parvis, on voit encore quelques restes de l'ancienne balustrade ornée de lions de pierre qui le limitait. Mais hélas, tout cela s'en va peu à peu, disloqué, jeté bas, et bientôt enfoui sous l'énorme poussée de la végétation!

Parfois, descendant de cette terrasse et traversant le ruisseau voisin, nous gagnions la forêt. Un jour, tandis que les autres faisaient la sieste, je me suis égaré et n'ai pu retrouver ma route qu'en traversant des mares boueuses et en m'accrochant à des ronces et à des haies épineuses. Il y a des moments, dans ces brousses, où l'on se demande si l'on pourra jamais en sortir! Nous avons dû renoncer à visiter deux pavillons du temple d'Angkor tant ils sont envahis et rendus inaccessibles.

Une autre fois, suivant tous deux un sentier plus commode, nous vîmes une caravane de grandes fourmis noires, longues d'un centimètre. L'armée descendait d'un arbre pour en gagner un autre, et défilait par rangs de quatre, jamais plus, jamais moins. Ces rangs se suivaient à une distance strictement égale; la discipline était parfaite bien qu'il n'y eût pas de commandement apparent, les officiers étant d'ailleurs rares.

D'autres régiments croisaient, parfois des disjonctions s'opéraient sans qu'il y ait jamais la moindre hésitation ni la moindre confusion. Montre en main, deux cent cinquante rangs, soit mille fourmis passaient au même point dans le délai d'une minute. Nous continuâmes notre excursion jusqu'à l'arroyo de Siemrab, en dehors de l'enceinte des fossés. Nous rencontrâmes un Cambodgien avec son arc; plus loin, une bande de singes jaunes à longue queue. Deux heures plus tard, nous repassions au même endroit : le défilé continuait dans le même ordre rigoureux, et avec la même allure. Cent vingt mille fourmis avaient passé là! Nous n'avons pas attendu la fin, et nous ne nous étonnons pas que les fourmiliers soient nombreux dans ces forêts, notamment une espèce appelée pangolin. Ils ont à manger!

La bonne entente qui régnait entre nous quatre a beaucoup contribué au charme de notre petite vacance. Ce fut vraiment une heureuse chance que cette rencontre dont, pour notre part, nous nous sommes sincèrement félicités.

Mariés presque à la même date que nous, partageant beaucoup de nos goûts et pas trop de nos idées, de façon à ouvrir des discussions amusantes, M. et Mme Mottet ont été pour nous des compagnons de voyage vraiment parfaits. Ils étaient très gais, et le joli visage de Mme Mottet, sa grâce française mêlée d'un peu d'exotisme, ajoutaient un charme de plus à notre ermitage.

Cette vie de Robinson nous plaisait, elle avait ses côtés drôles, dans cette paillotte étroite, où les cloisons sans porte manquaient de sécurité. Un cinquième nous eût joliment gênés !

Les repas étaient rudimentaires, on mangeait à l'américaine, tout dans la même assiette ; et l'on buvait tout dans le même verre, le chocolat du matin, l'apéritif, l'eau minérale, tout jusqu'au cognac final. Une boîte de ferblanc servait de théière ; des bougies fichées dans des bouteilles vides nous éclairaient.

Un jour, les vivres manquèrent, et l'on envoya un des Cambodgiens à Siemrab pour acheter des poulets et des œufs.

Les anciens étangs nous fournissaient en abondance l'eau pour la douche. Après chaque excursion en charrette, nous rentrions crottés de la tête aux pieds, et tout ce que nous avions sur le dos devait passer à l'eau par les soins du boy Microbe. Les dames, après la sieste, s'occupaient à plier et à étirer à la main toutes nos hardes, ne pouvant les repasser. Bref, nous n'avons manqué de rien d'essentiel. D'ailleurs, tout n'est-il pas relatif ? Après avoir crotté outre mesure mes derniers costumes blancs, qu'il m'était impossible de rendre présentables, j'ai été contraint de rouvrir mon sac à linge sale et d'en retirer, oserai-je l'avouer? mes costumes de Pnom-Penh qui m'ont paru blancs comme la neige... et je dois dire que j'ai été très heureux de les porter !

Nous partions presque chaque matin pour visiter Angkor Tom, après avoir avalé à la hâte notre chocolat. Nous rentrions harassés vers 11 heures, et nous nous succédions à la salle de bain improvisée : une chambre à cloisons de nattes, un plancher disjoint par lequel l'eau s'écoulait, et deux baquets de paille tressée imperméables, de la fabrication du pays, avec lesquels on s'arrosait de l'eau du ruisseau. Alors, rafraîchis, les hommes en pidjama, les dames en peignoir, on faisait honneur, et à belles dents, à la cuisine de Microbe. Après cela, la sieste. Puis, vers cinq heures, suivant les dispositions de chacun, on faisait une promenade à pied ou bien on explorait le wat.

Après le coucher du soleil, on apportait les chaises « sur le pas de la porte », c'est-à-dire sur l'immense et antique chaussée dallée. Nous prenions l'apéritif dans nos grands verres à soda, autour de quelques bûches en feu destinées à tenir les moustiques éloignés. Même jeu après le repas du soir; nous devisions, nous discutions à la belle étoile, puis chacun allait s'insinuer prudemment sous la moustiquaire. La fatigue nous faisait bien dormir dans notre maison toute ouverte, où chaque coup maladroit sur les cloisons faisait voler des nuages de poussière et s'enfuir d'énormes araignées... c'était pittoresque, amusant, charmant; mais cela a duré juste assez pour nous laisser un bon souvenir.

Nous n'avons guère eu de rapports avec les bonzes; parfois l'un d'eux, en rentrant chez lui, nous souhaitait le bonsoir et demandait l'autorisation de prendre une bouteille vide, chose précieuse si loin des villes.

Les bouchons aussi intéressaient beaucoup nos Cambodgiens qui se précipitaient pour les ramasser quand ils sautaient des goulots. Tout notre bagage éveillait leur curiosité de grands enfants ; nos éponges, entre autres, excitaient leur étonnement. Ils nous éventaient aux repas sans que nous l'ayons demandé.

Notre cicerone seul paraissait frotté d'un certain vernis européen. Hélas, cela se manifestait surtout par un amour exagéré pour l'eau-de-vie ! « Fil-de-fer » a déjà des gestes de polichinelle qui témoignent d'un alcoolisme prononcé et d'ailleurs avoué ; il est accoutumé à vider les provisions de cognac apportées de Saïgon, mais nous n'avons pas à nous reprocher d'avoir confirmé ce fâcheux précédent.

Un jour, en rentrant au wat, nous avons eu un moment d'anxiété : cinq ou six charrettes, qui ne pouvaient être les nôtres, s'alignaient devant notre paillotte... et déjà notre imagination nous faisait craindre une arrivée de touristes, la guerre déclarée, la possession de l'unique cabane disputée...

Heureusement, rien de tout cela, notre paillotte est libre et intacte. C'est un riche négociant chinois de Pnom-Penh qui est venu « faire tamboun », c'est-à-dire honorer Bouddha par des prières et des présents. Comme tous les Orientaux de qualité, il voyage avec une escorte qui n'en finit pas : ses deux femmes annamites d'abord, puis dix-huit servantes et un grand nombre de domestiques mâles. Il a apporté des cadeaux qu'il distribue aux prêtres : vêtements, horloges, boîtes en argent, etc. Aux quelques badauds qui regardent, il jette à poignée des piécettes de cuivre. Sa figure émaciée de vieille femme ne se déride pas. Nous arrivons à temps pour entendre encore quelques chants et de la musique, puis nous voyons partir le cortège qui défile à la queue leu leu dans les herbes, par un étroit sentier. La cérémonie avait lieu dans un abri en paillotte, où trône un grand Bouddha assis, à deux pas du terre-plein, dans la jungle.

Puis c'est le branle-bas du départ. Le vieux Chinois file en avant, seul dans sa charrette de maître, peinte en rouge, élégante, ornée de pompons. Toute sa suite se case comme elle peut, et les charrettes s'ébranlent l'une après l'autre, toutes bariolées des couleurs vives de leurs occupants.

La chasse a fourni à M. Mottet un divertissement passionnant auquel je regrette de n'avoir pu m'associer. Le lendemain de notre arrivée, il a abattu deux singes de grande taille : l'un, noir et sans queue, d'une espèce très analogue à l'orang-outang de Java, mesurait environ 80 centimètres de taille; il était d'une vitalité extraordinaire, se tenant encore longtemps aux branches, suspendu par les pieds, quoique blessé. La chute a fait un fracas étonnant. Le corps de l'animal cassait les branches et sa vitesse accélérée lui donnait le poids d'un bœuf ! Ses crocs étaient très développés.

L'autre singe, jaune à longue queue, était une guenon. Elle portait un petit déjà tout formé, que nous avons vu quand on a dépecé la bête.

La scène, ce soir-là, était à peindre ! Devant la paillotte M. Mottet, aidé par les Cambodgiens, dépouillait les deux animaux, ce qui est une longue opération quand on veut avoir la peau bien intacte, avec les griffes.

Sous la maison, les bœufs vaguaient dans les détritus et les herbages. Mme Jottrand et moi, qui n'aimons l'autopsie qu'à dose modérée, nous nous promenions sur la chaussée aux dalles disjointes, en nous faisant précéder d'une torche; nous écoutions les chants religieux des phras dont nous voyions les formes jaunes se mouvoir sur les marches conduisant au temple. La masse grandiose du monument s'estompait dans le soir...

Une autre fois, notre chasseur est revenu avec un marabout pesant environ 30 kilogrammes, et mesurant

3 mètres d'envergure, à peu près. Il avait été tué dans son vol, et c'était un beau spectacle, disait Mottet, de le voir s'arrêter, tourner sur lui-même et tomber comme une masse en fracassant les branches. Mais pour le viser, il a dû entrer dans le marais jusqu'aux genoux et rester au guet plus d'une demi-heure ! Voilà un drawback que j'apprécierais peu, malgré ma curiosité d'un pareil coup d'œil.

Les pattes de ce grand échassier étaient dures comme des barres de fer. Ce gibier venait à point, il nous fournit la soupe et le rôti, vraiment très mangeable ; on aurait dit du bœuf, et nous manquions de viande justement.

Ce que les dames ont apprécié davantage encore, ce sont les plumes, ces fameuses plumes de marabout, si légères, si gracieuses dans la coiffure féminine. Elles sont placées sous la queue, qui les recouvre entièrement par une sorte d'éventail de plumes raides. Ces dernières sont elles-mêmes assez belles. Les plumes de marabout, si coûteuses en Europe, valent sur les lieux deux piastres seulement ; et les résidents anciens se souviennent qu'on les achetait autrefois 20 à 30 cents (50 à 75 centimes).

CHAPITRE XVI

ANGKOR-TOM

Nos excursions en dehors d'Angkor-Wat se sont limitées à Angkor-Tom. On appelle ainsi l'ancienne capitale des Khmers, aujourd'hui détruite. Cette ville était emmuraillée; une acropole, nommée Pou-Bakeng, en défendait les approches. Le plan des lieux est simple comme on en jugera par le croquis.

Malheureusement, il reste bien peu à voir. Des gens nous ont dit que Angkor-Tom était plus intéressant que Angkor-Wat. C'est possible, pour un archéologue ou pour un monsieur qui veut se faire passer pour tel. En réalité les ruines sont si morcelées, si enfouies, si misérables, qu'elles n'ont plus ni ensemble ni majesté.

Nous avons eu une déception. Heureusement que la forêt comble les vides : en même temps qu'elle détruit, elle remplace ! Mais comment comparer cela à Angkor-Wat?

Un matin donc nous arrivons devant les murs de la vieille cité, nous franchissons sans arrêt le grand fossé aussi bien que la vieille porte monumentale du côté Sud et ses escaliers d'accès. Les charrettes à bœufs ne redoutent aucun obstacle, pas même des séries de marches montantes ou descendantes.

Un peu plus loin, une averse diluvienne nous surprend, nos bœufs galopent, mais malgré tout nous sommes mouillés et crottés, surtout moi qui avais imprudemment oublié mon caban dans la paillotte. N'importe, le spectacle valait la peine! Ces cinq charrettes filant sous des torrents d'eau dans la forêt, nos costumes, la singularité de notre cortège, tout cela me faisait rire en dedans. C'est du reste la seule fois que la pluie ait contrarié nos plans. Cinq minutes plus tard, nous arrivons à un hangar en paillotte où nous faisons sécher nos vêtements et nos matelas autour d'un grand feu. Puis, sur le sol redevenu sec, nous commençons nos pérégrinations.

A peu de distance on traverse un fossé, puis l'on voit quelques vestiges de la grande muraille qui soutenait le terre-plein sur lequel était bâti le Palais royal. Ce qu'il y a de plus remarquable est un pan de mur couvert de sculptures, où quelques éléphants se suivent, avec harnachements et conducteurs.

Il paraît que jadis cinq terrasses superposées conduisaient au palais, mais les banyans ont enterré tout cela. Le palais a été rasé, sauf une sculpture insignifiante qu'on appelle « le roi lépreux » et qui a joui jadis d'une vogue difficile à expliquer. L'état des lieux est bien changé depuis que Francis Garnier a passé ici vers 1868! Ce que les orages n'ont pas abattu, ce que la jungle n'a pas enfoui, des voleurs l'ont emporté... des lions de pierre, des sculptures de toutes espèces ont été dérobées.

Il reste la forêt, et elle est splendide! Elle n'est pas sombre, humide et effrayante comme les forêts vierges, elle est clairsemée, très brillante, pleine de soleil et de vie; elle fait penser au Paradou, moins les fleurs.

Un beau séjour que cette forêt de 1,600 hectares entièrement emmuraillée! Des singes seuls l'habitent, nous n'y sommes jamais allés sans apercevoir l'une ou l'autre bande se sauvant dans les branches.

La « tour d'or » (Phi Man Acas) est une tour carrée, ruinée, assez différente des autres constructions comme style. Elle est d'un accès difficile, et nous avons dû nous contenter d'en approcher autant que possible sans y pénétrer.

En dehors du Palais royal, le temple de Baïon est encore très beau. C'est le seul édifice qui ait conservé son ensemble dans la ville ruinée. Le style est bien celui d'Angkor-Wat, les colonnettes sont identiques, les détails se ressemblent. A Baïon aussi trois galeries concentriques s'étagent, et de petits pagodons alternent avec de plus grands; mais l'ensemble affecte la forme d'un triangle, au lieu de faire un quadrilatère comme le temple d'Angkor.

Comme là-bas, le bouddhisme a prévalu sur le brahmanisme avant la consécration du monument; ce qui n'empêche que les deux styles ont été conservés et respectés. Au reste, comme chacun sait, les diverses religions de l'Extrême-Orient, au lieu de se faire la guerre comme celles de l'Asie turque et occidentale, et même comme celles du « monde civilisé », vivent en paix les unes près des autres et se font de fréquents emprunts.

Ici aussi la dislocation se continue avec persévérance, les banyans ne respectent rien, on les voit se planter sur la tête des dieux où ils se dressent comme des chevelures ébouriffées. Les lianes couvrent les pierres d'un réseau qui fait songer à une tuyauterie extérieure. La marche est difficile dans tous ces parasites, la montée et surtout la descente des escaliers ressemble à celle d'une montagne escarpée, nous n'y procédons qu'en nous aidant les uns les autres avec des cannes.

Des cidents sont arrivés ici, un homme a été tué récemment par la chute d'une pierre. Il y a trente ans, Francis Garnier déplorait déjà cet état de choses; je pense cependant qu'il a pu atteindre la tour centrale de Baïon, et de son sommet découvrir quarante-deux tours. Mais déjà alors l'enceinte extérieure avait disparu sous les détritus végétaux, et le fossé était comblé.

Seuls intacts, et impressionnants au milieu de ce chaos, apparaissent les visages des divinités partout répétés en grandeur surnaturelle. Ces nobles et fières figures semblent défier le temps... mais déjà la verdure vient voiler leurs traits sereins et placides, et elles disparaîtront à leur tour sous la marée montante de la jungle !

Le lendemain matin, nous avons visité le mont Bakheng, l'ancienne acropole : de la terrasse extérieure d'Angkor-Wat part une chaussée (enfouie) qui conduit à la porte sud de la ville en ruines. Il n'y a plus que quelques rares vestiges de cette chaussée, et le chemin de charrette zigzague avec fantaisie. Le mont Bakheng est un mamelon de 60 mètres de haut, qui de la route fait l'effet d'un simple accident de terrain.

Deux lions en pierre font face au visiteur et semble garder l'accès d'une longue pente assez raide que l'on gravit sur des marches d'escalier détruites ou cachées par des éboulis. Au bout de l'ascension, nous arrivons sur un plateau assez riant. Rien de l'air redoutable d'une acropole, oh ! non. Un prêtre annamite sort d'une case où il nous invite à prendre le thé. Il y a un jardin fruitier où nous mangeons des goyaves.

Au milieu de l'esplanade, un pavillon abrite une empreinte du pied de Bouddha, religieusement conservée et *maçonnée* ! Cela fait l'effet d'une baignoire !

Un peu au delà, marchant toujours vers l'ouest, nous arrivons au pied de cinq terrasses taillées l'une au-dessus de l'autre dans le sommet de la colline. Chacune d'elles a trois mètres de haut. L'opération de l'ascension est fort délicate, notre cicérone nous est indispensable et même avec son aide nous y mettons le temps. La descente, de l'autre côté, est encore plus accidentée.

En somme, cela ne manque pas d'intérêt, cela devait avoir de la grandeur ; mais il faut beaucoup d'imagination pour reconstituer l'ensemble suivant les dessins de Garnier. La broussaille cache une grande partie du monument, les lions qui ornaient chaque marche ont disparu. Il paraît que jadis on voyait de là haut soixante tourelles contenant chacune une statue...

Nous longeons ensuite le bord du plateau par un chemin plus facile. Une fort belle vue d'ensemble du wat d'Angkor que nous dominons nous récompense de nos fatigues; la teinte grise et morne de la pierre convient à ce site de forêt touffue, et ce n'est pas sans émotion que nous contemplons cet antique vestige d'une race disparue. On voit aussi le Grand Lac et la montagne de Pou-Crom. Tout cela est fort beau, et nous nous reposons quelque temps devant ce panorama inoubliable.

M. Mottet aurait bien voulu tirer un coup de fusil, mais les oiseaux sont rares. Il paraît qu'ils le sont toujours là où les singes abondent, car ceux-ci mangent les œufs et les jeunes. Nous nous associons aux regrets du chasseur, non pas pour le coup de feu, mais pour le pittoresque du paysage : on ne voit guère que quelques perruches vertes.

Enfin, pour notre dernière excursion à la vieille cité, nous partons dès 7 heures du matin, et prenant un chemin plus à l'Est, nous arrivons au bout d'une heure et demie en vue des fossés du mur occidental.

La route de ce côté est particulièrement accidentée, nous traversons des mares où tout un côté de la charrette s'enfonce, souvent les bœufs sont dans l'eau jusqu'aux genoux.

Les fossés ont de l'ampleur, ils servent de rizières ici comme au wat d'Angkor. Nous voyons un grand singe noir à collier gris, suivi de son petit, s'avancer tranquillement à quatre pattes dans les champs. Je le prenais d'abord pour un ours. Les animaux nous aperçoivent, nous considèrent, puis regagnent la forêt sans trop de hâte. Les singes font le désespoir des cultivateurs : ils habitent de préférence la lisière des bois, d'où ils viennent piller les récoltes.

Nous arrivons devant la « Porte des Morts » (Patou-Pî). Ici, une route dallée, la « Chaussée des Géants » traversait le fossé large de 120 mètres. De chaque côté, des géants de pierre portaient le serpent à sept têtes. C'était, paraît-il, un des plus beaux monuments d'Angkor-Tom.

Hélas ! de ces cinquante-quatre géants, Garnier en voyait encore une trentaine en 1866. Le capitaine du *Nam-Vian,* il y a dix ans, en voyait une quinzaine ; et nous ne voyons plus, nous autres, que trois géants, dont un décapité, puis la tête du serpent et des restes mutilés. La dernière moitié des cinquante-quatre statues a donc disparu en vingt-cinq ans ! Les brigands du beau monde ont passé par ici !

On en voit à peine assez pour reconstituer par imagination le spectacle dans sa grandeur Quant au dallage, il va de soi qu'il est disloqué ou enterré. Tout est envahi par la végétation, et le photographe qui a opéré ici a dû certainement faire procéder à des coupes sérieuses avant de poser son appareil.

Nous pénétrons avec difficulté jusque dans la ville. La porte est en ruines ; toutefois l'énorme visage de la divinité conserve sa placidité. Sculptés dans la muraille, de chaque côté de la baie, trois éléphants jettent des fleurs de lotus avec leurs trompes, dans un mouvement combiné fort harmonieux.

Ah ! que tout cela devait être splendide ! Mais les rotins envahissent et serrent les pierres de leur terrible étreinte, ensevelissant les derniers restes de la ville morte.

L'autre porte, sur le même côté Est, est absolument similaire ; le guide nous montre comme une curiosité quelques vieilles poutres de teck encore à leur place près de la voûte et datant, dit-il, de l'époque.

Tout auprès, nous voyons une nouvelle bande de singes. Sous leurs bonds et leurs gambades, toute la lisière du bois s'agite comme une draperie; et quand nous pénétrons dans la forêt, nous voyons encore quelques fuyards s'élancer dans les arbres. Rien de plus curieux que leur extrême agilité, qui se développe ici sur un bien autre théâtre que dans les cages de nos jardins zoologiques. A trente mètres du sol, nous les voyons marcher, courir, gesticuler, sauter comme sur la terre ferme, avec une grâce amusante; on en voit même sur de fines extrémités de branches, qui balancent et plient sous leur poids.

Nous apercevons aussi un bel écureil noir. Nous n'avons jamais rencontré d'ours, bien que l'espèce appelée « ours à miel » soit assez répandue dans la contrée.

La comparaison d'Angkor-Wat et d'Angkor-Tom a fait naître la question de savoir si l'un des monuments témoigne d'une civilisation plus développée que l'autre. Il semble assez clair que Angkor-Wat est plus achevé, que ses constructeurs ont été plus minutieux, mais cela tient assez naturellement au caractère plus élevé de sa destination.

Les murs du Palais royal d'Angkor-Tom, par exemple, tout en étant conçus dans des lignes plus sobres — voyez l'éléphant et ses cornacs — témoignent d'un art arrivé déjà à un beau développement. Les figures divines sculptées au-dessus des portes sont moins compliquées que les bas-reliefs d'Angkor-Wat, tout en étant grandioses et majestueuses. Il faut bien reconnaître qu'il y a eu du travail perdu dans la décoration du wat : les photographies nous montrent maints détails que nous n'avons pas remarqués si bien en réalité, soit par suite de l'éclairage peu favorable, soit parce qu'on ne peut continuellement se distordre le cou! Les tympans et les corniches ont des sculptures dont les oiseaux du ciel peuvent seuls juger à leur aise; quant au visiteur attaché au sol, il ne voit qu'une dentelle de pierre. C'est comme les fins détails de la colonne Trajane : très beaux, sans doute, mais invisibles.

Le style général, les portes, les colonnes, les rinceaux, et toute l'ornementation des deux Angkor paraît bien, malgré cette différence, appartenir à la même époque. C'est d'ailleurs une supposition logique au point de vue de l'histoire. La domination des conquérants du peuple khmer a dû être, en effet, de durée relativement courte, et il est à supposer que les maladies ou les guerres les ont assez rapidement chassés ou décimés, car leur civilisation n'a pas eu le temps de faire une empreinte durable sur les vaincus. Ceux-ci sont demeurés fort arriérés, inférieurs aux Chinois du Nord et aux Hindous de l'Ouest, et même inférieurs manifestement aux Siamois, leurs voisins.

Au milieu de cette population douce, sans besoins, un peu primitive et sauvage, les ruines d'Angkor apparaissent actuellement comme une antithèse.

CHAPITRE XVII

DÉPART D'ANGKOR
DE SIEMRAB A BATTAMBANG

De bonne heure, le vendredi 26 octobre, nos sept charrettes s'alignaient de nouveau sur la chaussée, prêtes pour le départ définitif. Nos bagages étaient allégés de pas mal de vivres et de bouteilles; par contre, nous emportions des peaux de singes, une peau de marabout, un crâne de buffle trouvé dans la campagne; mais pas la plus petite colonne ni le moindre bas-relief.

Quant aux bagages de nos conducteurs, ils avaient au contraire augmenté; ces braves gens n'ont certainement pas laissé une épingle dans la paillotte, et nos vieilles boîtes à sardines figurent, je pense, dans leur mobilier.

Pour regagner Siemrab, nous prenons une route différente de celle de l'aller, longeant un arroyo plein de soleil. Il y a là quelques belles habitations; l'une d'elles est occupée par le fils du gouverneur de la province, avec qui M. Mottet entame des pourparlers à propos de chevaux dont il est amateur.

Cet aimable Siamois nous fait un charmant accueil, et sur un signe quatre musiciens indigènes s'accroupissent en cercle devant nous et nous donnent un concert; intermède précieux, car la conversation est forcément laborieuse entre gens de langages si différents.

De temps en temps, à travers les lattes des jalousies, nous voyons briller des yeux noirs; mais sitôt que nous regardons de ce côté, tout se ferme... Pourtant, quel régal pour la curiosité enfantine de ces femmes, que de voir d'aussi près de jeunes femmes blanches!

Sur l'invitation du maître de la maison, nous nous installons sur sa véranda pour prendre notre tiffin, et pendant que nous mangeons, des serviteurs nous préparent tout un petit appartement pour la sieste : sur des carpettes d'Europe aux criantes couleurs, on étend nos étroits matelas et nos coussins; de l'eau violemment parfumée est mise dans une aiguière peinte à la main. On ajoute des paravents tant et si bien que plus un souffle de brise ne peut pénétrer, et quand nous voulons prendre un peu de repos, nous nous trouvons dans un étouffoir! Nous y renonçons et nous allons prendre l'air autour de l'habitation, mais un peu de pluie se met à tomber.

Notre hôte a parmi ses ustensiles à bétel une boîte d'or ciselé du poids de cinquante ticaux d'argent, donc d'une valeur trente-huit fois plus grande, soit 2,850 francs de matière seule! Nous ne collectionnons pas encore ce genre de bibelot!

Le sampan qui doit nous mener de Siemrab au Grand Lac se fait attendre; cependant, il s'agit d'y arriver avant la nuit ou de risquer de se perdre...

Enfin, vers 3 heures 1/2, un petit sampan s'approche de la berge. On charge nos bagages, on paie les conducteurs de charrettes; « Fil-de-Fer » se plie en deux en salutations inépuisables, on prend congé du fils du gouverneur qui promet sa visite à Bangkok pour l'année prochaine... et nous voilà en route jusqu'au lendemain matin dans la plus inconfortable de toutes les embarcations.

Heureusement, le courant nous entraîne assez rapidement, et à la tombée du soir nous faisons halte au commencement des inondations, vis-à-vis de Pou-Crom.

Là, à la lueur de deux bougies qui attirent des nuages d'éphémères, nous faisons le dernier repas de notre vie sauvage. Puis, favorisés par un faible clair de lune, nous poursuivons notre route pendant quelque temps au milieu des arbres inondés. Un second sampan, beaucoup plus considérable, vient se joindre au premier, de telle façon que chaque ménage s'installe dans une des embarcations et y arrange tant bien que mal les matelas et les moustiquaires sur les coffres, les ballots et les caisses, pour passer la nuit.

Vers 8 heures, dans la nuit déjà noire, un orage vient nous surprendre : la pluie menace de transpercer la simple bâche de paillotte qui nous sert d'abri.

Il faut fermer les issues de cette bâche au moyen de couvertures, nous n'avons plus ni air ni lumière; les éclairs et les coups de tonnerre se succèdent. C'est indescriptible !

Enfermés de toute part dans cette boîte oblongue, amarrés à la cime d'un gros arbre qui craque sous l'effort de la tourmente, nous pouvons nous figurer facilement que nous sommes dans un cercueil flottant que les vagues vont engloutir !

Malgré notre position incommode, le manque d'air, l'étrangeté de notre situation, nous finissons par dormir.

Dès la pointe du jour, nous nous empressons de quitter notre double cage, moustiquaire et paillotte, pour reconnaître l'endroit où nous sommes... notre barque et celle des Mottet sont toujours attachées à la cime de l'arbre ; tout est calme aux alentours, quelques pélicans sont en ballade, et leurs silhouettes blanches s'aperçoivent dans le demi-crépuscule.

Les conducteurs reprennent les rames et vers 8 heures nous arrivons dans le Talé-Sap et y saluons avec joie le vapeur *Battambang* qui est déjà à l'ancre, arrivé sans doute pendant la nuit.

A ce moment nous eûmes certainement en petit l'impression que doivent avoir des naufragés lorsque leur misérable canot s'approche du steamer qui va les recueillir... Pensez donc : nous allons pouvoir nous laver dans des bassins, devant un miroir! Nous allons mettre les costumes propres soigneusement réservés pour la vie civilisée, nous allons nous étendre dans des chaises-longues en savourant des boissons glacées!...

Nous nous installons dans des cabines laissées libres par quatre jeunes gens qui quittent le bateau à cette place même ; eux aussi vont visiter Angkor ; heureusement qu'ils n'étaient pas du précédent bateau ! Qu'aurions-nous fait d'eux dans l'étroite paillote?

Nous nous réhabituons aisément à la vie de flâne du bord, sitôt que notre tenue est redevenue convenable. Nos fatigues d'Angkor ne la rendent que plus agréable. Des bancs de mouettes s'étendent çà et là comme une voie lactée; les pluviers et les plongeons filent en monomes, les pélicans s'envolent lourdement au passage du bateau. Ces derniers sont parfois en bandes, mais rarement ; nous en voyons un grand nombre perchés sur un arbre dépouillé, on dirait un arbre de Noël couvert de neige et de givre! Notre remous secoue les villages de la rive, nous rasons les sampans amarrés qui font la balançoire.

Allant toujours vers l'Ouest, nous quittons le Talé-Sap pour entrer dans la rivière de Battambang, élargie par les inondations. Il n'est guère que 11 heures du matin quand nous jetons l'ancre devant Bac-Préah. Le *Battambang* ne va pas plus loin ; c'est une chaloupe à vapeur qui nous conduira à Battambang.

Bac-Préah nous apparaît comme un village lacustre; nous ne voyons pas la terre ferme. C'est une toute petite agglomération où un Européen, M. Lignel, réside en qualité d'agent des Messageries fluviales.

Nous voyons l'énorme sampan des Messageries s'avancer avec sa cargaison, qui va passer de ses flancs bombés dans ceux de notre steamer. Ce sampan peut contenir

2,000 sacs de riz, jamais je n'en ai vu d'aussi grand. Voilà ce qu'il nous aurait fallu la nuit dernière, d'autant plus que le paddy eût fait un couchage confortable! Le *Battambang* peut contenir environ 12,000 piculs de paddy (le picul vaut 60 kilogrammes).

Pendant qu'on embarque, nous filons en chaloupe. Pas d'autres passagers européens que nous quatre et un Corse qui habite Battambang; beaucoup de natifs. Cela manque de confort, et l'on se rappelle par contraste l'élégante chaloupe chinoise du cap Saint-Jacques. Enfin tout le monde se case, les bagages aussi, et nous voilà partis.

Il paraît que les caïmans sont nombreux dans la région, M. Lignel en a déjà tué jusque sur les marches de sa paillotte entourée d'eau. Pour se livrer au plaisir du bain, il faut choisir avec soin le lieu et l'heure, là où la navigation est active. Les indigènes chassent le caïman, ou le pêchent, je ne sais comment dire. Tantôt ils le prennent au lacet pendant qu'il dort sur la rive, tantôt ils l'assomment puis plongent avec lui pour l'achever à coups de couteau. Sa chair a le goût du veau et les indigènes s'en régalent. Un caïman vaut de 30 à 75 cents suivant sa taille (de 75 centimes à 2 francs).

Toujours le même paysage connu de forêt inondée, avec le fil, téléphonique cette fois, qui parait perdu au ras de l'eau. Il y a ici 8 mètres de profondeur. Les fourmis rouges sont captives au sommet des arbres inondés. On voit leurs nids en forme de boule dispersés dans les branches. Aucune fourmi d'Europe ne donne, je pense, une idée de ces animalcules redoutables : les indigènes eux-mêmes ne peuvent braver leurs morsures, la peau la plus tannée n'y résiste pas. Un chasseur poursuivi par un buffalo sauvage s'est un jour réfugié sur un arbre : il se croyait sauvé! Par malheur, un nid de fourmis rouges occupait la place; en quelques minutes il en fut couvert, et malgré la conscience du danger il ne put endurer leurs morsures et s'évanouit. Il dégringola de l'arbre, fut piétiné par le buffalo et resta mutilé pour le reste de ses jours.

Bientôt le lit de la rivière prend une forme plus précise, on devine sous les roseaux la terre ferme qui s'élève, la berge surgit peu à peu du sein des eaux comme au jour de la Création dont parle la Genèse. Cependant la division des deux éléments est plus superficielle que réelle; aussi il arrive parfois que la chaloupe, à notre grande stupéfaction, pique en droite ligne dans les roseaux de la rive qui s'écartent sur son passage et au milieu desquels elle disparaît si complètement qu'on ne peut plus même apercevoir sa cheminée. Singulier spectacle que cette chaloupe au milieu des herbes! Au sortir d'une de ces forêts de roseaux, nous avons failli couper en deux une paisible barque qui ne s'attendait guère à nous voir là! Mais nous ne comprenons pas fort bien l'avantage qu'il y a à suivre ces chemins de traverse, car après cela il faut passer quelque temps à nettoyer l'hélice encombrée de débris végétaux.

D'autres fois il y a des tournants tellement brusques qu'il faudrait virer presque à angle droit; comme le courant assez violent rend la chose impossible, le timonier dirige la chaloupe droit sur la rive opposée, puis fait machine arrière pour la dégager des boues et des roseaux; après quoi l'on reprend le fil de la rivière.

Plus loin les rives prennent de la consistance et le lit de la rivière se creuse. Les habitations apparaissent, c'est déjà Battambang. Nous défilons pendant une heure au moins entre deux interminables files de maisons, de vergers, de jardins dont le niveau au-dessus de l'eau s'élève à vue d'œil.

Enfin nous arrivons au but final de notre voyage.

CHAPITRE XVIII

BATTAMBANG

Battambang est une petite localité siamoise qui ne compte guère plus de 5,000 habitants; la province environnante en contient environ 500,000, dont la moitié sont Cambodgiens, l'autre moitié comprenant surtout des Siamois et des Chinois.

Le Gouverneur est une sorte de vice-roi que l'éloignement de la capitale autorise à se comporter un peu comme un monarque indépendant. Il a, nous dit-on, un revenu qui dépasse 300,000 francs et il vit en grand seigneur, se livrant surtout à la chasse, son passe-temps favori. Précisément il est absent pour un mois, il chasse le daim du côté de Sissopon avec toute sa suite, ses éléphants, ses chevaux, une centaine de charrettes à bœufs. Cette circonstance me dispense d'une visite.

Accompagnés de M. Roland qui nous a aimablement offert l'hospitalité chez lui, nous faisons une promenade à pied dans le village. Le paysage est borné et peu intéressant; les environs consistent en plaines monotones dont le daim est à peu près le seul habitant. Nous visitons l'enclos de la résidence du Gouverneur; c'est une ancienne citadelle, démantelée depuis 1893, qui n'offre que peu d'intérêt. Mais les écuries, que je n'ai pas vues, enchantent M. Mottet. Le Gouverneur possède quatre-vingts chevaux de luxe qui sont entretenus, dit-il, avec un soin et une propreté remarquables. Rien de pareil dans tout Saïgon.

Cela le réconcilie avec le Gouverneur... il avait un peu l'idée, comme du reste la plupart des coloniaux, qu'un Gouverneur indigène ne peut être qu'un sauvage!

Un de nos premiers soins est de lire les dépêches, mais elles ne contiennent rien de bien intéressant. La face du monde ne change pas en une semaine!

M. Roland habite une vieille maison où les cloisons nombreuses empêchent la brise de circuler. Il a à peu près les vingt-quatre heures de la journée pour ses loisirs, car en réalité ses fonctions de Commissaire du Gouvernement français n'ont plus de raison d'être depuis quelques années déjà. Après le traité de 1893, un commissaire siamois et un commissaire français furent désignés pour agir conjointement et surveiller l'exécution du traité sur la frontière. Le traité ayant été exécuté, le Gouvernement siamois a retiré son commissaire. Le Gouvernement français n'a pas retiré le sien. Avait-on une arrière-pensée? ou bien l'a-t-on tout bonnement oublié là-bas comme la sentinelle auprès du banc? Les amis disent plaisamment qu'il n'ose pas demander un congé ni se plaindre de sa maison qui s'en va en ruines, de peur qu'en attirant l'attention sur lui il ne se fasse rappeler.

Il n'est plus reconnu par les Siamois, et quand il se présente chez le Gouverneur, celui-ci a soin de faire savoir qu'il recevra avec plaisir M. Roland, mais qu'il ne reçoit pas le commissaire.

Battambang possède deux maisons de commerce européennes : l'une est allemande, et fait une redoutable concurrence à la seconde, qui est française, malgré les facilités du transport par Saïgon.

Nous visitons l'une et l'autre de ces maisons de commerce, et nous prenons chez le Français, agent de la maison Rondy et Dupuy de Pnom-Penh, l'apéritif inévitable; nous sommes reçus dans le « salon vert ». C'est une terrasse isolée, tellement entourée de feuillage que l'on peut se croire installé dans les branches d'un grand arbre. De là nous voyons tout le village s'allonger en deux rues qui bordent la rivière. Enfin, après une visite au bureau des postes, nous rentrons à la nuit tombante.

La France occupe dans la région où nous nous trouvons une situation politique assez particulière, qui n'a pas toujours été bien comprise. Quelques notions rétrospectives ne seront pas hors de propos.

L'Indo-Chine est, dans son ensemble, pauvre et peu peuplée; le contraste est grand avec l'Inde et la Chine. La population n'est pas autochtone et ne se trouve guère « at home ». Les Siamois, immigrés du Nord, supportent mal le climat, ils sont maladifs et fiévreux; de même les Laotiens. L'Annamite ne présente pas l'étonnante endurance physique du Chinois, qui a permis à celui-ci de se répandre dans tout l'Orient et même au delà.

Le hasard des conquêtes a attribué à la France et à l'Angleterre les parties les moins fertiles de cette grande péninsule, tandis que le bassin de la Ménam, demeuré indépendant, est incontestablement la région la plus florissante de l'Indo-Chine.

Alors a commencé entre les deux puissances une course de vitesse vers le Yunnan, riche province chinoise digne de leurs convoitises, peuplée à elle seule à peu près autant que l'Indo-Chine.

Il y a en effet presque un abîme entre la Chine, civilisée, raffinée, riche et prospère, et l'Indo-Chine pauvre et frugale; et les communications sont des plus difficiles entre les deux pays. Six ou sept fleuves prennent naissance au Thibet, à plus de 5,000 mètres au-dessus des mers, mais leurs circuits et leurs cataractes font obstacle aux relations sociales au lieu de les faciliter. Il n'y a pas de région plus déroutante au point de vue ethnographique, géologique, géographique et commercial. On compte sur les doigts les quelques Européens qui s'y sont aventurés, et il n'y a aucun espoir de tirer profit avant longtemps du réseau fluvial impraticable qui descend des hauts plateaux du Thibet.

Aussi l'Angleterre, abandonnant la Salouen, fait un chemin de fer le long de l'Iraouaddy de Rangoon à Mandalay et projette de s'avancer vers la Chine par l'Ouest.

La France a cru d'abord détenir dans le Mékong un des plus beaux fleuves du monde, mais les diverses expéditions risquées dans le Nord ont ruiné ses espérances. Désespérant du Mékong, elle a pensé que la conquête du Tonkin, en lui livrant la Rivière Rouge, allait lui donner une autre voie d'accès, plus facile et plus courte, vers le Yunnan. Mais l'expérience a promptement démontré que la Rivière Rouge ne valait pas mieux que le Mékong. Dès lors elle a cherché à étendre son influence dans le Siam, qu'arrose le fleuve Ménam, calme et paisible. Déjà Francis Garnier disait que le Siam était une dépendance naturelle du Mékong, et il comparait les cinq grands fleuves de l'Indo-Chine aux cinq doigts de la main. La tranquille et large vallée de la Ménam, ce beau fleuve sans un rapide, voilà ce que la France regarde d'un œil d'envie...

En 1893, un coup de main hardi, prétexté par des incidents de frontière, livra au Gouvernement français toute la rive gauche supérieure du Mékong et les territoires voisins, désignés maintenant sous le nom de *Laos français*. Mais ce fut encore une déception! Dans cette nouvelle possession française, la population est extra-clairsemée, la main-d'œuvre est introuvable malgré la restauration de la corvée et des procédés de l'ancien régime, les moyens de passage et les moyens d'influence sont nuls. Les Laotiens sont aussi simples et dénués de besoins qu'on peut l'être, et même l'appât des titres, des dignités et des grades n'a sur eux aucune prise; ce sont des montagnards inconvertibles.

C'est en vain qu'on fit un nouvel effort pour remonter le Mékong en chaloupe jusqu'à Luang-Prabang, capitale du nouveau Laos, au risque de se perdre corps et biens. C'est en vain qu'on établit un peu partout des résidents chargés de vendre des papiers officiels et de distribuer de petits drapeaux tricolores portant comme inscription « Vive la France ! ». C'est en vain qu'on subsidia des maisons de commerce qui vendirent quelques boîtes de nic-nacs et des étoffes si peu appropriées aux nécessités du climat qu'elles déteignent au lavage ! C'est en vain que l'on combla les Laotiens, dans un accès officiel de générosité, de médailles commémoratives où étaient gravés les mots : *Syndicat du Haut Laos*. Ces procédés puérils n'eurent aucun effet ; et malgré les empiètements et les conquêtes, malgré les subsides, malgré les immenses sacrifices, les Français doivent reconnaître — et reconnaissent — qu'ils en sont au même point qu'il y a sept ans : le Laos continue, comme par le passé, à se ravitailler à Bangkok, et il en est de même dans l'Est du Siam où nous sommes en ce moment.

Cette situation aurait pu se modifier depuis longtemps si l'on n'avait pas voulu à toute force inonder le marché de produits exclusivement français, et si l'on avait usé d'une dose plus grande d'initiative privée. Les agents officiels pullulent, mais il y a en tout et pour tout dans le haut Laos *un colon* qui a commencé, voici un an, la culture de l'opium.

Ne nous étonnons donc pas si le commerce de la nouvelle région française continue à appartenir longtemps encore aux Anglais et aux Allemands, via Bangkok.

Battambang, Siemrab et la rive droite du Mékong appartiennent au Siam, mais le traité défend d'y établir ou d'y laisser subsister des ouvrages militaires (1).

(1) La dernière convention franco-siamoise de 1907 a rattaché complètement ces territoires à ceux de la République française.

Trois ans après l'échauffourée de 1893 fut conclue la convention de 1896 entre l'Angleterre et la France, par laquelle ces deux puissances garantissaient l'indépendance et la neutralité du bassin de la Ménam.

Ce fut un coup terrible pour les ultras! Ils ne sont pas encore revenus de leur stupeur d'avoir vu des ministres naïfs admettre qu'un monarque asiatique ait le droit de régner sur un peuple indépendant !

Par contre, la France est libre de son action dans les provinces orientales ; elle n'a pas manqué d'y établir des consuls à foison, jusque dans des hameaux que les atlas ne renseignent pas. Ils se livrent là-bas, sur les Siamois ahuris, à la petite propagande républicaine conforme aux traditions. Mais le commerce ne suit pas le consul, et tous de se plaindre.

Ils seraient à Bangkok même qu'ils ne seraient pas encore contents! Ne sont-il pas libres déjà d'y faire des affaires, comme les Allemands, les Anglais, les Danois, les Italiens? Et cependant, seuls entre tous, ils ne viennent pas! Toujours prêts à coloniser quand il s'agit de plaies et de bosses, on ne les voit plus quand il faut cultiver et améliorer.

Toujours inquiets et mécontents, les Français en Indo-Chine me font penser à un malade qui ne cesse de se retourner dans son lit sans jamais y trouver une position confortable.

Si l'on me reproche d'avoir fait un exposé suspect de malveillance, je dirai qu'au contraire les idées que je défends sont celles d'un très grand nombre de Français, et même, pourrai-je dire, de la majorité des Français qui raisonnent. Je laisse de côté les politiciens qui ne voient dans les colonies qu'un moyen de pêcher en eau trouble.

La nuit que nous passons à Battambang dans la maison de M. Roland, est étouffante, accompagnée d'averses, d'éclairs et de coups de tonnerre très violents.

Le lendemain dimanche, nous faisons au dîner la connaissance de toute la petite colonie d'Européens au complet, y compris deux missionnaires catholiques.

La partie drôle de la conversation est fournie par un Allemand, chinophobe enragé, qui lit les dépêches sur la guerre d'un air bourru, et s'étonne qu'on parlemente avec cette canaille au lieu de tout détruire par le canon. Pour finir, nous avons eu au dessert une nouvelle édition de l'histoire des enfants donnés aux cochons, servie avec le plus grand sérieux au milieu de l'hilarité générale.

A trois heures la chaloupe à vapeur des Messageries fluviales nous remmène vers Bac-Préah ; c'est le retour qui commence. Maintenant chaque pas que nous faisons va nous rapprocher de Bangkok, mais par quel détour !

CHAPITRE XIX

DE BATTAMBANG A PNOM-PENH

Quatre heures de bateau semblables à celles d'hier. Il y a comme à l'aller un certain nombre d'indigènes dans la chaloupe, la rivière étant d'ailleurs la seule voie de communication existante à cette saison. Pendant les mois secs, il y a un bon chemin, large de trois mètres à peu près, qu'accompagne le fil téléphonique entre Battambang et Bac-Préah. Mais à présent la route est submergée et le fil est bien près de l'être aussi.

La nuit nous surprend dans la forêt inondée et la bonne direction devient difficile à trouver. Il paraît que la chaloupe s'est déjà égarée plus d'une fois, et l'on nous attendait sur le bateau avec quelque anxiété. Enfin nous arrivons devant le *Battambang* tout enfoncé dans l'eau : la cale est archi-comble et les deux ponts sont encombrés de sacs de riz, de bois à brûler et autres marchandises également gênantes. Il y a aussi des caïmans vivants ligottés entre deux planches, sur lesquels on risque de mettre le pied quand on suit les étroits couloirs. Bref il reste aussi peu de place que possible pour les passagers et il faut faire des détours compliqués pour arriver à sa cabine.

Par contre le paon que nous avions connu à l'avant du bateau, tenant compagnie au capitaine, a disparu. Ou plutôt nous le retrouvons dans nos assiettes, à dîner; mets succulent que je recommande aux gourmets; on l'apprécie en Indo-Chine, nous en avions mangé déjà.

Le petit village de Bac-Préah est tout ému d'un drame qui vient de se passer : Un éléphant, égaré par l'inondation, s'est jeté contre une barque qui lui barrait la traversée d'un arroyo. Affolé par on ne sait quelle cause, il a piétiné la femme et les deux enfants qui s'y trouvaient; tous trois sont morts. Le mari n'a pu se sauver qu'en plongeant. L'éléphant a disparu.

Comme le *Battambang* ne lève l'ancre que le lendemain, nous acceptons avec plaisir d'aller passer quelques instants chez M. Lignel après le dîner. Sa maison n'est pas flottante bien qu'elle en ait tout à fait l'air à cause des inondations. Elle est bâtie sur des pilotis de 10 m. 50 de haut et doit ressembler à une maison aérienne à la saison sèche. Pays d'amusants contrastes! Cependant l'espèce d'appontement en planches qui nous y conduit est presque sous l'eau, et ce n'est qu'avec des précautions que nous y parvenons à pied sec.

Nous nous trouvons alors dans une grande pièce traversée par les pilotis qui montent jusqu'au toit. Quoique très primitive avec ses murs en paillotte, cette chambre a un aspect confortable et habitable, grâce au bon goût du maître du logis qui l'a ornée de trophées de chasse, de curiosités du pays, etc.

Tout heureux, dit-il, de recevoir des dames — elles sont bien rares par ici — il nous offre du champagne tandis que le sympathique commissaire du *Battambang*, jeune homme à la figure aimable et rieuse, met en marche un grammophone qui nous donne des échos du *Trouvère*, de *Carmen*, du *Tannhäuser*... Rien d'imprévu et d'agréable comme cette soirée chez cet aimable Français. L'on cause et l'on rit jusqu'à ce que la fatigue ait raison de notre gaieté. Et rentrés dans nos cabines, nous entendions encore les opéras s'égrener sur l'instrument cher aux exilés.

Le lendemain 29 octobre, à 7 heures du matin, nous

reprenons notre navigation sur le Grand Lac. Poules d'eau, plongeons, canards sauvages, charognards, coqs de pagode, pélicans et autres volatiles aquatiques sont toujours aussi nombreux. Quelquefois nous rencontrons des amas d'herbes flottantes qui embarrassent la proue et il faut nettoyer l'avant du bateau. Une pluie fine se met à tomber avec une certaine persistance et nous rejette vers les peu nombreuses attractions du bord. Heureusement le *Battambang* nous offre le confort d'un excellent rouff où l'on se réunit souvent sous prétexte d'apéritif et où l'on entend les récits captivants des gens qui ont voyagé. Cela donne envie de faire de même : Hongkong, Manille, Java, que de choses encore à voir avant de quitter cette partie du monde, pour ne citer que les voisins !

Le personnel européen du *Battambang* comprend un capitaine, un mécanicien, un commissaire, un élève-commissaire et un vérificateur des douanes.

Devant l'arroyo de Siemrab, on stoppe pour prendre à bord les quatre jeunes gens qui sont allés voir Angkor. Allant et revenant par le même bateau, ils ont eu tout au plus vingt-quatre heures pour voir le temple, ce qui est à peu près le temps de tourner autour et de monter au dessus. Mais ils pourront dire : « J'ai été à Angkor », ce qui paraît être la mesure de leur ambition.

Le plus malin de la bande demande avec un grand sérieux si Angkor-Wat n'était pas jadis le palais du roi. Ce globe-trotter distingué fait le tour du monde, et nous l'entendons objecter à un plan de voyage qui lui est proposé « qu'il ne peut pas rester plus de quinze jours dans le même endroit ». Cela lui paraît insensé !

A 2 heures 1/2 nous stoppons à hauteur de l'arroyo de Pursat. Nous voici donc rentrés en territoire cambodgien et français.

On attend un temps considérable, environ une heure, l'arrivée des sampans de Pursat. Comme l'agglomération se trouve à vingt heures de distance, on ne saurait calculer le temps avec précision. Mais pour comble, le bateau est tellement chargé qu'il n'accepte plus que les envois officiels, si bien qu'un gros sampan plein de sacs de riz est prié de retourner à Pursat tel qu'il est venu. En revanche 480 sacs de cardamome (monopole de l'État) sont acceptés sans cérémonie et l'on s'occupe aussitôt de les charger.

Dès avant le tiffin, le ciel est redevenu bleu et le temps est superbe. Nous sommes à l'époque des dernières pluies rares et courtes. Nous distinguons au loin une longue bande bleu de Prusse qui n'est autre que la chaîne de montagnes de Pursat. La route vers Chantaboon par terre passe de ce côté; à cheval, cet itinéraire nous eût demandé six à huit jours; le voyage est fatigant et l'on est exposé à la fièvre qui règne en permanence dans cette région.

Nous aurions pu retourner de Battambang à Bangkok par Korat, mais nous aurions dû faire à cheval environ quinze jours de voyage, à travers une contrée monotone et sans intérêt. D'où il suit que, malgré son bizarre crochet, la seule bonne route de Battambaug à Bangkok, pour un touriste, passe par Saïgon!

Le chancelier de Pursat accompagne sa cardamone. Il a la figure d'un homme qui relève d'une longue maladie. Il se plaint en effet du pays qu'il dit fort malsain, et où il a été malade pendant treize mois. On l'a envoyé à son poste en pleine saison des pluies, alors que la région est particulièrement insalubre; mais il venait d'y avoir un changement de gouverneur général et il fallait « faire quelque chose à Pursat ».

Le chancelier avait avec lui trente miliciens pour exécuter des travaux de terrassements; 28 sont morts en trois semaines!

Il nous explique comment se fait la culture, très facile,

de la cardamome. (Cette plante est utile comme condiment et épice). La récolte est vendue par adjudication à Pnom-Penh; la part produite par chaque cultivateur est scellée sans confusion possible, et sa part de salaire lui est payée au prorata du prix de vente atteint par son lot.

L'État possède sept éléphants domestiques à Pursat. Dans ce pays de montagnes ils sont particulièrement précieux, car ils passent facilement dans des endroits escarpés et même périlleux où l'on ne déciderait jamais un cheval ou un buffalo à s'aventurer.

L'éléphant porte sur le dos une aoudah assez vaste où l'on peut dormir du moment qu'on est habitué au balancement de la bête, celle-ci étant d'ailleurs soigneuse d'éviter les branches qui pourraient gêner le voyageur. L'ennui est qu'on est dévoré par les moustiques, et qu'on ne saurait déployer une moustiquaire pour s'en protéger. L'étape journalière ne dépasse guère 35 kilomètres, jamais 40, car l'éléphant est très sensible à la chaleur du soleil; habitué à vivre à l'ombre des forêts ou des broussailles, on ne peut sans imprudence le faire marcher au milieu du jour. Le cuir épais de ces animaux est traversé par un système vasculaire, et de légères meurtrissures les font saigner. Aux chasses d'éléphants du Siam, nous en avons vu s'évanouir par l'effet de la chaleur!

On ne cultive guère le riz à Pursat, et on ne l'y voit pas croître à l'*état spontané* comme l'impriment certains recueils qui dans le but très louable d'attirer les colons emploient le moyen très blâmable de raconter mille choses merveilleuses sur les colonies. Tout au plus croît-il une sorte de sorgho ou de graminée à laquelle on ne pense à recourir qu'en temps de famine épouvantable.

On parle d'un chemin de fer de Pursat à Campong Chanang, comme on parle d'un chemin de fer de Saïgon à Pnom-Penh, et même de Pnom-Penh à Battambang.

Étrange, étrange ! Tout le commerce consiste en riz, en maïs, en grains ; chez nous, pour ces marchandises en vrac et pondéreuses, on songe à creuser un canal à côté de la voie ferrée. Mais ici on a le canal, la voie de transport la mieux appropriée à l'industrie de la région, et l'on pense à construire un chemin de fer à côté ! Il va sans dire qu'il y a là-dessous une arrière-pensée d'ordre militaire et politique. On fait des chemins de fer comme les empereurs romains faisaient des routes, pour mieux assujettir tout l'Empire à la volonté du dictateur.

Pendant la nuit, la pluie sévit de nouveau, accompagnée d'orage. Le lendemain matin 30 octobre, vers 8 heures 1/2, nous arrivons à Pnom-Penh où nous avons à passer un jour et une nuit.

CHAPITRE XX

DE PNOM-PENH A SAÏGON. — RETOUR A BANGKOK.

Nous revoyons avec plaisir la sympathique figure de M. Dupuy, et faisons la connaissance de quelques autres résidents parmi lesquels un métis de la Martinique au type nègre accentué ; ce monsieur est avocat ou plutôt agent d'affaires ; au Cambodge la profession est libre. Il vit à sa façon, il paraît qu'il a cinq ou six congaïs (femmes indigènes) et qu'il est le confident du roi Norodom.

Fait aussi la connaissance du résident-maire, un vénérable vieillard à l'air doux et bienveillant. Il habite une magnifique résidence dont le hall fait penser à une salle de théâtre. Des jouets d'enfant épars sur le plancher évoquent l'idée d'une famille ; mais pas du tout, il vit tout simplement avec une congaï cambodgienne dont il a un enfant.

Ici ce ne sont pas choses que l'on cache, nous sommes loin de la pudeur anglaise que les Français appellent hypocrisie. Presque chaque résident célibataire a sa congaï, et c'est le point de départ des générations de métis, qui trop souvent sont le fléau des colonies, individus déchus au physique et au moral, paresseux, vicieux, rejetés par les deux races dont ils n'ont hérité que les vices.

M. Dupuy nous offre un tiffin luxueux qui laisse bien loin derrière lui la table du Battambang. Ce petit Pnom-Penh a tous les raffinements, même la glace. Celle-ci est fabriquée par notre hôte, et la consommation journalière de la ville est de 600 kilogrammes.

M. Dupuy l'a d'abord vendue au prix de 2 cents le kilogramme, pour en donner le goût aux indigènes ; et maintenant qu'ils ne savent plus s'en passer il les tient comme le poisson au bout de la ligne, et la fait payer 7 ou 8 cents. Bénéfice par mois 600 à 800 piastres, sans tracas ni frais courants avec un capital immobilisé qui ne dépasse pas 12,000 piastres.

Nous dînons chez un autre résident qui a certes des théories originales : pour lui Angkor-Wat serait un antique essai de socialisme collectiviste, et les grands bassins de la cour d'honneur étaient des bains publics. Ses vues sur l'incident Ducos sont profondes : il faut conserver le roi Norodom, dit-il, ce serait une pitié si l'on n'avait plus les danses et les ballets de la cour. Comme on parlait du peu de goût qu'ont les Français pour les colonies, il en donne comme preuve que pendant les quatre mois de congé qu'il vient de passer en France il a fait trois demandes en mariage et il a été trois fois refusé ! Parmi les ingrates il signale surtout la fille d'un failli dont il offrait de payer les dettes... On a prétexté le climat !!! Voyez-vous ce failli et sa fille qui font encore les difficiles ? L'homme aux trois demandes en mariage n'en revient pas !

J'ai comme voisin de table un éleveur qui habite à 2 ou 3 kilomètres de la ville. De ce côté, il y a quelques jours, un tigre égaré s'est réfugié dans une maison, et en a tué les deux habitants ; quand on a pu l'abattre il s'était blotti dans la moustiquaire du lit. Toujours la suite des inondations.

Les tigres sont redoutés ici comme au Siam et aux Indes. Tandis que la civilisation européenne fait reculer et décime tous les animaux sauvages, le tigre semble faire exception et l'on dirait que le voisinage des agglomérations l'attire et le multiplie. Il paraît que jadis on ne connaissait pas les tigres à Singapore ; maintenant ils y pullulent, ils dévastent les campagnes et les résidents voisins de la ville voient le matin dans leurs jardins les empreintes bien reconnaissables de leurs pas. Je suppose que la raison de ce fait doit être cherchée dans l'extension de plus en plus grande prise par l'élevage. Dans le Bengale on donne jusqu'à 300 roupies (500 francs) de prime pour un tigre tué ; mais l'adresse de cet animal défie le plus souvent les poursuites, il vole les bestiaux comme un chat vole dans une cuisine.

Le climat est un autre adversaire de l'élevage, du moins aux débuts : mon interlocuteur a reçu récemment douze taureaux envoyés de France, qui ont coûté, port compris, 1,500 francs par tête. Onze sont morts ! Il en parle avec tant de désinvolture qu'il n'est pas douteux un seul instant que la perte n'est pas pour lui. Il doit être largement, sinon totalement subsidié. Les vaches du pays ne donnent pas plus de deux litres de lait ; les vaches de France commencent par en donner quatorze, puis dix, puis cinq. De plus, les herbes sont aqueuses, ce qui rend le lait suspect. Bref, notre éleveur manque d'enthousiasme et pense plus volontiers à Grenoble, sa ville natale...

Après une soirée de musique autour du piano, nous logeons dans les appartements confortables de la maison Rondy et Dupuy et le lendemain 31 octobre nous faisons nos adieux définitifs à la ville.

Depuis le 17 octobre, date de notre premier passage, les eaux ont baissé de 40 centimètres ; c'est peu et le paysage est naturellement identique. Descendant avec le courant, nous faisons en quatorze heures le trajet que nous avons fait à l'aller en vingt-six heures (de Pnom-Penh à Mythô). Le temps est beau ; à midi et demi nous sommes à Tanchan, première localité de Cochinchine ; à 4 heures 1/2 à Sadec. Nous croisons le *Nam-Viam*. Vers 5 heures, à un endroit où il faut virer malgré le vent impétueux, le bateau file perpendiculairement à la rive et nous entrons dans une rizière, non sans secousse, pour faire ensuite machine arrière. Toute une muraille de sacs de paddy s'écroule sur un des poneys de M. Mottet qui s'étale sur le pont; la bête en est quitte pour l'émotion.

Nous abordons à Vinh-Long déjà connu. Une petite promenade nous permet d'admirer une fois de plus le grand style et le charme de ces résidences bien sablées, bien ombragées, entretenues avec coquetterie et presque avec faste.

L'administrateur de Vinh-Long, qui vient causer avec M. et Mme Mottet, a une tête à rendre jaloux le sâr Péladan. Il éprouve le besoin de raconter que son boy a pour instructions de mettre un tablier et des gants blancs pour faire son lit et le servir à table. Parions que s'il rentre un jour à l'improviste, il trouvera le boy couché tout de son long sur le lit, avec ou sans tablier...

A 10 heures du soir nous arrivons à Mythô. Ici, nous quittons le *Battambang*, tandis que les Mottet continuent le voyage par eau jusqu'à Saïgon. C'est qu'en effet la correspondance avec le *Donaï* qui doit nous ramener à Bangkok ne nous permet aucun retard, et l'incertitude des vents et des marées nous fait préférer le chemin de fer au bateau. Après une nuit écourtée à l'hôtel de Mythô, nous prenons le train à 5 heures du matin dans l'obscurité encore complète. On voit les Chinois errer dans les rues avec une lanterne allumée. Cette obligation est, paraît-il, imposée aux Chinois, mais non pas aux natifs.

Le jour se lève, et par les portières nous revoyons défiler les villages, les tombeaux, les rizières. Celles-ci occupent la plus grande partie du paysage. Beaucoup de champs sont presque à maturité et dans quelques-uns les épis de riz sont versés.

Dans le compartiment, un Annamite de la classe aisée lit un roman de Dumas. Nous avons rencontré assez peu d'Annamites des hautes classes à Saïgon ou ailleurs. Il est vrai que les Orientaux ont en général peu d'inclination pour le mouvement des rues, et l'on pourrait faire la même réflexion au Siam. D'autre part, les Annamites adoptent quelquefois le costume européen, regrettable fantaisie à laquelle les Siamois n'ont heureusement pas cédé jusqu'ici; nous avons pu alors les confondre avec l'innombrable classe des métis et des Eurasiens.

A 7 heures du matin nous sommes en ville, et de notre pousse-pousse nous voyons avec un certain dépit le *Battambang* amarré à quai ; une marée favorable l'a fait arriver une demi-heure avant nous! Nous nous occupons rapidement des préparatifs de départ, ce vilain côté des voyages, et quand tout est prêt, nous allons visiter le jardin zoologique. Il est ouvert à tous, on y circule en voiture ou à pied, c'est plutôt un parc avec quelques pavillons pour les animaux. Trois panthères, dont une noire, nous donnent une petite représentation de rage et de férocité pleine d'intérêt ; elles se jettent l'une sur l'autre et cherchent à se mordre, excitées par le gardien. Le pavillon des échassiers est charmant, coquet, frais et plein de verdure. Partout de fort beaux arbres, dont l'un est remarquablement garni de platicerias ou bénitiers.

Nous prenons notre dernier déjeuner avec les Mottet et un commandant français, arrivé le matin même de Pékin. Cet officier nous dit combien lui semblent risibles les derniers télégrammes où on lit que les diplomates demandent tranquillement les têtes des principaux coupables, comme si l'on était en mesure d'imposer de pareilles conditions et d'en contrôler l'exécution.

D'après lui, les effectifs sont dérisoires et les troupes alliées impuissantes ; les forces françaises sont les plus sales, les plus déguenillées et les plus indisciplinées de toutes. Les troupes japonaises sont dans un bon ordre parfait et ont très bon aspect; mais ce sont les régiments hindous de l'armée impériale anglaise qui emportent surtout son admiration ; on ne peut, dit-il, imaginer des soldats ayant un aspect plus brillant, un équipement plus beau, une allure plus martiale... Les Allemands ont tout à dire, c'est eux qui administrent et qui commandent.

Par contre, il décrit Tientsin comme un centre absolument anglais. Il est vrai qu'il y a une concession française à Tientsin : mais la moitié en appartient aux Jésuites et un quart aux Lazaristes, les gens d'église étant gros propriétaires fonciers en Chine comme au Siam et comme partout en ce bas monde (1).

Ceci décompté, il reste un quart, que l'on voit occupé par des Russes, des Allemands, des Anglais en grand nombre et... deux sujets français. De ces deux sujets français, l'un est un Chinois et n'est d'ailleurs que locataire de son terrain. L'autre enfin, est un vrai Français de France, et il est propriétaire, mais son terrain est un terrain vague !

Et le pillage ! Sur ce point, le commandant n'est pas fier et plaide les circonstances atténuantes. D'abord, ce sont les Anglais qui ont commencé. Ou plutôt, ce sont les Chinois ! Naturellement, après une bataille comme après un incendie, il y a des bandes d'oiseaux de proie qui s'abattent, et au lieu de faire prompte justice et de pendre ces pillards à l'arbre le plus voisin, on s'est mis à faire comme eux. Du moment que la canaille chinoise se met-

(1) Ce que nous disait alors, 1er novembre 1900, ce commandant français me semble s'être quelque peu confirmé : Les Français se sont toujours plaints d'être sans autorité à Tientsin ; par exemple, la légation étant à Pékin et le général à Tientsin, il est difficile de se concerter. En effet, chemin de fer et télégraphe sont détruits ; les Russes, les Anglais et les Allemands se sont empressés de construire chacun une ligne pour leur usage exclusif. La France, qui a négligé de faire de même, est sous ce rapport dans une infériorité évidente.

tait à piller, les officiers ont cru pouvoir en faire autant et un beau jour, après cependant qu'on eût proclamé la défense de tout pillage, on a vu la voiture du colonel emmener un magnifique meuble qu'on savait ne pas être à vendre. Alors la danse a commencé et c'est par charretées entières qu'on a procédé.

Quant aux missionnaires, ils ne pillaient pas, nous dit le commandant, mais les chefs des missions conduisaient personnellement les soldats aux bonnes places, et le lendemain ils achetaient dans le butin ce qui leur plaisait, à vil prix.

Enfin ! Il faut bien croire qu'il y a une morale spéciale à l'usage de l'Orient !

Pendant la causerie, le temps passe, et peu s'en faut que nous ne manquions le *Donai* qui lève l'ancre à midi. N'ayant pas de cargaison à charger, il n'est pas sujet aux retards habituels et le bateau s'éloigne déjà du quai qu'on embarque encore nos caisses, à notre grand effroi qu'elles ne tombent à l'eau. Déjà Saïgon a disparu pour nous, car la vue des quais mornes et sans trafic est plutôt affligeante ; cela ne nous rappelle rien du charmant séjour que nous avons fait dans ce pays et que nous aurions voulu prolonger.

A bord du *Donai*.

La cabine, le bateau, le paysage, tout nous est connu et nous apparaît tel qu'auparavant. Même le *Chasseloup-Laubat* est encore à l'ancre dans le triste fleuve, portant le drapeau jaune de la quarantaine. Cette formalité du drapeau est la seule qu'on observe encore sérieusement, je pense, dans les quarantaines. A part cela, les capitaines s'en moquent assez : par exemple l'an dernier, le *Donai* arrivant de Bangkok, où régnait le choléra, fut mis en quarantaine à Saïgon. Mais le commissaire du bord, qui seul était descendu à Bangkok, fut aussi seul autorisé à débarquer à

Saïgon pour le service de la poste. On ne se moque pas mieux des règlements.

J'imagine que le principe des quarantaines a subi un rude assaut depuis que l'on a découvert que les épidémies se propagent surtout par les petits animaux, notamment les rats. Alors il est assez illusoire de désinfecter les passagers ? Les Anglais dans leurs ports ne prononcent que rarement la quarantaine.

Il fait encore jour quand nous passons devant la côte du cap Saint-Jacques, que nous revoyons ainsi avec un extrême plaisir. Nous reconnaissons chaque édifice, chaque endroit, et même nous devinons le tracé de la route de la Corniche sous l'épaisse forêt qui recouvre la falaise. Nous pensons aux amis de l'hôtel, aux soirées de musique, aux promenades en voiture, aux deux charmantes semaines passées dans ce milieu à la fois si pittoresque et si sociable. Malgré le grand attrait des voyages, la pensée s'attendrit toujours plus au souvenir des endroits qui ont donné l'illusion d'un « home » !

La nuit nous surprend dès l'entrée en pleine mer, et le lendemain d'assez bonne heure nous sommes à l'ancre dans la baie de Poulo-Condor. Cette fois nous descendons à terre. Des liserons mauves s'étendent à perte de vue sur le sable de la plage, comme au cap Saint-Jacques. Au delà, ce sont des allées tirées au cordeau et plantées d'arbres, l'aspect est agréable.

Le directeur du pénitencier habite une grande maison, entourée d'un assez vaste jardin où croissent des aloès et de beaux arbres. Plus loin, nous passons devant le pénitencier, à peu près vide en ce moment, car les pensionnaires sont employés à des travaux de chemin de fer sur le continent. Au-dessus de la porte, nous sommes quelque peu surpris de voir en grandes lettres le mot « Bagne ». Que nous voilà loin des euphémismes aimables de nos « maisons de sûreté », « refuge », « établissements de bienfaisance » ! il n'est guère possible aux malfaiteurs qui ont passé par ici de « garder la face ».

Nous quittons l'île au bruit de la mer qui déferle doucement sur cette jolie plage de sable fin, ensoleillée et fleurie, où l'on s'attendrait à voir courir de petits enfants.

Nous sommes nombreux à bord cette fois, dix ou douze non compris les officiers. Un seul passager est anglais, sa réserve tranche dans le milieu environnant. Les autres sont méridionaux pour la plupart, et c'est un vrai tumulte que les discussions autour de l'apéritif. Parmi eux, un ancien capitaine de vaisseau, à l'air bourru, est magnifique en son genre. Comme Daudet les a bien dépeints ! Il s'écrie qu'il y a au moins 400 garçons au Saïgon hôtel, et après cinq minutes de discussion orageuse, il admet tranquillement qu'il y en a au moins 150. Il affirme qu'une traverse de chemin de fer pèse 60 kilogrammes, pour convenir bientôt que 25 kilogrammes serait un chiffre raisonnable. Il prétend que les sacs de salpêtre pèsent 200 kilogrammes. Quand je quitte la chambre, il a déjà baissé à 160. Sans aucun doute, il sera arrivé à 100 ou même à 80. Un Bordelais, concitoyen de Bangkok, me dit avec un dédain inimitable : « C'est un Gascon du Midi ! »

Les discussions sociales ne sont pas moins violentes : c'est bien le type libertaire et égalitaire qui a fait un pétrissage mal digéré des principes de 1789. Si vous voulez tranquillement lui expliquer l'incidence d'un impôt, ou l'un des effets de la loi de l'offre et de la demande, il vous répondra avec indignation que jadis il a eu faim, oui, lui-même qui vous parle ; qu'il est tout aussi honorable que vous, que son boy est son égal, etc., etc., etc... mais... nous connaissons cela en tous pays !

CHAPITRE XXI

DANS LE GOLFE DE SIAM (1)

La mer, d'abord houleuse, est redevenue bonne le long de la côte Siamoise ; mais le temps est gris, le bateau misérable, et dans les intervalles des repas on ne saurait que faire si l'on ne rapportait avec soi tant de captivants souvenirs de voyage qui font rêver dans une douce flânerie de corps et d'esprit.

Me rappelant tout ce que j'avais vu et entendu dans ce mois de pérégrinations, je cherchais les éléments d'une conclusion. Je cherchais à m'expliquer comment une des nations les mieux douées du globe, ayant conquis jadis un magnifique empire colonial par les guerres les plus héroïques, pouvait avoir affaibli à ce point sa valeur colonisatrice. Que le mal existe, cela est évident et tout le monde le reconnaît. Sans attacher d'importance aux motifs d'animosité personnelle qui peuvent mettre en lutte officiels et colons, il faut bien admettre que cette animosité est un fait qui paralyse tout effort, et que l'Indo-Chine n'a guère fait de progrès sérieux en comparaison des pays voisins. Les raisons par lesquelles on peut expliquer cet état de choses sont de divers ordres.

(1) Ouvrages consultés : *Guide annuaire de la Cochinchine pour* 1900, publié à Saïgon. Jammes, *Souvenirs du pays d'Annam*, 1900. — Sombsthay, *Cours de législation et d'administration annamites*, 1898. — Matgioi, *La politique indo-chinoise*, 1894. — De Lanessan, *Principes de colonisation*.

D'abord, le *manque de goût*. Où est-il, le bel entrain, l'enthousiasme avec lequel les Français se répandaient dans des contrées lointaines, au Canada, en Louisiane, en Hindoustan, à l'île Maurice, où leur civilisation, leur langue, leur influence sont encore vivaces et paraissent impérissables malgré le délaissement des générations actuelles. Il semble que le génie français pénètre profondément les races indigènes, tandis que dans les autres pays colonisateurs européens, l'on garde davantage la distance. Et pourtant le Français contemporain ne veut pas s'expatrier ! Contraste banal à rappeler, mais curieux toujours : pour le Français un voyage d'un an est un exil, on tombe dans les bras l'un de l'autre et l'on tire les mouchoirs. Les Hollandais fixés à Java reviennent rarement ou jamais dans leur froid pays : ils élèvent dans la colonie leur nombreuse famille, et tous parlent malais, s'habillent et mangent comme les Malais ; ils se sentiraient sans doute plus étrangers en Hollande qu'à Java. — Quand un Anglais quitte sa famille pour aller s'établir au bout du monde, on se serre la main et *good bye!* On lui souhaite de rester où il va, sinon c'est qu'il aurait fait de mauvaises affaires! Toutes les parties du monde sont peuplées d'Anglais qui n'ont jamais vu l'Angleterre, et dont beaucoup ne la verront jamais.

Le Français est bien différent! Il ne se sent pas chez lui dans ses colonies, il défait à peine ses malles, il vit à Saïgon dans d'odieux logements qu'il flétrit lui-même du nom de *compartiment*, et dont le manque de confort rend plus nécessaire encore la vie de café. Même ceux qui sont mariés n'ont comme mobilier qu'un bric-à-brac que l'on conduit à la salle de ventes la veille de son congé, pour racheter des banalités semblables au retour. Ils n'ont pas de *home*. Quand ils disent « chez moi » cela veut dire « dans ma famille, en France ». Tous les gens qu'on interroge parlent du retour prochain, dans un an, dans deux ans au plus. Ils décomptent les jours, à peine sont-ils arrivés; ils passent dans les colonies comme dans un purgatoire. Même un homme actif comme M. Mottet, lancé dans les affaires, aimant les voyages, ayant avec lui sa jeune femme, s'écrie avec conviction, comme on parlait de congés : « Ah ! pour moi le vrai congé, ce sera lors du départ définitif ! » Comment faire quelque chose de durable dans ces conditions? Pour coloniser sérieusement il faut que l'esprit de retour soit éloigné et accessoire. Comme ce même esprit anime aussi les fonctionnaires, l'on peut juger du peu de profit que doit retirer une administration de ce système de fonctionnaires nomades, toujours impatients de regagner Marseille et quittant la colonie avant que leur expérience ne soit faite.

Ainsi le Français n'aborde en Indo-Chine qu'avec l'arrière-pensée d'un retour prochain, et de ce mal en dérive un autre : c'est l'abus des subsides. Le Gouvernement désire que ces colonies achetées au prix de tant de vies humaines, de tant d'argent, servent à quelque chose; et comme le colon ne veut pas venir spontanément, il faut l'attirer par des promesses et des garanties. Nous avons rencontré là-bas des hôteliers subsidiés, des pharmaciens subsidiés, des magasins de toute nature subsidiés. Tous ceux à qui j'en ai parlé affirment que l'on peut poser en principe « qu'il n'y a pas de capitaux engagés en Indo-Chine même pour les plus petites entreprises, sans une garantie ou un subside de nature à sauver les risques, sinon à assurer des bénéfices ». Et l'on entend partout des conversations dont on emporte l'impression vive d'un manque d'enthousiasme, d'un manque d'esprit colonial déplorable. Ici, à bord du *Donai*, c'est étonnant : on perd son temps à expliquer qu'un colon pauvre pourrait à la rigueur se nourrir comme un indigène, ainsi que le font maints Italiens. Mais non ! à leur sens un colon ruiné, sans moyens d'existence aucuns, entretenu par la charité publique, aurait un droit moral à la vie de restaurant, vin, café, cognac. Le paternel Gouvernement de Saïgon leur donne une piastre par jour (2 fr. 40) et l'Etat français les rapatrie pour un oui, pour un non. Or, on trouve encore que c'est mince, on prétend choisir sa classe à bord, et j'entends autour de moi ces propos : « Il faut du vin dans ce pays-ci, l'eau ne suffit pas » ou bien « si je dois me priver de toutes ces petites douceurs, je préfère mourir. » Ils ont absolument l'air de supposer qu'en colonie le Gouvernement doit pourvoir à tous leurs besoins. Et en somme ils sont logiques : ils ne font que développer jusqu'à l'absurde la tendance gouvernementale française. L'intérêt vrai qu'ils portent aux colonies est à peu près nul, ils vivent dans une complète ignorance du milieu qui les entoure, s'environnant dans leurs cabarets d'une atmosphère exclusivement parisienne ou provinciale.

Paul Bonnetain raconte son exaspération, à ses retours d'Orient, devant les questions saugrenues de ses amis : « Comment se rend-on au Tonkin? — Qu'avez-vous mangé là-bas? » Comme s'il revenait d'un autre monde. Et que dire, quand on voit l'amiral Jurien de la Gravière écrire textuellement que sur la terre d'Indo-Chine on ne rencontre que des êtres chétifs ; que la race, abrutie par ses souffrances, est d'une timidité extrême, sans culture de l'esprit, sans autre expression dans la physionomie que celle d'un ébahissement naïf. Si le climat n'y mettait obstacle, ajoute-t-il, mille Européens feraient aisément la conquête de ce royaume ! Et cet amiral a voyagé dans le monde entier, et il entra jadis à l'Académie française !

Après le manque de goût ou d'enthousiasme, un autre mal en Indo-Chine réside dans l'*abus du fonctionnarisme*. Cela aussi est bien connu, mais sait-on jusqu'où cela peut aller? Dans chaque famille française, me dit un français, on caresse une ambition : il faut que l'un des fils soit *fonctionnaire*. Or, si en général les fonctions publiques ont continué à mériter le respect dont on les entoure, il y a des cas où ces fonctions ont été crées non point pour servir l'interet commun, mais pour servir la convenance des solliciteurs. Ici les emplois poussent comme des champignons, selon le nombre des gens à caser, fils ou neveux de personnages influents. Les exemples abondent, il y en a de plaisants : un jour on éprouva le besoin d'apprendre aux Annamites le maniement de la lance, et l'on créa un corps de lanciers annamites à la tête duquel on plaça un jeune fils de famille sortant de l'école. Il y avait un seul *mais* : le candidat à la place avait été chasseur, mais lancier jamais de sa vie. Honnêtement, il présenta l'objection, plaida son incompétence. « Cela ne fait rien, lui répond-on. Émargez, et ne faites pas de bruit. » Il y a trois ans et demi que cela dure! (1)

Les annuaires sont interminables, les rues foisonnent de bureaux : il y a tout ce que nous avons en Europe et plus encore, c'est un fatras de services appelés à tout faire : bureaux d'étude, de statistique, de renseignements, de vérification, d'inspection, de contrôle dans tous les ordres d'idées imaginables. Et dans tous il y a un état-major complet d'Européens. Les natifs ne sont pas employés, même pour les besognes les plus simples. Seul le receveur de l'État les fait venir chez lui... pour le paiement des contributions.

(1) Depuis que ces lignes ont été écrites la situation ne paraît pas s'être améliorée, et les gaspillages de l'Indo-Chine française sont toujours à l'ordre du jour.

Voir à ce sujet *Le Courrier Européen* du 10 octobre 1908, page 525, où sont mentionnés des exemples récents en complète concordance avec ce que nous disons ici.

Les officiels eux-mêmes reconnaissent que pour le moment tous ces organismes fonctionnent à vide et ne répondent à aucune nécessité réelle. On dit qu'il faut préparer l'avenir? C'est à peu près comme si un maître d'usine embauchait et payait ses ouvriers avant même que l'usine ne soit construite, sous prétexte qu'il faut être prêt à l'avance!

D'autre part, si j'en crois une opinion absolument unanime, ces innombrables fonctionnaires sont dans le pays comme des sauterelles sur les moissons; et de fait, leur double paye arrive à absorber 65 pour 100 du budget des dépenses coloniales. Outre cela, il y a beaucoup d'avantages indirects, et nous avons entendu bien des récits d'abus scandaleux. Que tout cela soit vrai, je ne le crois pas un seul instant, mais le minimum croyable est déjà de trop.

Un des hauts fonctionnaires de l'Indo-Chine, qui a fait parler de lui à ce sujet, avait à bord du *Donai* un défenseur, un seul, et pas trop sûr de lui, qui faisait l'éloge de ses talents d'administrateur; mais quant aux questions d'honnêteté, de probité, il en faisait fi comme de bagatelles. « Pourquoi donc voulez-vous qu'on le mette de côté, disait-il. Vous voulez faire le jeu d'un monsieur qui sera encore beaucoup plus malpropre, et qui enrage simplement de n'avoir pas toute l'assiette au beurre?

Belle défense, dont le pays peut être fier!

Et les missions?? encore une façon simple de caser ses amis. Un Français vient d'être envoyé en mission pour faire l'étude comparée des sons harmonieux français, cambodgiens et annamites (!?) Le dernier courrier de France vient d'amener à Saïgon deux officiers supérieurs et trois lieutenants pour aller étudier la remonte au Tonkin. Un maquignon et un vétérinaire auraient mieux fait l'affaire, avec une dépense vingt fois moindre.

A tout moment on crée de nouveaux cadres, on institue de nouvelles commissions, et c'est encore bien heureux quand on ne bouleverse pas tout ce qui existe. Le chef d'un des services s'est plaint à moi-même de ce que pour la moindre réforme il faut faire marcher six administrations à la fois, chose d'autant plus impossible qu'il reproche à l'administration française d'être fort tatillonne et de se mêler de tout. Chaque nouveau gouverneur — et la Cochinchine en a connu dix-neuf en dix-sept ans, titulaires ou intérimaires — chaque gouverneur arrive de Paris avec son escorte de fidèles, ses créatures qu'il case au gré de ses intérêts ou des leurs. Et c'est ainsi qu'on voit des novices faire des devis de ponts inexécutables, ou construire des édifices qu'il faut refaire après eux.

Dans ce milieu le colon est traité comme une bête noire, et un chef résident s'est vanté de n'en avoir pas un seul dans son district, promettant que celui qui s'aventurerait à venir ne resterait pas longtemps. Je le crois volontiers : le colon est déjà suffisamment alarmé par tous ces changements de gouvernement qui entraînent des changements de tarif et toutes sortes de réformes minutieuses, qui ne lui promettent rien d'autre qu'une absence complète de sécurité.

Une troisième entrave au progrès de la colonie est constituée par *la Douane*, qui fait le désespoir des colons. L'Hôtel des douanes est partout l'un des plus beaux, des plus vastes de la Résidence, mais c'est aussi l'édifice maudit auquel tous montrent le poing. Ce sujet s'est trouvé déjà sous ma plume. C'est la poursuite de cette idée fixe : vouloir vendre à toutes forces ses produits à l'exclusion de ceux des autres, sans penser que le meilleur moyen de rendre les indigènes acheteurs est de les faire riches et prospères, et que c'est là un but auquel on ne saurait arriver plus sûrement que par une liberté commerciale absolue.

Mais cette théorie-là ne satisfait que les électeurs de

demain; or ce sont les électeurs du jour qu'il faut contenter sous peine d'être culbuté, et leur appétit est insatiable. C'est ainsi qu'on tue la poule aux œufs d'or, on appauvrit la population, on stérilise la production.

Remarquons d'ailleurs que ce protectionnisme est souvent rendu illusoire par le démarquage des produits : ainsi il paraît que récemment une maison allemande fournissait certaines machines en Russie sous une étiquette française et en pays français sous un nom russe. Alors les journaux officiels français et russes de jubiler : « Quel triomphe pour le commerce florissant de la Double Alliance! »

M. Dupuy cite une maison française qui, avec 80 pour 100 de protection, s'est trouvée impuissante devant les provenances allemandes de même qualité. Protégé, on ne se donne plus la moindre peine, on travaille six ou sept heures par jour au lieu de huit heures, et tout est à l'avenant.

Le produit brut de la douane est d'environ 20 millions, mais il n'y a comme profit net que 4 à 5 millions, car tout le reste passe dans les frais de perception. Ceci nous paraît presque incroyable, mais nous trouvons un exemple assez précis de ce gaspillage dans le dernier droit de douane que l'on vient d'instituer et dont voici le fonctionnement :

Chaque boîte d'allumettes, dans la colonie, est ornée de deux timbres adhésifs qui cachètent les deux ouvertures. Or, ceci est un visa de l'administration des douanes, laquelle perçoit 68 francs de droit sur chaque caisse valant 32 francs. Chaque boîte d'allumettes, dont la valeur se chiffre par je ne sais quelle fraction de centimes, est donc manipulée à son entrée dans le pays et étiquetée deux fois; les paquets sont à cet effet éparpillés et reconstitués à nouveau, pour le contrôle.

Voilà à quoi l'on s'amuse à la douane! Le résultat n'est pas étonnant : de l'aveu des officiels eux-mêmes, le système devra fonctionner *vingt mois* avant qu'on puisse enregistrer le premier centime de produit net.

Mais en attendant cela crée de nouveaux emplois : autant de gens dévoués au gouvernement qui les a nommés et qui « émargent sans faire de bruit » en collant leurs étiquettes. Les indigènes paieront.

Dans quelle cervelle de rond de cuir cette magnifique conception d'impôt a-t-elle pu éclore?

Voilà pour les intérêts français. Mais la colonie n'existe pas seulement pour les Français, je suppose bien que l'intérêt de la race indigène est aussi à considérer, quoique souvent, par cynisme ou par distraction, on paraisse l'oublier.

Pour voir ce qu'a produit le contact des deux civilisations il ne faut pas perdre de vue les principaux traits du caractère annamite, semblable aux autres rameaux de la race jaune.

D'abord l'Annamite ne respecte que la supériorité intellectuelle, apanage des lettrés et des mandarins. Il a le dédain de la force brutale et de la mort, et il considère le métier des armes comme méprisable. Il en est ici comme en Chine, où un prince disait à l'ambassadeur de France lors de la cérémonie solennelle de l'Agriculture : « Chez vous, la grande fête du Souverain, c'est la revue des soldats. En Chine, la grande fête de l'Empereur, c'est la fête de la Terre. Et c'est nous que vous traitez de barbares! »

Comme corollaire à la même idée, l'Annamite a un respect excessif pour la justice, même arbitraire. Comme en Chine encore, où suivant la tradition le citoyen le plus pauvre n'a qu'à frapper sur un gong pour appeler le juge qui doit sur-le-champ l'écouter et lui rendre justice, de même l'Annamite est processif. Il a recours aux tribunaux en toute occasion, et les multiples degrés de juridiction, bien qu'ils arrivent à rendre la justice quelque peu boiteuse, ne sont cependant que la conséquence naturelle de ce souci constant d'assurer un jugement aussi parfait que possible.

Il est presque superflu de noter ensuite, tant c'est notoire, son culte des ancêtres et le respect absolu qu'il porte, par suite, aux institutions et aux traditions du passé.

Enfin, un autre trait de caractère est l'absence de prosélytisme et de propagande : suivant Confucius, toute doctrine est bonne du moment qu'elle enseigne le bien sans s'en attribuer le monopole. « Il y a plus d'un escalier pour monter à l'étage d'une maison. » Ce respect de la liberté des autres croyances et des autres civilisations emporte qu'il faut respecter la leur.

De tout cela résulte un grand amour de la paix et une grande douceur de caractère. Polygamie et esclavage sont, il est vrai, deux mots qui résonnent à beaucoup d'oreilles comme des abominations. En réalité la polygamie repose sur une conception morale de la famille : elle n'est en honneur que pour assurer la descendance mâle et la perpétuité du culte des ancêtres, base fondamentale de la religion. La femme possède d'ailleurs une autorité qui n'est pas négligeable ; les transactions importantes ne se font jamais sans elle. Remarquons en passant que les Français pratiquent eux aussi la polygamie; plus d'un haut fonctionnaire loge quatre ou cinq congaïs sous son toit. Est-ce une façon d'appuyer par l'exemple la prédication chrétienne?

Quant à l'esclavage, Mgr Pallegoix et l'ambassadeur d'Angleterre constataient déjà en 1850 que les esclaves sont mieux traités en Indo-Chine que ne le sont les domestiques de la haute société en France et surtout en Angleterre.

En contraste absolu avec les indigènes, les Européens apparaissent ici tels que chez eux : amoureux de l'uniforme, de la parade, des démonstrations militaires, y compris la sotte institution du duel qui fleurit fort bien à Saïgon (c'est cela qui doit paraître intelligent aux Annamites!) ; n'ayant pour la justice d'autre sentiment que le désir d'avoir le moins possible affaire avec elle; quant aux ancêtres, ne s'en souvenant le plus souvent que pour exhumer des parchemins qui établiront leur filiation avec quelque forban du moyen âge ; et pour ce qui est du prosélytisme, imbus jusqu'à l'infatuation du désir d'imposer à toutes les civilisations exotiques leur idéal, leurs institutions, leur justice, leur religion, comme s'il n'y avait point de salut en dehors de leur façon de comprendre la vie!

Telles étaient les parties en présence lors de la conquête.

De celle-ci, ne parlons point, elle fut ce que sont toutes les choses de ce genre. Admettons, par hypothèse, que tout cela ait été légitime, ou tout au moins dans l'ordre de l'humaine nature, et sautons par-dessus les vingt ou trente années que l'on passa à ravager la péninsule avec le sabre et la baïonnette, chassant au dehors les maîtres du pays et ne faisant la tranquillité que par la solitude, jusqu'à ce la contrée fût *pacifiée*, en style officiel.

Alors on se trouva devant la nécessité d'organiser les provinces conquises, et ici surgirent les premières difficultés. D'abord, on laissa l'élément militaire en possession exclusive du territoire et on confia à un général aidé d'un état-major le gouvernement pacifique des indigènes. Ceux-ci en furent choqués au plus haut degré, et certes le prestige du vainqueur n'y gagna rien, car le Mongol a là-dessus d'autres idées que nous : l'art de tuer rapidement les hommes lui inspire peu de respect; libre à nous de faire d'un général l'égal d'un gouverneur de province, mais pour l'Annamite, un général doit céder le pas au plus humble des juges de paix.

On fut donc bien étonné, en Indo-Chine, de voir celui qui avait donné partout des coups de sabre remplir les plus hautes fonctions civiles et diriger la justice. Le Mongol n'a aucune idée de cela : évidemment l'irritation peut aussi le rendre cruel, et comme il ne craint ni la mort ni les supplices, il s'attend à rencontrer chez les autres un semblable dédain ; car sa nature calme est loin de notre sensibilité capricieuse, il ne se doute guère que chez nous, pour un déraillement qui a coûté la vie à vingt personnes, les journaux politiques les plus sérieux rempliront des colonnes en première page, et que pour sauver un seul puisatier enseveli on dépensera sans compter un million, s'il le faut, quitte à se remettre à guillotiner les femmes et à noyer les enfants à une prochaine Terreur ou Commune. Pour l'Asiatique, une existence humaine n'est dans le grand nombre qu'une unité méprisable, et quand il veut tuer, il tue jusqu'au bout. Le général qui se fait suivre d'une ambulance doit lui faire le même effet que les duellistes de Saïgon qui, après avoir tiré leurs coups de feu, vont déjeuner ensemble : une lamentable hypocrisie. Bref, les mots « gouvernement militaire », aux yeux de l'Annamite, jurent étrangement d'être accouplés, puisque la guerre et tout l'appareil guerrier est à ses yeux quelque chose de bas et de vulgaire.

Tout malencontreux qu'il était dans un pays de lettrés et d'agriculteurs, le système de la dictature militaire rendit cependant des services, et à ce point de vue quelques-uns le regrettent. Le général s'informait des besoins des indigènes et des colons, il payait de sa personne et si son intervention n'était pas toujours irréprochable, elle faisait cependant un certain bien. Ce fut bien autre chose quand s'installa le gouvernement civil, hautain et dédaigneux, méprisant tout ce qui n'était pas français.

De ce jour, les institutions du pays disparurent en quelques mois. Je ne voudrais pas le croire si je n'étais confondu par les documents officiels les plus clairs. Et d'ailleurs, on finit par ne s'étonner de rien !

L'enseignement indigène fut aboli dans toute la Cochinchine ; la justice indigène disparut totalement. La législation indigène fut terriblement mutilée et appliquée par des magistrats français qui n'en comprenaient pas la lettre et encore moins l'esprit.

Le bon sens indiquait cependant — et je suis presque confus d'écrire de tels lieux communs — que les institutions et la morale d'un pays sont le produit du sol, du milieu, de la race ; que c'est un effort ridicule de vouloir les déraciner puisqu'elles repousseront d'elles-mêmes comme les fleurs et les fruits de la terre ; qu'au contraire, l'influence du milieu agissant, ce sont les Européens qui s'orientalisent par le séjour, transformation fort apparente au bout de dix ou vingt ans. Tout le monde est frappé de ce fait, et Francis Garnier raconte son étonnement lorsque, voyageant dans une province reculée de la Chine, il y rencontra un compatriote, le père Fenouil, qui était là depuis une vingtaine d'années, presque sans communications avec le reste du monde. Il vivait à la chinoise ; l'explorateur le vit accroupi au milieu des Chinois, à côté desquels il mangeait son riz avec des baguettes. « J'eus de la peine à le distinguer de ses voisins, dit Garnier, il parlait difficilement le français et je compris bientôt qu'il n'y avait rien de commun entre nous. »

Cet homme avait peut-être gardé intacts son dogme et ses rites catholiques, mais que signifie la forme dépourvue du fond ? Il est certain que ses idées, sa conception de la vie, ses sentiments étaient devenus ceux d'un Chinois.

Pendant que les anciens se fondent dans le milieu environnant, les nouveaux perdent leurs peines dans une lutte qui ne peut aboutir qu'à détruire sans rien remplacer. A la dernière catégorie appartiennent naturellement tous les officiels. N'allez pas leur dire que leur influence, au lieu de viser à faire les Asiatiques semblables à eux, doit simplement les aider à se développer suivant les lois qui leur sont propres! Au lieu de cela, les fonctionnaires arrivent, ayant dans la poche les principes de 1789. Ce n'est pas une charge : il paraît que jadis un haut fonctionnaire se mit dans la tête de faire imprimer ce factum à des milliers d'exemplaires, dont il voulut inonder les campagnes. Heureusement que les missionnaires, mieux avisés, mirent la main sur les ballots et jetèrent le tout au feu. La déclaration des droits de l'homme aux mains des Annamites, et distribuée par les vainqueurs! Inconscience, ironie, ou imbécillité?

Donc l'enseignement passa dans le domaine officiel et l'on ne vit plus en Cochinchine que des écoles françaises qui produisirent des déclassés.

Quant à la justice, en un tour de main on la relégua dans les hauteurs inaccessibles où nous la connaissons en Europe, environnée d'un nuage confus d'huissiers et d'avoués barbouillant des grimoires. Je n'exagère rien. Où est-il, le gong des légendes? Jadis, comme encore actuellement au Siam, quiconque avait à se plaindre allait voir le juge qui recevait sa pétition, la faisait écrire sous ses yeux, convoquait l'adversaire et entendait les parties sans autre intermédiaire.

Tout cela est changé : maintenant, on a institué tous les préliminaires utiles pour inspirer aux justiciables une crainte respectueuse de la justice, laquelle ne condescend à écouter les pauvres Annamites qu'après que ceux-ci ont été livrés aux oiseaux de proie des greffes et que l'on s'est battu à coups de papier timbré. Car ils ont le papier timbré comme en France, avec autant de syllabes à la ligne et autant de lignes à la page, dans le style que l'on sait. Non, quelle bouffonnerie ! Le charabia de nos cours de justice, déjà incompréhensible chez nous, infligé aux malheureux Annamites ! c'est fabuleux et c'est authentique !

Et voilà un grand grief, sans compter les autres, c'est que la justice va coûter beaucoup d'argent ; car jadis il n'y avait à payer que les frais de la justice elle-même. L'indigène n'avait pas songé à cette conception bizarre : faire de la justice, cette chose sacrée, un prétexte à impôts. On a changé leurs idées là-dessus, pour le motif que l'Annamite est trop processif et qu'il faut le détourner des procès. Il semblerait qu'un homme qui a le sentiment de son droit et le désir indestructible de le faire triompher par la voie pacifique agit en homme vraiment civilisé? Tel n'est pas l'avis des barbares d'Occident qui préfèrent le bruit du canon, ou de deux balles échangées sans résultat...

Si la justice était mieux rendue qu'autrefois, ce serait une compensation, mais personne n'ose le soutenir. Sans doute, la justice était jadis souvent arbitraire, et parfois vénale ; cependant, telle qu'elle était, elle avait la confiance du peuple qui comprenait la loi de son pays. Mais les mandarins ayant été exclus des prétoires, la justice est devenue française et s'inspire du Code Napoléon ! Le bon sens indiquait cependant qu'à côté du magistrat français, nécessaire pour la surveillance et pour l'application des principes protecteurs de nos lois, en tant qu'ils peuvent être appropriés au caractère annamite, il fallait laisser un siège à l'ancien mandarin, plus apte à comprendre le fait et seul versé dans la loi du pays qui doit rester la clef de voûte de tout l'édifice législatif. Mais non, le juge en robe s'est installé seul sur l'estrade où, très solennel, assisté d'un interprète suspect, il s'est mis à régenter le pays de la même façon qu'il le ferait dans son chef-lieu d'arrondissement en France.

Je connais peu de choses aussi tristes, aussi profondément lamentables que l'application précipitée ou maladroite, aux populations asiatiques, de nos théories juridiques européennes, subtiles et souvent protectrices de la mauvaise foi. Au Siam aussi, j'en connais des exemples, je sais des gens qui ne sont pas toujours prudents en ces matières. Que d'injustices on commet au nom des principes !

Un seul exemple m'arrêtera, je le puise à bonne source : Un Annamite assigne un jour un homme du chef de calomnie. Le défendeur avait maudit les ancêtres du plaignant jusqu'à la vingtième ou la trentième génération ; il les avait accusés de sacrilèges et d'horribles choses et pour leur faire expier leurs péchés, les avait voués à des divinités infernales.

Le magistrat, souriant d'un air sceptique et se croyant très fort, entendit la plainte, déclara que sous le protectorat bienveillant de la République Française, illuminée par les principes de 1789, les délits de religion n'existaient plus, et débouta le plaignant.

Ce fut un énorme scandale. Les faits étaient patents, et les lois ainsi que les traditions annamites étaient formelles et réclamaient un châtiment sévère. On aurait pu voler, piller, assommer le plaignant, qu'il aurait moins ressenti cette injure qu'un blasphème à l'adresse de ses ancêtres.

Si ces jugements étaient isolés, je n'en parlerais pas. Hélas, c'est le cas ordinaire ! Heureusement, il arrive que leur folie même les rend parfois inexécutables, et alors ils gisent dans la poussière des greffes. Plusieurs centaines sont dans ce cas.

Pour clore ce chapitre navrant, rien ne saurait mieux convenir qu'une dépêche que je recueille dans le répertoire officiel du parquet général de Saïgon :

« Au Procureur Général,

« Les six jugements dont vous me parlez sont absolument inexécutoires. La province de Canthò se soulèverait tout entière. Les huissiers et chefs de milice, envoyés pour appliquer la loi, ont failli être massacrés. Vos jugements bouleversent profondément les us et coutumes du peuple annamite. Envoyez-moi un bataillon d'infanterie et peut-être arriverai-je à les faire exécuter pratiquement. Je ne réponds pas, en ce cas, des événements qui pourront s'ensuivre. »

Ainsi donc, plus de lettrés, on les a chassés des écoles. Plus de mandarins, on rend sans eux une soi-disant justice. Et pour faire compensation, des exemples détestables, une immoralité cynique, tous les vices et toutes les débauches de l'Européen se donnant libre cours aux dépens de cette population que l'on décime et que l'on dégrade.

Au moins, la civilisation européenne prendra-t-elle une brillante revanche dans ce service qui est son apanage tout spécial : les Travaux publics? Nouvelle déception ! Dans le budget, les Travaux publics entrent pour un seizième seulement. Je vois 677,000 piastres comme dépense prévue, mais sur ce total 222,000 piastres, donc 32 pour 100, représentent le traitement du personnel. Encore faut-il tenir compte des virements de crédit et autres tours de passe-passe.

Un emprunt de 80 millions ayant été récemment voté, le premier acte a été de nommer vingt-deux agents payés sur les fonds d'emprunt.

Sur l'ensemble du budget, le personnel émarge pour une proportion de 61 pour 100 sans compter toutes les allocations déguisées qui entament encore le surplus restant.

Naturellement les impôts ont été prodigieusement augmentés. Outre le renchérissement causé par la douane, il y a les monopoles de l'État, les contributions directes et indirectes.

Par exemple, tandis qu'au Siam l'impôt sur les Chinois est de trois francs par tête, la taxe en Indo-Chine est beaucoup plus lourde, elle varie de 13 à 450 dollars. Le moindre des coolies paie par an 13 dollars, soit 33 fr. 75. Beaucoup de gens raisonnent comme ceci : les Chinois nous ruinent, ils travaillent à des conditions trop favorables pour eux ; ils ne paient en fait, par suite de leur peu de besoins, que l'impôt sur l'opium. Donc, imposons-les lourdement.

Cependant d'autres se plaignent qu'on manque de Chinois, que l'Indo-Chine est trop peu peuplée, la main-d'œuvre trop rare, qu'il est imprudent de les écarter par des impôts. Que faire en Asie sans le Chinois ?

Dans tous les pays de race jaune, il est à peu près le seul qui travaille. Il est absurde de lui reprocher de mettre dehors les gens du pays, ou de leur arracher le pain de la bouche : si on renvoie le Chinois, les champs resteront en friche, voilà tout ! Aucun argent ne peut faire travailler un Siamois, un Cambodgien et même un Annamite du moment qu'il a de quoi manger ; et il lui faut si peu qu'on peut réellement dire qu'il a toujours de quoi manger !

On reproche encore aux Chinois de ne pas enrichir le pays où ils vivent, de placer toutes leurs économies en Chine. Quelle singulière façon de raisonner ! D'abord, je ne vois pas bien comment on peut faire du commerce dans un pays sans l'enrichir dans une certaine mesure ; de plus il est faux de dire que les Chinois ne placent leurs capitaux qu'en Chine : voyez Singapore, et Bangkok, et Cholen? Le Chinois vit en Indo-Chine comme chez lui et ses intérêts y sont nombreux.

Non seulement le gouvernement colonial frappe trop lourdement la main-d'œuvre, mais il impose la propriété foncière : au Siam l'impôt sur les rizières est de 0 fr. 55 par raï (17 ares). De l'autre côté du Mékong il est de plusieurs francs.

Un vice-résident se plaint que les impôts dans les campagnes sont irrécouvrables : les cultivateurs n'ont d'autre ressource que de déguerpir ou d'arracher leurs plants ou leurs arbres pour échapper à des exécutions ruineuses. Cependant le gouvernement continue à créer des additionnels qui de toute évidence ne peuvent qu'aller grossir le chapitre des « créances à recouvrer ».

On se plaint aussi que la base de l'impôt est mal définie et que dans la pratique le système est celui d'un « forfait avec l'État ». Alors, il valait autant *affermer* les impôts, comme autrefois?

L'indigène des villes n'est pas mieux partagé; quelle que soit sa petite industrie, la taxe le frappe. Il paie 20 piastres (50 francs), pour une petite barque ; 16 piastres pour une charrette à bœufs, 28 pour une voiture, 15 pour un pousse-pousse, 12 pour une charrette à bras. Même pour faire *flotter* du bois sur les rivières de son pays, il paie !

Bien entendu l'Européen est non seulement exempté de la plupart des impôts, mais il est subsidié avec générosité. Pour l'indigène la complication de nos impôts est reproduite dans toute sa minutie, il paie pour les actes de l'état civil, et s'il a un patron il lui faut un livret qu'on lui taxe une piastre.

La réglementation des industries et métiers n'est pas moins élaborée : les déclarations de patentes sont entourées d'un luxe de formalités si tracassières, si puériles, si mesquines, qu'un résident français lui-même déclare n'y rien comprendre. Et toujours des choses offensantes, jusque dans les moindres détails, comme celui-ci : aucun

Cambodgien, fût-il un prince, ne peut avoir d'arme à feu sans autorisation ; mais le dernier aventurier français peut en tenir chez lui un arsenal si ça lui plaît, pour lui et ses concubines.

Les impôts de consommation, ai-je besoin de le dire, n'atteignent que l'indigène. Ils frappent par exemple les légumes de genre, façon ou espèce asiatique, on a soin de spécifier. Les derniers d'entre eux ont été établis par Paul Doumer ; ils frappent précisément les trois choses les plus indispensables à l'indigène : les noix d'arec, le sel et les allumettes.

L'odieuse gabelle, qui a fait exécrer l'ancien régime, a donc trouvé ici sa résurrection. Et l'un de nos amis nous résume son impression en remarquant que, si les Annamites n'étaient pas si indolents, ils auraient déjà fait deux ou trois révolutions.

Il est donc clair que l'occupation française se présente aux populations surtout comme une exploitation de quelques millions d'indigènes au profit de deux mille Français. L'industrie française n'en profite pas, et la colonie elle-même n'en tire aucun profit sérieux, ni au point de vue indigène, ni au point de vue colonisateur. Cependant le déficit augmente et les emprunts succèdent aux emprunts. Déjà chaque petit Français qui vient au monde trouve dans son berceau une note à payer d'environ 1,000 francs comme souhait de bienvenue. C'est payer cher l'honneur de propager la civilisation occidentale, telle que ses champions la comprennent.

Tout en se rendant compte de ce triste état de choses, dont ils exposaient eux-mêmes les raisons avec cette parfaite lucidité qui est un des charmes de l'esprit français, nos amis de là-bas s'étonnaient cependant de nos interrogations sceptiques : « Croyez-vous, nous disait-on, que ces gens ne sont pas plus heureux maintenant qu'ils ne l'étaient jadis? » Ma foi je n'en sais rien, la question est complexe et l'on ne peut guère y répondre par un oui ou par un non. On se croit généralement plus heureux que ses ancêtres, et c'est sans doute un bien qu'il en soit ainsi. Ce ne serait pas la peine d'être venu au monde si c'était pour y demeurer toujours stationnaire. Mais si les Annamites sont en progrès, la question est de savoir si c'est à cause du protectorat ou malgré lui?

Sans doute d'anciens abus ont disparu, mais où est l'avantage si de nouveaux les ont remplacés? Je crains que l'on ne se soit borné à interroger les boys, les agents, les compradores, les clients et tous les gens qui vivent de l'Européen : leur avis manque de sincérité. En tous cas les Siamois me paraissent avoir un sort autrement enviable que celui des Annamites et des Cambodgiens; cependant la civilisation européenne n'a pas opéré chez eux par voie d'autorité. Le progrès social ne peut-il donc s'obtenir qu'au prix de guerres et de conquêtes?

Je n'ai parlé, dans tout ce qui précède, que de choses si universellement admises et prouvées qu'elles sont reçues, dans la colonie, comme lieux communs et choses normales. Mais si je passais à certaines individualités, que je veux croire exceptionnelles, et si je prêtais l'oreille à tous les racontars, j'aurais l'air de faire un drame pour l'Ambigu : le rétablissement de la torture; les rébellions fomentées exprès ou supposées par des fonctionnaires zélés pour se donner des titres à une décoration ou à de l'avancement; les expéditions que l'on organise contre les indigènes pour toucher des tantièmes dans les adjudications de fournitures militaires; l'arrestation des gens suspects au gouvernement, qu'on envoie à Poulo-Condor ou que l'on fait empoisonner avec la complicité de quelque infâme concubine; les fortunes scandaleuses amassées par des gens malpropres et leurs créatures, voilà quelques-uns des sujets de chapitres d'un livre qui serait à faire!

Essayons de croire à des exagérations, à des fanfaronnades de mauvais goût, à l'esprit de dénigrement mutuel qui distingue si malheureusement les Français. Mais au fond de soi, on est bien obligé de reconnaître avec les cyniques que tout cela n'est pas bien étonnant et qu'on recommence tout simplement ce qu'on a fait avec les Peaux-Rouges, les Maoris, les Malgaches, ce qui s'est toujours fait et se fera toujours. Les Français ne sont peut-être coupables que de parler beaucoup plus à tout le monde de leurs affaires, selon leur habitude?

Quand je pense à ces tristes choses, j'en arrive à ne plus m'étonner de ce que j'apprenais au Siam il y a quelques mois : des missionnaires français mettaient à la chaîne leurs locataires pour les décider à renouveler les baux, ils s'annexaient des champs à coups de fusil et frappaient leurs esclaves à coups de rotin pour leur ôter le goût d'aller se plaindre au magistrat. Après tout ce n'était que bagatelles, n'est-ce pas, et les Siamois ont eu bien mauvais caractère de se fâcher?

En vérité, laïques et gens d'église, nous nous valons, et nous pouvons dire que nous avons fait grand et beau en dix-neuf siècles! Qui pourra nier le progrès et qui n'est pénétré d'admiration en considérant notre marche en avant depuis les temps naïfs où vivaient Jésus-Christ, Jean-Baptiste et tous ces barbares de l'ancienne Asie?...

Cependant le *Donai* poursuit sa route vers le Siam et jette l'ancre le 5 novembre au matin devant l'embouchure du fleuve, arrêté par la marée basse qui ne lui permet pas de franchir la barre. Après le tiffin nous repartons et nous apprécions à nouveau le charme de l'arrivée à Bangkok par la Ménam : les rives pittoresques, les pagodes, les cabanes dans la verdure. L'accès des ports de mer n'est pas toujours aussi plaisant, et M. Minnitt, un passager australien qui a visité Calcutta, nous fait un tableau peu enchanteur de la navigation sur l'Hougly, qui dure souvent deux jours, est dangereuse et extrêmement fastidieuse. Il est charmé des abords de Bangkok qu'il ne connaissait pas.

Chaloupes à vapeur, lorchas chargées de riz, jonques chinoises, gros sampans ventrus, simples barques, remontent ou descendent la rivière, ou bien entourent les steamers à l'ancre au milieu du fleuve. Les facteurs transportent les lettres, la police patrouille, les femmes reviennent du marché, les colporteurs visitent les maisons flottantes, les pêcheurs y apportent leur poisson, les phras en robe jaune se rendent au temple et les touristes européens font danser tout ce monde dans le remous de leurs rapides embarcations!

Nous sommes dans la grande artère de Bangkok!

Il nous semble éprouver, plus encore qu'avant ce petit voyage, le charme d'habiter un pays libre. Et je me rappelle l'appréciation sommaire d'un fonctionnaire arrivé récemment de Birmanie : « Deux choses me frappent, disait-il : la voirie est exécrable, et puis les Siamois ne se soucient pas plus de nous que d'un farthing! »

Précisément, ce sont les deux originalités sans lesquelles Bangkok ne serait plus elle-même.

DE BANGKOK A SAN-FRANCISCO

CHAPITRE PREMIER

DÉPART DE BANGKOK. — KOH-SI-CHANG. — DANS LE GOLFE DE SIAM

A bord du *Phra Chula Chom Klao.*
Dans le golfe de Siam, le 5 mars 1902.

Le roulis commence à se faire sentir, peut-être parviendrai-je à l'oublier devant le papier et l'encre... Nous sommes à bord, et sur le chemin du retour vers l'Europe, depuis le 1er mars à 3 heures. Au même moment, on commençait à la villa Suzanne la vente générale de notre mobilier, si bien que nous n'avons plus ni home ni domicile et sommes bel et bien en état de vagabondage. L'impression est agréable, je la recommande à ceux qui cherchent de vraies vacances : ni le passé ni le futur n'existent; la notion même du présent est vague, sauf quand un violent coup de roulis vient me rappeler brusquement à la vie.

Le bateau susnommé, dont j'ai pris la peine d'écrire le nom une fois pour toutes, est un de ceux qui font le service entre Bangkok et Hongkong. Cette ligne de navigation, anglaise autrefois, appartient maintenant au Norddeutscher Lloyd. La germanisation en est devenue aussi complète que possible : les contrats d'équipage sont expirés et le dernier capitaine a quitté son poste il y a quelques mois. Tout le long du jour, mille choses nous rappellent que nous sommes en pays allemand : nous faisons à 8 heures 1/2, 12 heures 1/2 et 6 heures 1/2 d'énormes repas dont aucun vraiment ne peut être qualifié de principal au détriment des autres, et tous accompagnés de « Mahlzeit ». Entre les repas, la consommation de bière ne souffre pas d'interruption, mais nous n'y participons pas. Tout cela délie les langues et nous entendons, comme toujours entre gens de nationalités diverses, d'interminables discussions. Bien que n'étant que cinq à table, il nous faut trois langues pour nous entendre, et l'on se passe mutuellement des mots. L'anglais sert le plus souvent pour la conversation générale; mais que diraient les Anglais s'ils entendaient les horreurs que l'on dit ici sur eux en se servant de leur propre langue : leurs colonies sont traitées avec un souverain mépris, la verte Albion est considérée comme un pays en décadence, tandis que le Grand Kaiser rayonne dans une auréole et que Kiau-Chau est la perle de l'Extrême-Orient. Autre milieu, autres idées!

Le bateau jauge mille tonnes et nous faisons huit à dix milles à l'heure, suivant l'état de la mer. Nous avons certainement plus de confort ici que nous n'en avons eu sur le *Gorgon* et sur le *Donai*. Pas de bétail sur le pont, se mêlant aux passagers. La cargaison est d'une nature plus tranquille, elle consiste en riz et en une petite quantité de bois de teinture. Le pont principal et le pont promenade ne sont encombrés ni par les marchandises ni par les passagers : quelques rares Chinois campent à l'avant, parmi eux se trouve un prisonnier qu'on transporte à Hong-Kong les fers aux mains sous la garde d'un policeman hindou. Il n'y a avec nous qu'un seul passager de première, c'est un Hongrois qui fait le tour du monde pour son plaisir et parle agréablement le français.

Cela me paraît du reste tout ce que l'aménagement du bateau peut comporter. Les couchettes des cabines sont très mauvaises; nous préférons les canapés du salon, qui au moins ont des ressorts. Mais avant l'aurore nous en sommes chassés par le boucan des gens de l'équipage qui frottent, récurent, astiquent et arrosent avec cette rage de propreté qui distingue les marins dans toutes les parties du monde.

Nous contournons en ce moment Poulo-Obi, la pointe du Cambodge, et bientôt nous serons dans la mer de Chine, la mer des mauvais vents et des typhons. Cela se fait sentir de plus en plus!

Il y a quatre jours que nous avons quitté Bangkok, mais nous n'avons franchi la barre que le 2, après une nuit d'arrêt à Packnam, où nous avons été visités par la douane. A la barre, c'était un rassemblement de steamers attendant la marée. Après cela, nous avons passé un jour et demi à Koh-si-Chang pour compléter le chargement du bateau. A cause du banc de sable qui ferme l'entrée de la Ménam, les bateaux d'un millier de tonnes ne peuvent quitter le fleuve qu'avec un demi-chargement, de manière à ne pas tirer plus de trois mètres d'eau. Des jonques font voile journellement de Bangkok pour Koh-si-Chang avec des chargements de riz qu'elles déversent dans la cale des grands bateaux en partance pour Hong-Kong ou Singapore.

Koh-si-Chang mérite plus qu'une simple mention en passant. Ç'eût été dommage de quitter le Siam sans avoir visité cette île qui a eu un moment de célébrité. Sa rade, le cirque de montagnes boisées qui l'entoure, les îles d'aspect similaire qui l'avoisinent, quelques rocs isolés battus par les vagues, les navires à l'ancre et les barques chinoises en continuel mouvement, tout cet ensemble nous rappelle l'arrivée à Singapore.

Une charmante surprise est réservée au voyageur qui a le courage d'affronter la chaleur et de débarquer. Je me figurais que la résidence d'été que le roi Chulalongkorn s'est fait bâtir ici en 1891 pour l'abandonner ensuite par caprice ou pour des raisons d'insalubrité, n'était plus qu'une ruine informe; on en parle généralement fort peu à Bangkok. Mais s'il est vrai qu'il n'y a pas ou plus de palais d'été, il reste néanmoins le parc, admirablement dessiné dans un site unique : il couvre les deux flancs d'un promontoire légèrement montagneux et domine ainsi la mer de deux côtés. Le palais, dont on voit les fondations, devait s'élever à l'extrémité de ce promontoire.

Les allées et les chemins du parc, plantés de tamariniers, de frangipaniers actuellement en fleurs, de flamboyants et autres essences aux nuances vives, serpentent en tous sens, en style anglais, et sont encore très bien entretenus. Partout dans la verdure se voient des vasques, des fontaines, des grottes, des étangs artificiels, des escaliers grandioses bordés de massives rampes à colonnades, et de partout l'on contemple une mer verte aussi limpide que la baie de Naples, à laquelle on descend par des marches de marbre d'Italie qui devaient être bordées de statues. Longtemps nous demeurons assis sur ces marches que l'eau vient effleurer, respirant une brise douce qui nous apporte de pures odeurs de fleurs. Pourquoi abandonner cette résidence charmante, qui fait songer aux beaux sites des lacs d'Italie, avec un caractère plus étrange peut-être, dû à l'art raffiné voisinant avec la nature sauvage?

Avant de regagner le steamer, nous nous promenons à la voile dans la rade. L'eau est agitée, c'est très amusant. Dans des barques de pêche, nous voyons des poissons de couleurs admirables, bleu et or ou noir et blancs rayés de lignes égales. Je ne me figurais pas les poissons si bien habillés.

7 mars, mer de Chine.

Nous ne marchons pas vite, et ce début de voyage n'est guère encourageant. C'était prévu, du reste. Nous sommes passés en plein jour près de Poulo-Obi : trois îles à gauche et un écueil à droite. Au sommet de la plus grande île, les Français viennent de construire un nouveau phare qui n'est pas encore en activité. La marée est basse et les bas-fonds sont nombreux dans ces parages. D'ailleurs tout le golfe de Siam n'a guère plus de 50 à 100 mètres de profondeur.

Après Poulo-Obi la mer devient mauvaise et nous dansons pendant deux nuits et un jour. Je pense avec mélancolie qu'il serait bien simple de retourner par le Trans-Sibérien ! A certains moments nous ne faisons pas plus de trois milles à l'heure, et l'hélice tourne à vide hors de l'eau avec un affreux grincement.

Parfois l'avant pique une tête dans les flots et l'arrière demeure dans les airs, une vague furieuse roule et déferle le long du pont, entrant jusque dans le salon. Puis c'est un mouvement contraire ; nous sommes ainsi ballottés sur des montagnes et dans des vallées liquides, comme si le bateau était un simple foot-ball. Mme Jottrand trouve cela charmant. Moi je ne remue pas plus qu'un mort, et cela me vaut de n'être pas malade... au sens particulier que l'on donne à ce mot en matière de mal de mer.

Le capitaine nous raconte comment, à un précédent voyage, il est resté trente-six heures en vue du cap Padaran sans pouvoir avancer. Un autre navire de la même ligne arriva peu après à Hong-Kong avec tout le gréement, les cabines et les constructions du pont taillées en pièces menues comme bois d'allumettes, et le capitaine était dans un tel état d'esprit qu'il resta plusieurs jours incapable de parler.

La mer de Chine est la vraie patrie des typhons. Ils se forment dans les parages de Manille, d'où on les signale par câble, et se dirigent vers Hong-Kong ou vers le Japon. Hong-Kong est toujours menacé vers juillet, août et septembre. Le phénomène dure parfois plusieurs jours, il fait obscur en plein midi, et le vent fait pirouetter de grands navires comme s'ils étaient de simples joujoux, en pleine rade.

Les collines du cap Padaran, que nous dépassons enfin, ont un aspect aride, crevassé et sablonneux tout à la fois, un abord rébarbatif qui ne donne aucune envie d'y faire naufrage. Il y a un phare. Ce paysage nous rappelle les photographies des grands cirques lunaires.

Maintenant nous perdons de vue la côte et marchons droit vers Hong-Kong où nous arriverons le 10 ou le 11 mars. Nous balançons encore, mais d'une manière très modérée.

Dimanche 9 mars.

Le voyage se continue très monotone et par moments nous en avons par-dessus la tête. Nous faisons 10 nœuds, la mer étant redevenue calme, mais nous tanguons cependant beaucoup. A part la lecture, dont heureusement nous sommes pourvus, il n'y a pas la moindre distraction. Nous venons de secouer notre torpeur pour admirer un trois-mâts américain passant à moins d'un mille de nous dans toute la gloire de toutes ses voiles; mais il est loin déjà et nous redevenons vaguement endormis dans notre ennui.

La nourriture à bord n'est pas alléchante. Les œufs ne sont plus frais, la viande goûte le moisi ou pis encore, et n'est variée que par des choses allemandes et bizarres que je préfère tenir à distance. Heureusement on nous donne du lait à volonté; lait conservé naturellement. Il y a trois ans et demi que nous avons oublié le goût du lait et du beurre frais!

Hier nous avons vu des dauphins s'ébattre sur l'eau. Ils étaient malheureusement trop loin pour nous permettre de distinguer autre chose que des têtes noires émergeant toutes ensemble.

M. Delmar, le passager hongrois, emporte comme souvenir du Siam, cinq caisses pleines de Bouddhas qu'il dit anciens et curieux. De plus il nous montre trois panneaux peints sur toile du plus grand intérêt, représentant des scènes de la vie de Bouddha. Comment a-t-il pu obtenir ces choses sacrées qui ne sont jamais à vendre? Quels sont les prêtres criminels qui lui ont cédé toutes ces reliques pour quelques ticaux? Il nous dit avoir entendu une altercation entre le prêtre et le cocher siamois de sa voiture qui le menaçait de la police. En effet, au Siam il est interdit de vendre des statues de Bouddha et le vol en est très sévèrement puni.

10 mars.

Dernier jour de notre première étape : ce soir nous serons en rade de Hong-Kong et aurons franchi les 2,811 kilomètres qui séparent Bangkok du port anglais, mais nous n'aborderons que demain.

CHAPITRE II

HONG-KONG, KOWLOON

Nous sommes depuis quelques jours à Hong-Kong, mais les premières heures que l'on passe dans un pays si entièrement nouveau et différent ne peuvent se résumer qu'en un ahurissement intense. Un premier moment de découragement est bien naturel après plus de trois ans de vie paresseuse et végétative; enfin nous commençons à nous réacclimater à la vie fatigante des voyages et au kaléidoscope des escales.

Vu du pont du bateau, Hong-Kong nous a fait un effet bizarre, déplaisant d'abord. En campagnards que nous sommes devenus, ces maisons carrées, ces cubes de briques énormes, troués de baies régulières, nous ont paru déshonorer les montagnes; en arrivant au port, notre impression a été celle d'un désastre. Tout cela nous paraissait ridicule, comme si un enfant avait oublié ses dominos sur sa montagne de sable.

Mais on s'y fait, et ce tumulte, ces foules, ces enseignes, ce boucan, cet américanisme intense, ces travaux de bâtisse partout, ce mouvement de fourmilière agitée nous paraissent déjà tout naturels.

Dire que nous avons cru voir des Chinois à Bangkok! Voici la vraie Chine avec ses couleurs, ses costumes, ses foules, tout ce que les livres et les estampes nous avaient fait entrevoir.

Hong-Kong est écrasant! On y a amassé pierres sur pierres, mais on y construit dans le style massif des édifices américains. Et pour compléter la copie de cette trop moderne architecture, on allume en plein jour dans les intérieurs trop sombres. Les banques, les agences de navigation, les hôtels, les légations sont des monuments lourds et sans grâce, mais d'aspect puissant et riche.

Partout des globe trotters; c'est la meilleure saison pour voyager en Extrême-Orient et tous les hôtels sont combles. Après bien des courses nous parvenons à nous loger petitement dans une pension de famille, mais nous dinons à l'hôtel. Là, dans l'immense salle à manger, c'est un bruit intense, un vacarme énorme! L'on est entouré de voyageurs qui parlent des cinq parties du monde comme nous parlerions en Belgique des faubourgs de Bruxelles. Dans les couloirs et les vestibules, c'est un grouillement de gens de toutes nationalités, parmi lesquels les Américains dominent; ce sont des amas de bagages, des montagnes de colis qui disparaissent, se reforment, montent et descendent continuellement. Ce ne sont que gens qui partent et gens qui arrivent!

Nous quittons le centre de la ville pour explorer un peu : au marché couvert, de belles stalles avec le nom des vendeurs; les fruits, les légumes et les comestibles sont aussi proprement étalés que dans les halles de Paris ou de Bruxelles. Mais c'est moins caractéristique qu'à Bangkok!

Plus loin, le quartier chinois, propre lui aussi, et bien tenu. Le plan général des rues et l'architecture des maisons sont européens; cependant partout il y a un fronton, une enseigne, un détail d'ornementation de pur style chinois, qui révèle le souci des Célestes de mettre leur signature sur tout ce qui leur appartient, à la différence des Hindous, par exemple, qui se laissent plus facilement absorber. Les Parsis notamment, très nombreux ici, ne se distinguent guère des Européens dont ils ont tout à fait le costume, les allures, la démarche pressée et active. Un seul détail diffère : ils portent comme coiffure un turban de couleur marron, qui ressemble au chapeau pointu de Nostradamus, mais tronqué de toute sa pointe.

Fait quelques promenades aux environs. Partout le sol présente le même aspect; c'est la roche pelée et aride, rappelant plus l'Arabie Pétrée qu'un séjour tropical. Par quel miracle, en soixante ans à peine, les Anglais sont-ils parvenus à faire de ce port ce qu'il est aujourd'hui, c'est là un fait qui frappe l'esprit comme un prodige. Car le beau côté de la ville est sa magnifique végétation, à la fois tropicale et tempérée, obtenue à force d'efforts et de persévérance sur ce sol aride. Encore en ce moment-ci se plaint-on de six mois de sécheresse absolue qui ont abîmé la verdure. Cependant nous sommes ravis des jardins publics et des routes macadamisées qui y mènent, bordées de palmiers et de fougères arborescentes.

Le site des cimetières est également fort beau. On l'appelle l'« Heureuse Vallée ». Si les morts sont nombreux, les fleurs y sont en profusion, les papillons aussi ; et quel plaisir de revoir des sapins, dont la sombre ramure renforce si bien le coloris d'un paysage !

Plus loin, vue comparable à celle des fjords de Norvège. L'air est pur, une mer de saphir se rétrécit dans des gorges sinueuses et resserrées, c'est une succession de passes et de roches qui surgissent tout d'un bloc au-dessus des flots bleus.

Mais que dire de ce que nous voyons ensuite du haut du Pic, après en avoir fait l'ascension par le funiculaire ! D'une part, des « chaudrons du Diable » sinistres et pelés, puis des horizons merveilleux, indéfinissables, mers d'argent, mers de nacre, mers d'émeraude, mers blanches comme des nuages du matin, sur lesquelles les jonques à voiles glissent, semblables à des ombres chinoises sur un brouillard ; plus loin, des îles et des îlots aux contours dentelés, à peine visibles ; plus loin encore, au milieu des passes et des lagunes, des montagnes aux silhouettes anguleuses et fantastiques, sillonnées de routes à donner le vertige, les pieds déjà dans l'ombre, les cimes encore dorées par le soleil qui va disparaître. Nous nous rappelons ces estampes chinoises qui nous faisaient dire avec étonnement : « Quelle riche imagination ! » et maintenant nous disons : « Quels admirables copistes ! »

Du haut des 400 mètres d'altitude du Pic, la vue s'étend jusqu'aux lointains les plus confus, et le spectacle change à chaque seconde de nuance et d'aspect. Dans les passes étroites, des courants sous-marins rident la surface des eaux de la façon la plus capricieuse, et au coucher du soleil c'est une inexplicable féerie de couleurs. Une lueur rose, jouant sur les flots comme un feu follet sur la nacre aux reflets irisés, demeure pour nous un mystère.

Puis le brouillard vient tout envahir, ouatant d'abord le fond des passes et des vallées, ne laissant à découvert que le dos décharné des montagnes. Alors nos coolies rentrent allègrement dans les brancards des chaises à porteurs et nous transportent rapidement le long des gorges et des précipices jusqu'à la station supérieure du funiculaire. Et le tram, qui par places a une inclinaison de 66 degrés, nous remet en un instant au milieu du tumulte assourdissant de la ville d'affaires, où l'on bâtit toujours de nouveaux immeubles, de nouveaux quartiers, de nouveaux quais tout entiers, à grands coups de béliers qui résonnent du matin jusqu'au soir.

Le lendemain, jolie promenade à Kowloon-City, sur le continent, en face de l'île de Hong-Kong (1).

(1) Kowloon appartient maintenant aux Anglais, qui ont obtenu cette extension de territoire très nécessaire à leurs installations maritimes.

Nous traversons le bras de mer sur un ferry boat, et après avoir dépassé la ville industrielle et les casernes des beaux régiments hindous, nous suivons longtemps une route fraîchement taillée dans un sol sablonneux qui nous mène au vieux village chinois. Des femmes et des enfants, sombrement vêtus, ramassent des moules sur les galets, entre les éboulis de rochers. Un véritable village de barques est assemblé dans une baie découverte.

Parmi les pauvres maisons de pêcheurs, quelques-unes sont coquettes, avec des façades historiées, des escaliers sculptés, des vérandas et des étages en saillie. Cela nous enchante, cette combinaison de bois travaillé, d'encadrements, de vitraux, tout cet art d'un temps heureux où la camelote à la machine n'avait pas encore remplacé l'œuvre de l'artisan consciencieux. Pour ne prendre qu'un seul détail, les escaliers : à Kowloon, chaque marche est couverte de sculptures dans le bois. Dans le quartier chinois de Hong-Kong, déjà la tradition se perd et les marches sont simplement plaquées de cuivre ajouré, d'un effet d'ailleurs riche et artistique. Dans les magasins européens, on a collé sur chaque marche une grande étiquette réclame portant le nom de la firme sociale ou d'un article en vogue... et l'on monte trois étages, poursuivi par le savon de Pear ou la moutarde de Collmann. Si l'on se sauve exaspéré vers l'ascenseur, la même moutarde vous persécute en lettres encore plus grandes qui descendent quand vous montez et qui montent quand vous descendez...

Quand nous revenons de Kowloon il fait nuit, et en traversant le détroit nous voyons toute la montagne de Hong-Kong illuminée de points fixes, clairs et immobiles comme des clous d'or : ce sont les becs auër qui éclairent les rues escarpées de la ville.

Beaucoup de choses à Hong-Kong nous rappellent les villes d'Europe, la principale couleur locale vient peut-être des moyens de locomotion différents : les voitures sont très rares à défaut de routes planes. On n'emploie que les pousse-pousse, très propres et très convenables, dans le bas de la ville, et les chaises à porteurs dans les rues en pentes. Deux porteurs, souvent quatre, sont nécessaires pour une seule personne. Les résidents ont leurs chaises portées par des coolies en livrée, et l'on met dans tout cela beaucoup d'élégance. Les Chinois et surtout les Chinoises emploient des chaises à rideaux fermés; ils s'y claquemurent si bien qu'à peine une ombre est-elle visible.

Les rues commerçantes, Queen's road notamment, ont de magnifiques vitrines et le trottoir est un passage couvert où même les élégantes peuvent se promener à pied. Des Chinois y vendent aux passants journaux, fleurs coupées, cartes vues, etc., et comme dans tous les pays, les persécutent de leurs offres.

Dans les magnifiques jardins publics nous ne rencontrons qu'un seul Européen. Rien que des Chinois, de tout âge et des deux sexes, qui regardent curieusement les fleurs et les oiseaux de la volière. Quelle création que ces jardins! Quel effort et quelle persévérance cela représente sous un climat aussi peu favorable!

CHAPITRE III

MACAO

Nous sommes partis à 2 heures pour Macao. Mer d'émeraude, montagnes brunes pelées, vue splendide mais toujours la même. Ces collines tondues laissent voir tous les détails biscornus de leur silhouette, comme des crânes qui n'auraient plus de chevelure.

Le steamer qui nous emmène porte le nom de la péninsule de Macao : *Heung-Shan*. Très confortable.

A 5 heures, nous arrivons : mer rouge brique. La péninsule se dessine, puis les maisons en petits cubes, les forts, une église en ruine qui les domine. C'est beau. De l'autre côté du cap, après le virage, changement complet : nous sommes dans le port, les barques sont innombrables, les quais multicolores, d'un caractère bien méridional.

Nous montons en pousse-pousse : rues étroites s'entrecroisant drôlement, tortueuses, moyen-ageuses, pleines de secrets et de mystère, fenêtres grillagées, petites portes à judas, murs aveugles et muets.

Hôtel splendidement situé et qui mérite largement son nom de Boa Vista. Au bout du promontoire effilé de la péninsule portugaise, il domine la mer de trois côtés. De la triple véranda, la vue est presque trop classique sur la baie en demi-cercle et sur les maisons blanches, bleues, jaunes, roses, qui s'étagent irrégulièrement, avec leurs jardins en terrasses. On s'éterniserait ici, si on le pouvait.

Foyers dans toutes les chambres, vitres aux fenêtres... cela nous rapproche de l'Europe.

Promenade au Praya Grande, avenue plantée d'arbres rabougris, tordus par le vent, qui suit sans prétention le contour de la baie extérieure. Palais du Gouverneur, consulats, poste, etc., belles résidences, tout cela bien différent des grandes machines à sept étages de Hong-Kong. C'est plus intime, c'est aussi plus silencieux et plus morne. La ville a un aspect arriéré, antique, dévot, étrange; elle ne paraît pas avoir fait un pas en avant depuis que sa victorieuse rivale a commencé à entasser au pied du Pic ses énormes bâtiments de pierre. Ici, rien ne parle de « business ». Il y a de timides détails Louis XV aux dessus des portes, aux coins des rues, des maisons modestes et familiales, des petits jardins de curé, et rien n'empêcherait de se croire en Europe, si un Céleste dans sa céleste robe ne venait à passer au bout d'une ruelle. Chaque pays met son empreinte sur ses colonies, et peu importe la latitude, nous ne nous sentons pas sous les tropiques : tout ce qui nous entoure, maisons, gens, enseignes, promenades, jusqu'aux livrées et aux uniformes, tout est bien portugais.

On dirait qu'ici les maisons ont été bâties au hasard, jetées n'importe comment, puis qu'on a tracé les rues comme on a pu. Et aucune municipalité n'est encore venue, avec le compas et l'équerre, créer brutalement au milieu de ce labyrinthe fantastique une « Rue royale » ou un « Boulevard de la Constitution ». Entre les façades, jamais à l'alignement, il y a des patios, des colonnades, des restes de forteresses. Quand on ouvre une porte, on entend le bruit de verrous pesants qui résonnent dans toute la rue.

Presque autant d'églises que de rues. Dans une chapelle, des nonnettes sont agenouillées : du portail on ne voit que leurs noirs capuchons. D'autres passent dans des pousse-pousse avec leurs livres de prières gros comme des dictionnaires. Des femmes sont à genoux devant des images saintes, toute la population paraît endormie dans une profonde dévotion...

Mais si l'on s'endort ici dans l'encens, on se réveille là-bas dans le quartier chinois où plane l'habituelle odeur de friture et de poisson séché, où tout est lumière, dorures et mouvement. Les palanquins, les pousse-pousse, les piétons se dépassent et se coudoient, courant vers les maisons de fan-tan, les fumeries d'opium, les maisons de thé, les restaurants et les théâtres.

Si tout s'éteint dès 8 heures 1/2 dans les silencieuses ruelles pavées de moëllons, ici tout s'anime et tout flambe dans la nuit.

Le fan-tan ne nous tente pas, mais nous regardons jouer. Au théâtre, où nous voyons pour la première fois la conventionnelle mise en scène chinoise, nous nous amusons beaucoup. Pour indiquer que la scène se passe dans une forêt, un comparse se tient debout portant une branche d'arbre, et cela suffit au public.

Dans la salle, une Chinoise élégante épluche une orange dont elle laisse négligemment tomber l'écorce du haut du balcon sur la foule vulgaire assise aux stalles.

Le lendemain de notre arrivée, il y avait à l'hôtel Boa Vista un grand dîner officiel, offert au Gouverneur de Macao à l'occasion de son départ pour le Portugal. Partout des fleurs exquises; la musique du régiment jouait *Carmen* et soulignait les toasts de vibrants hymnes portugais. La fleur du « tout Macao » se tenait là en grande tenue ou en grand décolletage... il y avait notamment une splendide Portugaise que nous ne nous lassions pas d'admirer, jusqu'au moment où, « pour mieux entendre un toast », elle mit un pince-nez... ainsi s'en vont les illusions !

Les édifices publics de Macao ne se distinguent pas beaucoup des maisons particulières : la Police, le Cadastre, les Contributions et la Justice se partagent le même immeuble, au Praya Grande. Je fais la connaissance du président du tribunal, du maire, de quelques avocats, et la conversation se porte sur les coutumes chinoises et siamoises. Les coutumes ne sont pas reconnues par les Chinois, on n'applique que les vieilles lois, que l'on s'occupe à codifier, comme nous le faisons au Siam. Cependant, en matière pénale, on a aboli à Macao tous les châtiments encore en usage à Canton, même la bastonnade, car la constitution portugaise s'y oppose. Le juge Magalhaes me dit qu'en Chine l'on torture encore, et même les témoins. Cela remplace le serment. Ceci diffère de ce que j'avais lu : qu'on n'appliquait la torture qu'aux gens déjà reconnus coupables après enquêtes. C'est un surcroît de précaution exigé par la loi chinoise qui veut un aveu.

La salle d'audience est d'un style riche et sombre, noir et or. Il y a un jury comme en Belgique, mais le juge siège seul. Les avocats portent la robe noire, sans hermine. La cour de Macao juge en appel les procès plaidés devant le consul de Portugal au Siam.

Il y a 76,000 Chinois à Macao, et 4,000 Portugais. Parmi ceux-ci, 600 seulement viennent du Portugal, les autres sont nés dans la colonie.

Si la décadence de Macao s'est précipitée depuis la fondation de Hong-Kong, on y fait pourtant encore pour 13,000,000 taëls d'affaire, soit 40,000,000 francs. On exporte principalement du thé, du tabac, de l'opium, du ciment, de la soie... et des pétards. Malgré la terrible concurrence du port voisin, la mère-patrie s'obstine dans l'éternel système à vues étroites qui consiste à « faire rapporter les colonies ». Par exemple, il faut payer 10 pour 100 de droits sur l'acquisition de tout immeuble comme dans notre vieille Belgique. C'est cela qui doit encourager les affaires! A Hong-Kong, le droit n'est que 1/2 pour 100.

M. A.-J. Basto, avocat, bourgmestre et consul de

France, me conduit au « Leal Senado » ou municipalité de Macao. Au dessus des armoiries, dans la belle salle d'audience, se trouve inscrite cette devise : « Cité du Saint nom de Dieu il n'en est pas de plus loyale ». C'est une allusion à ce fait que Macao a tenu bon pendant quatre-vingts ans contre les Espagnols, sous les trois Philippe, alors que toutes les colonies, tout le Portugal et Lisbonne même étaient sous la domination espagnole. Seule dans le monde entier, Macao ne cessa pas un seul jour de voir flotter sur ses remparts le drapeau de sa Majesté très Fidèle.

Tout un quartier de la ville, non loin de l'hôtel, a été détruit par le feu il y a soixante-trois ans et n'a jamais été reconstruit. Ces pauvres ruines s'élèvent encore sur une éminence de la péninsule, et la vue qu'on a de là-haut sur la mer, sur la double baie, sur les îles voisines et sur toute la ville est une des plus belles de Macao. Le quartier chinois s'étend au niveau de la mer. Les Chinois de Macao sont sympathiques, ils se mélangent beaucoup plus à la race conquérante, ainsi qu'il arrive toujours dans les colonies des Latins. Livingstone faisait la même remarque dans les colonies portugaises d'Afrique. A la messe, les Chinoises s'agenouillent aux côtés des Portugaises; pareille idée ferait bondir un Anglais. Au Praya-Grande j'ai vu un pensionnat en promenade. Il y avait là des Portugais et des Chinois, sinon mêlés, tout au moins marchant ensemble dans le même défilé. Je suis sûr de ne jamais voir cela à Hong-Kong ou à Singapore, ni dans les nouvelles colonies allemandes. J'ai du reste tort de parler de « race conquérante » car les Portugais ont payé jusqu'en 1848 un tribut à la Chine pour leur établissement à Macao, et ce n'est qu'en 1887 que leur propriété fut bien reconnue.

Deux fois nous nous sommes trouvés le dimanche à Macao, et nous avons assisté à plusieurs messes à la cathédrale : les enfants de chœur vêtus de rouge, les tableaux voilés de rideaux verts, les femmes à genoux en costume de béguines, tout nous rappelait nos pays catholiques. Mais l'analogie s'est accentuée à la messe militaire de 11 heures : les jeunes gens attendaient sous le portail et regardaient passer les jeunes filles qu'ils saluaient ; puis ils écoutaient distraitement la messe sous le jubé, et à peine le prêtre s'était-il tourné vers la foule, après une très courte messe, pour dire l'*Ite missa est,* que nos jeunes gens avaient déjà disparu au milieu d'un grand bruit de pieds sur les dalles. Plus recueillies sont les femmes qui s'agenouillent sur des coussins Une pauvre Chinoise déplie un carré d'étoffe qu'elle étend sur les dalles avant de s'y agenouiller ; un petit Chinois richement habillé exécute docilement tous les gestes que lui indique une femme en mante noire. Un chien se promène paisiblement dans l'église, pendant le sermon débité en portugais.

A l'élévation, le gouverneur et sa famille s'agenouillent sur les dalles, imités aussitôt par l'armée et la marine, sur un commandement des officiers. Le coup d'œil est très beau. Je ne pense pas qu'au Portugal la question de la messe obligatoire soit un sujet de controverse (1) !

La cathédrale est entourée d'un parvis de forme irrégulière : un préau de vieux arbres tordus par le vent, des bancs, au milieu une grande croix de pierre ; les maisons d'alentour ont un style de presbytère, closes et tranquilles. Un coup d'œil furtif dans leurs cours fleuries nous fait voir des femmes muettes au teint de cire, à l'air monacal. Au retour des vêpres nous rencontrons des jeunes filles au teint brun, timides, portant des toilettes trop graves pour leur âge, et des Chinoises mal d'aplomb sur leurs petits pieds.

La campagne de Macao présente, me semble-t-il, le

(1) En Belgique, les controverses sont très vives à ce sujet.

même caractère que celle de Hong-Kong : sol ingrat parsemé d'éboulis et de rochers, que la mer découpe profondément. Comme végétation, des aloës en masse : ils poussent drus comme des cheveux sur une tête, envahissant les deux côtés du chemin comme nos vulgaires orties.

Nous faisons en pousse-pousse une excursion au delà de la presqu'île de Macao, à Chin-San, dans la Chine indépendante. A peine a-t-on dépassé la barrière frontière (Porta di Cerco) que le paysage se transforme comme par enchantement : c'est la nature sauvage qui succède aux embellissements de l'homme. Il n'est plus question de routes macadamisées contournant gracieusement les falaises bordées de palmiers et de monuments. De part et d'autre s'étend maintenant une morne plaine aux arrière-plans légèrement accidentés, parsemée de touffes de cactus raquette couvertes de fleurs jaunes, et d'une multitude de croix funéraires et de petites éminences. La mer est à quelque distance vers la gauche, les collines s'étagent au loin dans la direction opposée.

Nous traversons le poste des Douanes impériales chinoises, administrées par les Anglais. Une frêle palissade en bambou représente une ligne de défense plutôt symbolique qu'effective. La route est dallée, d'un dallage rudimentaire mais solide, et respectable si l'on considère son antiquité. Aux cactus se mêlent maintenant des aloës et une sorte d'ananas sauvage. Nous allons cahin-caha et nous voici bientôt entre les collines, desquelles nous ne sommes plus séparés que par de menus carrés de rizières. Les buffles qui y pataugent sont plus petits et ont le poil plus long que ceux du Siam. Il y a aussi des carrés de légumes, des labourés en ce moment sans emploi, et des parties incultes réservées aux tombes des pauvres. Le flanc des collines a l'aspect roux ou noir de nos bruyères ou de nos terres à tourbe. Parfois il est escarpé et l'on voit au sommet se profiler en silhouettes pittoresques d'énormes rocs aux arêtes vives dont l'équilibre semble un problème. De riches tombeaux sont irrégulièrement disséminés, mais tous orientés de même et absolument semblables de forme. Ces tombeaux contribuent beaucoup au caractère pittoresque de la campagne chinoise, ils rehaussent l'intérêt des collines arides et leur donnent une poétique tranquillité. Il est rare de n'en pas voir dans le paysage. La première chose qui frappe en Chine, c'est le nombre prodigieux des vivants; mais bientôt on est étonné davantage par la foule encore plus dense des morts.

Nous roulons toujours, ou plutôt nous sautons parmi les dalles disjointes et à la moindre rencontre l'étroite bande dallée ne suffit plus à contenir les roues. La route fait des zigzags absolument incompréhensibles dans des rizières et des cultures constamment plates; le trajet en est allongé de moitié, sinon doublé. Je ne puis m'expliquer cela qu'en supposant que la voie dallée n'a fait qu'amplifier et améliorer un simple sentier créé par l'usage sur la limite des propriétés s'étendant d'un village à l'autre. Cela est d'autant plus plausible qu'en Chine le pouvoir central intervient peu dans l'établissement des communications entre les localités : elles sont souvent payées par le produit de souscriptions recueillies chez les intéressés. On n'exproprie donc guère.

Le temps est gris, il pleuvine, les sommets des collines sont voilés de nuages. Quelques pousse-pousse, quelques chaises à porteurs, quelques piétons nous croisent. Plus rarement on voit une Chinoise aux petits pieds, ondulant dans sa démarche bizarre. Je remarque qu'elles marchent plus qu'on ne pourrait le croire, portant parfois même des fardeaux! Singulière mode que celle des petits pieds pour qui doit s'en servir : je ne me figure pas plus aisément nos paysannes sarclant les champs en portant un corset!

Nous passons à petite distance d'un village de très peu d'importance, mais soigneusement emmuraillé suivant l'habitude des Chinois et des peuples voisins : précaution contre les brigands, les pirates, les animaux sauvages, les ennemis de tout genre. Mur d'enceinte et maisons, tout est en pierre, tout paraît solide et bien bâti. Par-dessus la clôture nous ne voyons que des cimes d'arbres et des toits historiés, des créneaux, des dragons, tout le décor habituel des façades chinoises, même modestes.

La route maintenant est en remblai, à l'abri des inondations; elle continue ses sinuosités et nous entraîne quelque temps encore dans ce même paysage, que le soleil malheureusement se refuse à embellir de ses rayons.

Nous arrivons à un second village emmuraillé où nous pénétrons cette fois par une porte, et nous sommes bousculés d'angle en angle le long de ruelles dallées plus étroites que jamais. Bientôt nos coolies arrêtent les pousse-pousse devant la porte d'une grande maison dont l'aspect extérieur n'est pas des plus engageants. C'est la résidence d'un millionnaire chinois, qui en permet assez volontiers l'accès aux visiteurs.

L'espace semble gaspillé à plaisir; les halls consacrés aux ancêtres sont d'une extraordinaire ampleur, dans les trois dimensions. Par contre les appartements particuliers — ceux qu'on nous montre — sont relativement étroits, les plafonds sculptés sont bas, les vitraux et les boiseries ajourées interceptent la lumière. Chaises et tables à profusion. Si les Chinois sont les seuls Asiatiques qui s'assoient, on peut dire en vérité qu'ils s'assoient pour tous les autres ! Que de chaises, que de chaises ! Or ces chaises sont en réalité de grands fauteuils, et il y a notamment dans la chambre d'honneur des chaises spéciales à l'usage des mandarins en habit de cérémonie, qui sont deux fois plus larges et plus spacieuses que les autres.

Nous prenons le thé dans une des petites chambres basses où nous voyons un instant le maître du logis, vêtu avec une extrême simplicité. Ce Chinois a longtemps habité hors de la Chine, ce qui explique qu'il soit accueillant pour les étrangers.

Le jardin n'est guère remarquable ; nous y voyons cependant un banyan vieux de 200 ans, qui a rejeté autour de lui toute une colonie de troncs secondaires nés de ses branches.

Il y a des pavillons et des ajoupas en grand nombre, généralement jolis, entre lesquels le vieux Chinois sybarite peut toujours choisir un endroit frais non exposé au soleil.

Une chose manque à Macao, c'est la mer verte de Hong-Kong. La mer ici est toujours de couleur brique, ou jaune ou terne. Cela provient des boues et du sable que roule et déverse le delta du Si-Kiang. Tandis qu'à Hong-Kong, quelle eau admirable ! Quand une jonque passe, on dirait qu'elle est suspendue sur une lueur verte. Pendant la traversée, on voit sauter près du bateau les tout petits poissons argentés qui pullulent dans ces mers. Assemblés en nuages ils sautent, rasent l'eau et disparaissent... On dirait une pluie de perles.

A notre second voyage à Macao — car cet endroit charmant nous offrait plus d'agréments pour y passer le dimanche que Hong-Kong — la mer nous apparaît couleur terre de Sienne ; mais bien loin une ligne d'or ferme l'horizon, comme une bordure d'or autour d'un plat chinois. Quand nous doublons la pointe de la presqu'île et que nous entrons dans le port, nous voyons un navire de guerre portugais, minuscule mais radieux : il est pavoisé en l'honneur du prince héritier dont c'est le jour anniversaire. Que de drapeaux pour un si petit navire ! Les femmes des pêcheurs chinois regardent arriver le bateau, elles portent généralement sur les cheveux un mouchoir à carreaux bleus ou rouges, noué en coin, comme les ouvrières de nos charbonnages. Cela ne les embellit pas. Dans un sampan, un vieux Chinois au poil gris, barbu comme un bouc, immobile, jauni comme un vieil ivoire, est assis avec la gravité de Confucius, auquel il ressemble... Nous voyons un enterrement chinois. Les femmes tout en blanc qui mènent le deuil, pleureuses ou parentes, poussent des cris déchirants. La musique chinoise suit, puis viennent des palanquins de cérémonie. Le cercueil est recouvert d'un drap rouge à bordure noire. Rien de bien imposant dans tout cela.

Beaucoup de femmes portent le soulier chinois ordinaire, mais avec le talon placé au milieu. Ceci constitue, je suppose, une transaction avec les idées de réforme. Le pied n'est pas torturé, mais la marche est rendue onduleuse, la femme se balance « comme le bambou sous le souffle de la brise » suivant les poésies chinoises ; la course est rendue impossible, et ainsi est observée la maxime chinoise « qu'il ne convient pas qu'une femme puisse s'écarter facilement de la demeure de son mari ».

Devant une église nous voyons descendre de sa chaise une resplendissante Chinoise peinte et fardée selon le style : costume très riche, petits souliers minuscules, figure blanche et rosée, lèvres soigneusement teintées d'écarlate avec un petit carré d'or au milieu.

Le soleil ne paraît pas ; nous visitons les quartiers populaires voisins du port, où les étalages de fruits, de légumes, de poissons demeurent ternes sous le ciel gris. Les oranges seules jettent une note vive. Sur une place écartée il y a un « vieux marché » où des clous rouillés voisinent avec de vieilles brosses à dents, avec un tas de choses qui n'ont plus de nom dans aucune langue, étalées sans grâce sur le pavement ; et ce sont des marchandages tenaces pour un cent et même moins, bien que tout se passe en douceur et sans querelle. Il est bien rare de voir des Chinois en venir aux gros mots.

Nous nous faisons mener près de la mer, bien au delà du Praya-Grande et de l'agglomération bâtie, et nous flânons dans les éboulis de roches qu'envahit la vague. Des pêcheurs tirent leurs barques loin du flux montant; de grands filets sont descendus dans la mer, de distance en distance.

Plus loin, singulier spectacle : c'est la chasse aux petits poissons de boue qui se trouvent en foule dans les grandes étendues de vase laissées à découvert par la mer. Les hommes et les enfants qui se livrent à cette chasse ont une allure si bizarre que nous restons un moment sans comprendre ce qui se passe. Ils vont si vite et font de si grandes enjambées que l'on dirait des patineurs. En réalité ils poussent sur la boue, devant eux, une planche avec un dossier sur lequel ils s'appuient. Le panier à poissons se met sur ce traîneau improvisé, et ils y jettent leurs captures. Glissant sur leurs pieds, ou même sur leurs genoux, ils se meuvent sur ce champ de vase avec une étrange rapidité, et dans tous les sens.

Ce métier ne doit guère enrichir son homme : et en effet nous avons rarement vu quelque chose d'aussi humble, d'aussi modeste, d'aussi primitif que les petites cabanes en jonc de ces singuliers pêcheurs. C'est un abri contre le soleil et la pluie, rien de plus ; et encore le moindre ouragan doit tout disperser. Cependant il y a là des chiens, de la volaille, des femmes, des petits enfants chaudement vêtus. Dans ces pays-ci, pauvreté ne veut pas dire misère, car que faut-il pour vivre? Et pourtant les enfants chinois sont très couverts de vêtements. Ils ressemblent à des boules de laine, comme les petits Hollandais.

Le ciel est toujours gris et c'est une mer du Nord qui déferle au pied du Praya-Grande quand nous rentrons à l'hôtel. Une jonque a amené de bien loin une provision d'eau douce, et les coolies se précipitent pour aller prendre leur ration. C'est un grand problème que celui de l'eau potable sous les tropiques. Il n'y a pas eu une seule averse à Hong-Kong depuis le mois d'août dernier, et les tanks du Gouvernement sont bien près d'être à sec. Même chose à Canton où la sécheresse, en mettant au jour le fond des canaux envasés, a déterminé une épidémie de choléra dont on parle avec une insistance désagréable pour le touriste. Il faut aller à près de cent milles de distance pour voir des rivières et trouver de l'eau limpide.

L'après-midi nous visitons quelques industries locales : ces ateliers indigènes sont extraordinaires, le laisser-aller oriental y règne dans toute sa force. J'ai rarement vu un spectacle plus pittoresque, plus étonnant de couleur locale. A la manufacture de soie, les femmes chinoises sont alignées à de longues tables, démêlant les cocons et les mettant en relation avec de grands dévidoirs actionnés par une transmission de courroies ; les déchets des cocons fournissent en partie le combustible pour la chaudière. En Chine, l'atelier ne désunit pas la famille et l'émouvante question des crèches est ici sans objet : les enfants de tout âge sont là, les petits portés par les grands, et tout ce petit monde joue et court à deux pas des courroies sans que personne paraisse s'en soucier ; l'on joue probablement à cache-cache derrière les engrenages !

La fabrique de tabac est encore bien plus primitive ; inoubliable, le coup d'œil dans la salle où nous entrons : une seule couleur règne, avec de pittoresques effets de lumière. Les femmes chinoises, leurs vêtements, la matière première qu'elles préparent, tout enfin jusqu'à l'atmosphère même de la chambre est de la même couleur brun tabac, claire ou foncée. C'est comme un vieux Rembrandt très, très patiné.

La fabrique d'opium ne fonctionne pas, mais une trentaine de fourneaux alignés le long des murs attestent, hélas, que cette industrie n'est pas sans importance.

Nous avons vu aussi préparer le thé. Voilà une exquise occupation qui donne envie de se faire Chinois. La mise en paquet du thé est une des choses qui peuvent le mieux faire apprécier l'extraordinaire agilité du travail manuel quand il s'applique toujours à la même opération : sept hommes sont assis autour d'une table ; deux d'entre eux pèsent le thé et mettent au milieu de la table la dose exacte dans un récipient. En un éclair celle-ci est empaquetée par un des hommes avec une correction parfaite, et chaque paquet est immédiatement rangé à la suite du précédent dans une caisse spéciale, propre, élégante et fleurant bon. Et à propos des caisses, nous avons été surpris de voir qu'on prend soin de les réexpédier pour de nouveaux envois. Ces caisses en bois spécial, bien faites, doublées de papier d'étain, se parfument à la longue et ne prennent plus rien au thé de son précieux arome. Elles sont, en un mot, culottées !

A bord du confortable steamer qui nous remmène à Hong-Kong, pour de bon cette fois, nous voyons avec surprise un missionnaire à longue barbe, en costume chinois, avec la queue. Singulier effet. Trois petits Célestes accompagnant leur père marchent comme des princes, en relevant leurs soyeuses robes claires. De riches Chinoises quittent leurs palanquins soigneusement fermés et s'embarquent, suivies de toute une ribambelle de serviteurs. Elles disparaissent à l'intérieur du bateau.

La cargaison se compose presque exclusivement de thé. Au dernier moment deux hommes apportent avec peine un énorme poisson, grand comme un enfant de 14 ans.

A une heure de Hong-Kong, sous un ciel cependant gris et plombé, la mer redevient verte, d'un beau vert glauque. Nous passons entre des îles escarpées. Sur toutes, et même sur les îlots inhabités, simples récifs battus par les vagues, quelques riches tombeaux chinois sont creusés dans le roc.

Hong-Kong est dans la boue, il pleut! Nous nous mettons vite à la recherche de vêtements plus chauds; chaque jour nous nous sentons plus frileux, plus loin des tropiques!

CHAPITRE IV

CANTON

Nous quittons un soir la rade de Hong-Kong à bord du steamer *Fat-Shan* pour aller visiter Canton. Le coucher du soleil illumine la ville de splendides couleurs. Une heure plus tard, nous défilons dans des passes extrêmement pittoresques. A mi-côte, des tombeaux chinois; un village le long d'une ravine; tout cela est d'une poésie délicieuse, mais l'avouerai-je? nous voilà déjà fatigués d'admirer des vues trop classiques, trop « faites ».

La table du capitaine nous réunit à dîner à la nuit tombante. Six fusils sont rangés le long du mur de la salle à manger. On nous dit que la précaution est inutile à bord d'un bateau comme celui-ci, mais c'est un vestige d'une coutume d'il y a dix ou quinze ans.

C'est le pays des pirates que nous traversons, et à la vérité les rives du Si-Kiang semblent faites exprès pour les abriter : d'étroits canaux sectionnent toute la plaine environnante, l'embouchure en est dissimulée dans les joncs des deux rives. Il n'y a pas bien longtemps, le capitaine a assisté du haut de la dunette à une bataille entre deux jonques, pirates d'une part et marchands de l'autre. Il y a eu une fusillade à tuer cent hommes, mais deux seulement ont été atteints; toute la rive était en feu.

Le *Fat-Shan* est très confortable, les cabines sont les plus spacieuses et les plus agréables que j'aie jamais vues.

Malheureusement une indisposition présentant tous les caractères d'une cholérine rend Mme Jottrand si malade pendant la nuit que nous ne pouvons pas songer à visiter Canton où le choléra règne d'une manière alarmante. Nous nous décidons, avec de vifs regrets, à rentrer à Hong-Kong par le plus prochain bateau, et sans voir la ville fameuse.

Au petit jour, il fait très beau sur le fleuve; mais il y a du vent et nous avons froid. Les scènes qui se déroulent sous nos yeux sont dignes des plus fins paravents, des plus exquises estampes : les bateaux qui filent sur l'eau tranquille paraissent de loin comme nacre sur nacre; puis ils brunissent, leurs contours se précisent à mesure que nous approchons de la ville. Celle-ci est dominée par la masse de l'église catholique qui s'élève au-dessus des baraques chinoises. Elle a été édifiée par les Français lorsque Canton tomba au pouvoir des alliés il y a un demi-siècle.

L'animation sur la rivière est considérable. Le service de transport des voyageurs est fait par des bateaux omnibus à roue : cette roue, située à l'arrière, est actionnée uniquement par les pieds de quelques coolies, et les bateaux voyagent ainsi toute la journée! Ce que la main-d'œuvre peut faire dans ce pays!

En plein fleuve, devant la ville, nous voyons deux dangereux récifs à fleur d'eau, inattendus dans ce pays plat et sablonneux. Ils sont indiqués par des phares. Un Chinois fait sa lessive sur l'un d'eux. Nous débarquons quelques minutes : une crasse épaisse recouvre les mauvaises dalles des rues; la foule est énorme, mais ni une couleur claire ni un costume élégant ne vient l'égayer. Tous les Chinois que nous rencontrons sont des coolies de la basse classe, aux laides faces jaunes faméliques, aux sales vêtements bleus; ils nous dévisagent d'un air effronté. Cette cohue est horriblement déplaisante, et les quelques ruelles que nous apercevons en perspective sont pires que celles du quartier chinois de Bangkok. Nous avons peine à nous figurer que les plus grands trésors artistiques de la Chine, les temples les plus fameux, les sculptures les plus admirables, tout cela est ici, dispersé dans l'innommable crasse de ces ruelles infectes.

Nous ne pouvons songer à en faire la fatigante visite, en présence de l'indisposition de Mme Jottrand et de l'épidémie de choléra qui vient d'enlever deux Européens de la colonie. Nous nous bornons à faire quelques pas dans la concession étrangère, où l'air est plus pur. Nous y pénétrons par le pont français. La poste française et toutes les habitations françaises ont l'air de villas; des trottoirs élégants, de larges rues, des pelouses, des jardins, des jeux de tennis. Quel charme et quelle tranquillité, à cette heure matinale, dans ces beaux jardins fleuris et odorants. Deux flamants nous regardent, graves et dignes sur leurs longues pattes. Nous croisons une chaise à porteurs en grand deuil, bien close, que deux coolies portent avec peine; elle doit contenir quelque gros Chinois bedonnant.

Moins d'une heure après nous sommes à bord du *Honan* pour retourner à Hong-Kong, la prudence nous forçant à abandonner notre projet d'excursion sur la West-River, vers Wu-Chow et Samshui.

Sur le quai, un incroyable grouillement de canards, et un grouillement pire encore de Chinois. Je n'ai jamais vu une foule plus affreuse. Et cette foule est partout, elle déborde sur les toits, dans les rues, sur les quais, partout où elle a un accès possible; toutes ces faces jaunes nous regardent d'un air stupide et sinistre.

Je comprends l'impression d'horreur que Rudyard Kipling a éprouvée ici... Où sont-elles, nos joyeuses foules siamoises, claires, bigarrées, où l'on ne sent rien d'hostile ni de défiant?

Hélas, un étranger visitant pour la première fois nos

districts miniers, et se promenant au pied de nos terrils noirs à l'heure d'une sortie d'usine, doit se sentir aussi le cœur serré d'une pénible impression...

Plus agréable nous paraît la vue du Canton aquatique devant lequel nous défilons en quittant les quais : des centaines de bateaux tous semblables, petits ou grands, s'alignent en plusieurs rues le long de la rivière. Les affiches chinoises en grands caractères noirs sur fond vermillon, les pots à fleurs en faïence verte, la bigarrure de la décoration, tout cela leur donne un aspect fort plaisant. Une plate-forme leur fait un accès gracieux, séparée de l'eau par un grillage à deux battants, comme aux maisons flottantes à Bangkok. Et vraiment ce sont plutôt des maisons que des bateaux.

Nous passons à proximité de deux pagodes à neuf étages, la seconde est assez décorée. Un bateau confortable, à ponts superposés, nous croise. Il appartient à une mission religieuse anglaise.

Le temps est beau, le paysage varié : pays plat et montagnes dans le même champ d'horizon. Les rizières d'un vert clair, l'eau gris argent, les barques chinoises en silhouettes, tout est avivé, égayé par un beau soleil. Partout des paysages à sujets, des scènes d'écrans et de potiches : ici une petite colline où serpente un chemin, tout en escaliers; là-bas des meules de foin, puis une muraille artistique. Nous dépassons une chaloupe bondée de Chinois tout en noir. Oh! le triste tableau! Ils sont massés en quatre ou cinq rangs sur des gradins. Dans des barques indigènes les femmes rament, avec un petit bébé attaché sur leur dos. A l'avant les autres marmots sont entassés, vrais paquets de hardes sans nuance précise, tels ces vêtements de pauvres qui ne peuvent plus prétendre à une couleur. La population est nombreuse, la circulation intense, les bateaux trams passent bondés de monde, les villages se touchent les uns les autres.

Plus tard surgit une troisième pagode. Le fleuve s'élargit. Nous sommes dans la « Gueule du Tigre » que nous avons franchie à l'aller en pleine nuit. C'est un amphithéâtre de montagnes, un carrefour de passes, de gorges tragiques, un endroit idéal pour la piraterie. Aussi toutes les hauteurs sont fortifiées, il y a en tout cinquante-six canons braqués sur le fleuve. Une des collines notamment est surmontée d'une forteresse de pittoresque apparence : les Forts de la Bogue.

Nous arrivons dans le grand estuaire du Si-Kiang aux rives à peine visibles, et bientôt nous revoyons la rade de Hong-Kong, le triste cimetière des victimes de la peste, puis les maisons qui s'étagent, massives et puissantes pour résister aux typhons.

Une Chinoise et sa fille, passagères de première classe, débarquent devant nous : leurs sourcils sont extraordinaires, c'est le coup de pinceau le plus ténu et le plus délicat que l'on puisse imaginer.

Nous demeurons quelque temps sur le pont du *Honan* pour assister au déchargement des poissons que le steamer amène de Canton. C'est une scène fort curieuse. De lourds bateaux de construction spéciale sont aménagés pour cette cargaison vivante. Avant même que nous ne soyons à quai en voici un déjà qui s'approche de nous. Plus de vingt coolies demi-nus, superbement râblés, sont là dedans qui gesticulent, se démènent, s'interpellent avec de grandes clameurs, s'arcboutent à notre quille, manœuvrant avec un entrain endiablé, hurlant tous à la fois sans que l'on sache qui commande et qui obéit. Voici un deuxième, puis un troisième de ces bacs rectangulaires, tous à demi remplis d'eau. — Une grande baie s'ouvre dans les flancs du Honan, on y dispose un filet en forme d'entonnoir, sorte de galerie entre la cale qui se vide et le bac qui s'emplit. Des centaines et des centaines de poissons vivants, gluants, sautant, gigotant, sont jetés par paquets, par avalanches, dans ce large filet. Cela coule comme un torrent vivant, ils se débattent, se démènent, s'accrochent aux mailles, mais tous finissent par dégringoler dans le vivier commun où ils forment un amas de corps argentés agités de soubresauts, ayant juste assez d'eau pour ne pas mourir avant le massacre final. Quand un bac est rempli, un autre lui succède, et c'est une scène à la fois pittoresque et horrible.

CHAPITRE V

DÉPART DE HONG-KONG. — SHANGHAÏ

25 mars 1902.

Pluie, pluie, pluie! Hong-Kong est transformé! Les Chinois sous leur manteau de paille vont et viennent sur le macadam couvert de boue gluante. Ils ressemblent aux statues de nos parcs habillées pour les gelées de l'hiver. Pour traverser simplement une rue, un pousse-pousse est nécessaire.

A l'hôtel, les corridors résonnent de tous les idiomes, ce sont des courses sans fin : beaucoup de monde s'embarque aujourd'hui comme nous sur le *Doric*, en route vers le Japon. Chacun se presse sous l'averse, on court à la banque, au bureau du bateau, aux magasins de curios, on achète des chaises longues, des plaids et des livres. Quel ciel, pour nos adieux aux pays chauds!

Départ à une heure. — A notre vif plaisir, nous retrouvons à bord, parmi les trente-cinq passagers de première, notre compagnon de voyage du *Pra Chula Chom Klao*, M. Delmar. Rien de plus agréable que de voir une figure amie dans cette foule d'inconnus, dont la langue elle-même est pour nous déconcertante et nouvelle : car il ne faut pas se figurer que l'on connaît l'américain quand on sait l'anglais.

Le *Doric* n'est pas un steamer de grande dimension. Il est suffisamment confortable, mais la cuisine est mauvaise. Il n'y a qu'au thé de 5 heures que nous mangeons à notre faim. Beaucoup de Chinois sont employés dans l'équipage, mais, chose curieuse, nous ne les reconnaissons pas immédiatement, tant le type *marin* prédomine toute différence de race. Qu'ils soient Anglais, Hollandais ou Chinois, ils sont avant tout marins.

26 mars.
Dans le détroit de Formose.

Ainsi donc nous voici en dehors des tropiques, où nous ne ferons plus qu'une passagère apparition, à Honolulu.

Nous sommes dans les régions qu'on appelle tempérées, mais cette épithète nous fait l'effet d'une dérision. Nous sommes gelés, en vérité, et pour un peu nous reviendrions sur nos pas. Si je me mettais à énumérer les divers vêtements, de dessus et de dessous, que j'empile les uns sur les autres, on ne me coirait pas. Le pis est que tout cela ne suffit pas encore, c'est le calorique intérieur qui manque ! Nous séjournons peu sur le pont ; assez étroit, il est de plus encombré par les chaises longues sur lesquelles on ne voit guère que des amas de couvertures et de plaids d'où émergent des nez rougis par le froid. L'on croira peut-être que les saisons viennent de se détraquer, que l'eau gèle dans les aiguières, etc. ? Mais non, il y a 18 degrés dans les cabines ! Tout est relatif.

Depuis hier à 2 heures, nous avons fait 306 milles. Nous venons de passer au large d'Amoy. Ciel gris, mer moutonnante. Des centaines de barques de pêche avec leur fine mâture penchée sous le vent, font songer à une ligne d'écriture gravée à l'horizon.

Un phare paraît à l'ouest. Puis, nous dépassons un bateau. La côte chinoise, comme à Hong-Kong, est montagneuse et pelée. En somme, il est rare de voir des bois au bord de la mer, comme au cap Saint-Jacques.

Dans la nuit du 26 au 27, le minimum de la température est de 16 degrés 2. A 7 heures du soir, le 27, 13 degrés 5, à 11 heures du soir 13 degrés. Le 28, au matin, 10 degrés 8.

Nous sommes transis, nous battons la semelle, mais ni plaids ni mouvements ne peuvent nous réchauffer. Trois ans et demi de chaleur égale et constante nous ont rendus terriblement sensibles au froid.

J'avance ma montre de trente minutes le 27.

Le 28 mars au matin, nous nous trouvons entre les rives plates et verdoyantes du grand estuaire de Woosung. Par places, des rangées de petits arbres, des maisonnettes, quelques embarcations aussi. Ce paysage rappelle le bas-Escaut. De nombreuses mouettes nous font escorte.

On nous transborde dans une chaloupe à vapeur qui nous fera gagner rapidement les quais de Shanghaï; le tirant d'eau devient ici trop faible pour des navires de fort tonnage.

Les récents événements de Chine ont amené dans ces parages tout un rassemblement de navires de guerre : il y a des cuirassés anglais, américains, allemands, français, italiens, japonais, chinois, et en arrivant à Shanghaï, nous voyons même un magnifique cuirassé autrichien, blanc comme la neige.

Pour l'ordre et la netteté, l'astiquage parfait de chaque chose, nous donnons la palme aux Allemands. L'admiration est unanime lorsque nous passons près d'un de leurs navires de guerre : il est pimpant comme une pièce d'exposition.

Voici Shanghaï : des boulevards, de beaux arbres, un parc avec une élégante passerelle qui surplombe un bras du fleuve. L'espace est vaste, rien d'écrasant ni d'écrasé comme à Hong-Kong; la brique rouge, très employée dans la construction, donne aux grands bâtiments entourés de jardins, qui s'alignent sur les quais, un aspect sympathique autrement agréable que la lourde pierre de taille dont Hong-Kong abuse.

Nous passons la visite médicale : un médecin vient à bord et fait l'appel nominal. C'est un monsieur chic en complet à carreaux. Sitôt débarqués, nous passons à la Poste. Nous y trouvons une lettre de l'ami Dauge, qui est à Pékin. Il lui a été impossible malheureusement de quitter son poste pour venir nous voir à notre passage.

En filant en pousse-pousse vers l'hôtel des Colonies, nous éprouvons à nouveau cette charmante impression de voyage, celle du « tout nouveau autour de soi ».

Naturellement, sur ce sol archi-plat, les moyens de transport sont autres qu'à Hong-Kong où la ville escalade un pic assez élevé. Ici de beaux et fringants équipages nous rappellent les capitales d'Europe ; les chaises à porteurs sont peu usitées, le peuple se sert d'une simple brouette, qu'on nous dit être d'un usage général dans toute la campagne chinoise. La brouette semble un véhicule peu susceptible de contenir un nombreux chargement? Qu'on se détrompe! Elles sont parfois chargées comme des voitures de déménagement ; souvent elles servent d'omnibus pour les campagnards qui se rendent à la ville : j'ai vu huit Chinois des deux sexes assis les jambes pendantes sur les deux rebords d'une brouette!

Après une visite à notre consul général, M. Siffert, nous nous promenons dans les diverses concessions étrangères.

Chaque gouvernement fait la police de sa concession et il y a sept bureaux de poste différents. Dans le quartier français, un garde municipal dit à un autre : « Il va tomber des cailloux! » Cela nous semble drôle, cette phrase en français. Les policemen anglais portent un casque. Le settlement américain est banal et sans couleur.

Il fait, pour nous, extrêmement froid ; il n'y avait que 10 degrés au point du jour, et la bise souffle le long des quais dans les arbres dépouillés. Dans les broughams luxueux aux glaces biseautées, derrière des cochers chinois galonnés, imposants sur leur siège, nous apercevons parfois un vieillard frileux, les mains dans ses manches, mince et frêle dans ses robes fourrées. Ou bien ce sont des Chinoises maquillées et toutes couvertes de bijoux, vraies images peintes, leur lourde chevelure noire bien lissée en un chignon tressé.

Les magasins européens sont fermés à cause du Vendredi-Saint; seules les maisons de commerce tenues par des Chinois sont ouvertes au public. Les Chinois ne connaissent pas d'autre chômage que les fêtes du nouvel an.

C'est donc chez eux que nous achetons des vêtements plus chauds et des fourrures.

Le Bund, le long du fleuve, nous rappelle Amsterdam et les grandes villes hollandaises : un large mail, des bancs, des jardins devant les maisons, celles-ci somptueuses et toutes en briques. En dépit d'un décor beaucoup moins grandiose, Shanghaï nous est plus sympathique que Hong-Kong.

Shanghaï est une ancienne ville chinoise, mais elle n'a jamais été un centre remarquable : sans l'occupation européenne, elle n'aurait jamais attiré l'attention. La cité indigène existe encore aujourd'hui telle qu'elle fut jadis, enfermée dans ses murailles ; et j'ai vu peu de contrastes aussi complets que celui de ces deux civilisations vivant en proche voisinage.

Pour entrer dans la Cité, il faut franchir successivement plusieurs portes que réunissent des chemins en zig-zag. Tout le long de l'enceinte extérieure sont alignées des échoppes de style uniforme, sans profondeur, plaquées sur la massive muraille grise. Ces échoppes prennent jour sur la rue par des vitraux assez grossiers, mais dénotant cependant une préoccupation d'art, celle-ci n'étant jamais absente d'un milieu chinois.

Il a plu et les ruelles aux dalles dénivelées sont noires et infectes. A tout instant passent des porteurs d'eau qui chantonnent une mélopée lugubre et inoubliable; ils balancent sur leurs épaules, au bout d'un bambou, deux seaux de bois pleins d'eau et vont continuellement remplir les grosses jarres ornées de dragons que l'on voit partout le long des rues; c'est la seule provision d'eau soi-disant potable de toute une vaste population.

Les ruelles sont tellement étroites que les toits par place se rejoignent, et même se dépassent; jamais on ne voit plus qu'une mince tranche de ciel, et il est impossible de s'orienter, car le soleil est introuvable.

Les façades ont peu de pittoresque; plus cependant qu'à Bangkok, où le quartier chinois est absolument destitué de la moindre préoccupation décorative. Ici, il y a par ci par là des fenêtres, des balcons, des vitraux qui attirent l'attention. Mais tout cela manque de couleur, tout est triste, tout est gris, tout est sale, on ne rencontre guère que des coolies habillés de bleu, ou des Chinois en tenue sévère, coiffés de l'éternel béret noir surmonté d'un pompon. Quand une chaise à porteur passe dans ces ruelles populacières, chacun est obligé de s'aplatir contre les murailles.

Les colporteurs vendent des choses sans nom, des fractions de fruits, des oranges pelées; et il paraît que celles-ci coûtent sensiblement moins cher parce que la pelure est recherchée pour des usages médicinaux.

L'odeur est indescriptible, nauséeuse à l'extrême. Les Chinois viennent-ils au monde dépourvus d'odorat? Les infirmes sont abominables à voir; j'en ai rencontré un dont le souvenir me poursuit encore comme un cauchemar.

Mais on surmonte tous ces très réels inconvénients grâce à l'intérêt que présente la vie indigène, les mœurs *sui generis* des habitants. Le regard plonge dans toutes les boutiques, car elles sont largement ouvertes le long de la rue; il n'y a comme fermeture que des châssis de bois mobiles que l'on fixe le soir. Et comme la boutique est en même temps l'atelier, l'on se promène dans une rue chinoise comme dans une exposition : l'on voit successivement forger le fer, marteler l'argent, ajuster les meubles, coudre les habits.

En résumé, sous une pluie incessante et un ciel blafard, cette cité chinoise de Shanghaï fait songer aux villes du moyen âge, telles qu'on se les figure d'après les récits et les descriptions de l'époque. Aucune voirie digne de ce nom, des torrents d'eau dans les rues, la saleté et le désordre partout, des chaises à porteur secouées au-dessus des flaques et des rigoles, des masures tristes et grises, des groupes de travailleurs habillés d'indigo, aux figures jaunes et émaciées, et cette sinistre muraille avec ses poternes et son chemin de ronde étroit qui semble empêcher toute expansion vers l'air, l'espace et la lumière : tout cela nous paraît lugubre comme devaient l'être nos villes au temps jadis.

A dix minutes de là, dans la ville européenne, la rue de Nanking, éclairée le soir à l'électricité, étale ses splendides façades chinoises, toutes bosselées de sculptures dorées, de dragons en relief, toutes égayées de lanternes et d'enseignes multicolores.

Après une nuit passée à l'hôtel des Colonies, nous quittons Shanghaï le 29 mars. La chaloupe qui nous ramène au *Doric* est bondée de passagers. Il règne une épidémie de fièvre scarlatine particulièrement pernicieuse, nous dit-on, et l'on fuit vers le Japon. Beaucoup de jeunes dames, accompagnées de bébés, font de longs adieux aux maris qui doivent demeurer à leur poste. Le prince de Schwartzenberg, jeune et brillant attaché d'ambassade autrichien que nous avons rencontré à Bangkok, vient de mourir ici de la scarlatine.

CHAPITRE VI

NAGASAKI

30 mars, jour de Pâques.

J'avance ma montre de trente-deux minutes. — Temps très mauvais, roulis. De grands oiseaux blancs, agitant des ailes comme des bras, suivent le bateau.

A 2 heures 1/2, première vue du Japon : nous passons près d'un rocher massif que battent les vagues ; puis une île verte, une des trois mille îles qui constituent l'Empire du Japon. (Iles Goto.)

A 6 heures du soir.

Ciel toujours plein de vapeur et d'humidité. Iles et îlots bordés d'une raie d'écume. Partout des rochers surmontés de pins bizarres, des prairies vertes dévalant sur les pentes. Des phares, des mâts, des bouées rouges, et vers l'ouest un pan de ciel d'or qui fait une trouée dans les nuages gris plombé.

Nous sommes, paraît-il, en rade de Nagasaki, et bientôt le *Doric* jette l'ancre ; mais il fait si gris, les maisonnettes japonaises que l'on voit au loin sur la montagne sont si ridiculement petites que nous ne pouvons nous croire vis-à-vis d'une grande ville. Cependant un navire italien est à l'ancre comme nous dans les eaux tranquilles et l'*Ernest Simons*, des Messageries maritimes françaises, passe, quittant la rade dans un nuage de fumée noire. Un médecin japonais en uniforme, accompagné de deux aides, se présente à bord pour la visite. Il prend ses attributions fort au sérieux, passe en revue l'équipage, tâte les pouls et fait tirer les langues. On nous réunit ensuite au salon ; mais ici la procédure est moins minutieuse. Le docteur nous regarde, consulte sa liste de passagers, puis se retire en disant : *Thank you.*

Et le soir tombe, sans qu'un rayon de soleil ait éclairé la grisaille mouillée qui nous environne. Dans la nuit, les barques indigènes qui se balancent çà et là le long de notre quille ont une netteté presque lumineuse, tant elles sont blanches et bien lavées.

Le trajet de Shanghaï à Nagasaki, 452 milles, s'est fait en vingt-neuf heures cinquante minutes. J'ai successivement avancé ma montre : de Bangok à Hong-Kong, cinquante-quatre minutes. De Hong-Kong à Shanghaï, trente-quatre minutes. De Shanghaï à Nagasaki, cinquante-neuf minutes. Total, cent quarante-sept ou deux heures vingt-sept minutes.

Le lendemain, le soleil apparaît dans la brume matinale, et tout le paysage d'hier, borné d'un cirque de montagnes, scintille devant nous dans une buée gris argent. Le spectacle est joli, pittoresque, mais nullement grandiose ni exceptionnel, et je ne partage pas l'enthousiasme que quelques-uns ont voué à la rade de Nagasaki.

Au sommet d'une des montagnes, quatre choses blanches d'aspect biscornu nous intriguent : restes de neige non fondue, ou bien des cibles de tir? Pas du tout : ce sont tout simplement des caractères d'écriture japonaise, la réclame gigantesque d'une cigarette célèbre ! Tel est le premier salut adressé aux voyageurs par le Japon moderne. Nos compagnons de bord américains doivent se sentir chez eux?

Sur le pont du *Doric* un avis foudroyant est placardé : « Défense de photographier, de dessiner et même de prendre des notes par écrit à Nagasaki, sous peine d'amende ou d'emprisonnement ». Ceci, c'est le souhait de bienvenue adressé spécialement aux Russes. Ainsi donc, avant même d'avoir mis le pied sur le sol japonais, on sent autour de soi les complications, les préoccupations de l'esprit moderne. Verrons-nous encore dans ces maisonnettes tranquilles, qui peu à peu sortent de la brume, le vrai Japon des estampes et des légendes ?

Accoudés au bastingage en attendant la chaloupe qui doit nous mener à terre, nous observons autour de nous. Comme dans ces naïfs tableaux de Breughel et des maîtres anciens, vingt scènes différentes se déroulent dans le même paysage. Mais ce n'est pas la procession qui rentre à l'église, les couples qui s'embrassent, les buveurs de bière qui trinquent sous la tonnelle, les paysans gourmands qui se mettent à l'aise, ce sont des scènes pour nous toutes nouvelles, qui nous captivent et nous retiennent à bord : nous voyons arriver peu à peu des sampans, délicieux joujoux blancs et propres, fabuleusement propres. Chacun d'eux est manœuvré par un Japonais debout, vêtu d'un kimono qui s'entr'ouvre à chaque coup de rame et laisse voir les cuisses couvertes de tatouages bleus. Puis arrivent lentement de lourds bacs chargés de charbon. Ils nous entourent à bâbord, à tribord, ils sont cinq, puis dix, quinze et plus encore. D'autres bacs remplis d'hommes et de femmes leur font suite, et c'est dans tout ce noir une cohue, une agitation, un bruit, un chaos indescriptible. Qu'ils sont laids et grotesques, tous ces magots ! Leurs caricaturistes ne les ont vraiment pas calomniés. Quelques-uns, munis de planches et de cordes, confectionnent des escaliers pour atteindre la soute au charbon ; d'autres, des femmes et des enfants principalement, se passent de mains en mains de petits paniers remplis de charbon ; ceux-ci sont manœuvrés avec une rapidité si fantastique qu'ils paraissent voler entre tous les bras tendus. Parfois une gaillette circule de main en main, trop grosse pour ces minuscules corbeilles. Un contrôleur tient la comptabilité et veille à ce que les paniers soient bien vidés : détail dont nous verrons tantôt la raison. Un peu plus loin, les corbeilles vides sont renvoyées du navire, on les jette avec adresse, mais cependant quelques-unes tombent à la mer et un Japonais passe un temps considérable à essayer de récupérer cette infime valeur.

Tandis que tout ceci se déroule au premier plan, de nouvelles escouades ne cessent d'arriver, et des scènes de genre se passent là-bas qui sont quelquefois bien comiques ; une femme arrive avec deux petits garçons qui, dans tout ce noir, ne perdent pas un instant le souci de la propreté : ils essuient soigneusement un banc avant de s'asseoir dessus ! Un bonhomme montre son... dos avec une insouciance extraordinaire. Toutes les femmes portent, serré autour de la tête, un fichu à dessins bleus et blancs, propre du matin même.

Pendant ce temps, le pont du *Doric* est envahi par une foule d'un autre genre : les colporteurs sont là ! Ils ont étalé leurs éventaires encombrants aux compartiments minutieux avec des tas d'objets qui rentrent ingénieusement les uns dans les autres ; il y a de tout, jusqu'à des semences de chrysanthèmes, et des drapeaux croisés, anglais et japonais, pour symboliser la récente alliance ! C'est une vraie foire qui se développe des deux côtés du pont, et l'on ne peut faire un pas sans voir la révérence obséquieuse d'un petit Japonais grotesque qui offre sa marchandise. Le spectacle, s'il est curieux, n'est pas plaisant ; ce n'est pas ici que l'art et le peuple japonais apparaissent sous un aspect bien sympathique.

Sans attendre la chaloupe, nous nous faisons conduire au quai dans un des nombreux sampans qui rôdent autour du *Doric*, et dont le rameur quémande la clientèle du geste et de la voix. La barque est munie au centre d'une petite cage en bois, d'accès difficile, qui constitue le seul refuge où l'on puisse plus ou moins commodément s'étendre sur une natte, à la façon asiatique. Là dedans, on a l'air d'un rat pris dans une ratière. La traversée n'est pas longue, mais le batelier a un mouvement de rame qui nous fait rouler sans pitié.

A peine sommes-nous à terre que commence notre expérience de la cherté de la vie au Japon. Suivant le conseil que j'avais reçu, je donne 20 sen (50 centimes) au batelier, ce qui était au moins cinq fois ce que pareil travail vaut au Siam. Mais il proteste avec énergie, me poursuit et se démène ; son attitude me persuade encore davantage que je lui ai donné trop. Je ne m'en inquiète donc plus, mais le voilà qui me met sous le nez un tarif imprimé et parle d'appeler la police ! Un doute me vient, j'examine ce document écrit en quatre langues, et je vois en effet que le tarif de passage est de 20 sen... par personne ! Nous étions trois, je lui devais par conséquent 60 sen ou 1 fr. 50 ! Donc, pour dix minutes d'un travail grossier et le loyer d'un frêle esquif, on me demande le prix de deux journées de travail au Siam !

Mais nous ne sommes, en cette matière, qu'au début de nos surprises.

Nous débarquons au Bund, qui est dans tous les ports d'Orient le quai principal et fashionable. Ici comme en Chine, les grandes maisons d'affaires s'alignent au premier rang, firmes connues que l'on retrouve partout. Mais quelle différence avec les massives constructions de pierres ou de briques de Singapore, de Hong-Kong, de Shanghaï. Tout ici est petit, coquet, c'est une succession de chalets de bois. De petites rikshas proprettes, appelées *kurumas*, nous entraînent dans toute la ville. Nagasaki compte 107,000 habitants, mais d'un bout à l'autre cela nous paraît lilliputien. Tout nous fait rire, tout est joujou d'enfant. Les rues sont des ruelles, les maisons des maisonnettes, je pourrais poser la main sur les toits. Les étalages semblent faits pour tenter des marionnettes, les bébés aux vêtements bariolés de rouge sont des poupées. Ceux qu'on allaite sont portés entre les seins, en dedans du kimono entr'ouvert. Ils sont ainsi bien au chaud, leur couvert toujours mis, et leur petite tête noire est là comme un bouquet de corsage. Comme au Siam, les bébés en Chine et au Japon prennent le sein jusque deux ou trois ans, presque jusqu'à l'âge où ils portent sur le dos le bébé né après eux.

Nous voyons des chevaux de bât à la crinière blonde, à la longue queue blonde, harnachés de rouge et portant leur charge des deux côtés comme les ânes. Ils sont chaussés de paille tressée.

Aucune architecture, les rues sont désolantes de pauvreté. Construites, comme chacun sait, en bois et en papier, les maisons japonaises sont dénuées de tout embellissement artistique, sauf la courbe gracieuse formée par les tuiles de front du toit ; mais c'est uniforme jusqu'à la satiété. Aussi la gaieté des rues n'est point dans les maisons, mais bien dans le défilé divertissant des types et des costumes. Cela ne veut pas dire que la couleur y soit vive, loin de là. Le Japon n'est plus dans la zone de la rutilance tropicale qui réjouit les yeux au Siam et dans la Chine méridionale. Hommes et femmes portent dans la rue des kimonos de couleur exclusivement grise, brune, bleu foncé ou noire, à rayures ou à petits dessins peu apparents. Les enfants, en revanche, sont bigarrés comme des arlequins.

Dans les boutiques larges ouvertes de la Momomachi, la rue principale, nous voyons cent choses charmantes qui nous font envie, mais les coureurs, alertes comme des diables, sont déjà loin avant qu'on ne se soit décidé à les marchander. Après des détours sans fin dans un labyrinthe de ruelles, nous arrivons devant un escalier de pierre imposant, au pied duquel s'élève un torii de bronze, le plus considérable de tous ceux qui existent dans le pays.

Vais-je décrire ce que nous avons vu, comme le ferait Baedeker? Non, le Japon est trop connu. Et puis, après Pierre Loti, il n'y a plus rien à dire. J'aimais ses récits avant d'avoir vu les pays qu'il décrit; mais combien je les aime davantage maintenant! Chacun de ses mots est un croquis fidèle, et presque chacune de ses réflexions et de ses impressions concorde exactement avec les nôtres; il est même étonnant qu'un pays aussi *sui generis* que le Japon puisse impressionner de la même façon ceux qui le visitent.

J'abandonne donc la description du torii, des escaliers, des lanternes de pierre, de tous les dehors imposants du temple de O Shuna. Tout cela aboutit à une sorte de petite baraque adossée à un rocher, où un prêtre, avec un assistant et une femme, remplit des offices religieux incompréhensibles pour nous.

Le parc environnant est fort beau, l'air est exhilarant. On marche dans une estampe. Les grands arbres verts secouent doucement leurs feuilles à la brise; sur les terrasses, les cerisiers qui commencent à fleurir et les pêchers qui se fanent mettent l'éclat de leur jolie floraison rose ou blanche.

L'érable rivalise avec eux : son naissant feuillage, maintenant d'un rose brun, passera par une exquise gamme de verts avant de se confondre avec les arbres voisins. Ce jardin charmant surplombe à pic la ville de Nagasaki qui s'étend à nos pieds dans toutes les directions, grise sous le soleil, plate d'un bout à l'autre. Nous la contemplons tout en nous reposant dans une maison de thé où l'on nous sert un thé vert très amer dans des tasses minuscules.

Nous allons ensuite à Mogi, village situé au bord d'une

baie, au sud de Nagasaki. Il faut deux coureurs à chacun de nos pousse-pousse pour s'élever peu à peu au-dessus de la ville par des chemins en lacet. Au dernier détour, la vue sur Nagasaki et ses vergers en fleurs rouges et roses est délicieuse.

Nous descendons maintenant une fraîche vallée où le riz est la culture la plus générale. Sur ce terrain accidenté, l'irrigation est rendue possible par une ingénieuse disposition de terrasses s'étageant sur les pentes des coteaux. Nous revoyons avec plaisir des sapins, et aussi de fins et légers bouleaux, si longtemps oubliés sous les tropiques. Des buffalos, plus petits que ceux du Siam, paissent de ci de là. Des toriis peints en rouge révèlent un temple invisible sur la colline boisée. De claires rivières dégringolent en murmurant sur les cailloux, spectacle bien délicieux à revoir après plusieurs années de pays plat.

La plage de Mogi est exposée à un vent froid qui nous fait grelotter. Nous nous hâtons de chercher un refuge dans une maison de thé d'où les petites Japonaises nous adressent d'engageants sourires accompagnés de la comique révérence habituelle, les mains sur les genoux. Mais ces chalets de papier ne sont contre le froid qu'une protection dérisoire; vraiment les Japonais ne semblent pas prendre au sérieux l'hiver de leur pays. Elles paraissent pourtant avoir froid, les petites mousmés aux doigts rougis, et l'air vif met à leurs joues un rouge vulgaire de pomme bien mûre.

Pas le moindre meuble dans la maison où nous pénétrons : des nattes sous les pieds et quatre cloisons en papier dont les cadres glissent dans des rainures, voilà toute une chambre japonaise. C'est propre, net, récuré, ce qui accentue encore l'impression de nudité de cet intérieur. Par un jour gris et froid, cela achève de geler le voyageur transi.

Cependant, on nous apporte de vulgaires chaises occidentales et l'on nous sert un déjeuner convenable, mais très cher.

Suivant la mode du pays, on nous emballe soigneusement, pour que nous l'emportions, ce que nous avons laissé de dessert, et l'on nous fleurit à profusion de branches roses de momo-hama (pêcher). Et c'est toute une suite de révérences et de sourires quand nos rikshas prennent le chemin du retour.

Nous rentrons à bord. Le chargement touche à sa fin, les colporteurs replient leurs étalages et s'en vont.

Les chargeurs de charbon s'éloignent en troupeaux serrés dans les grands bacs ; les femmes ont toujours leur fichu bien frais serré autour de la tête.

Du haut du pont, nous voyons repêcher au moyen de filets le charbon qui est tombé au fond de la baie. Et cette pêche est plus fructueuse que l'on ne croirait d'abord, car une nacelle s'éloigne avec six ou sept paniers pleins. Je m'explique pourquoi j'ai vu ce matin quelques femmes mettre une négligence voulue à vider les paniers jusqu'au fond.

CHAPITRE VII

LA MER INTÉRIEURE. — KOBÉ

Le soir tombait quand le *Doric* se remit en marche ; à peine vîmes-nous les contours déjà confus de l'îlot Takaboko, d'où plusieurs milliers de chrétiens furent précipités à la mer lors d'une terrible persécution religieuse, en 1587.

Le Japon est un pays dont l'organisation politique fut, jusqu'en 1868, essentiellement militaire et féodale. Aussi l'invasion étrangère, religieuse ou politique, n'a pas été supportée d'une façon aussi débonnaire qu'en Chine, et l'histoire du Japon, en ces derniers siècles, rappelle sur nombre de points notre moyen âge, autoritaire, intolérant et farouche à toute idée venant du dehors.

De Nagasaki à Kobé, la distance par mer est de 716 kilomètres. Les grands bateaux prennent d'abord le large, à l'ouest de l'archipel, puis franchissent la passe de Shimonoseki pour poursuivre leur route dans la mer Intérieure.

Le port de Shimonoseki est, paraît-il, imposant, mais nous nous trouvions dans ces parages avant le lever du jour.

Lorsque nous montons sur le pont, le 1er avril de grand matin, nous sommes déjà dans la mer Intérieure. Le paysage n'a rien de frappant : la végétation des îles est maigre, les pièces de cultures sont rares, quelques pins se dressent sur le versant des montagnes déchiquetées.

Les heures passent, le tableau demeure le même : toujours des collines brunâtres qui, par place, se hérissent en falaises. Quelquefois, sur la grève, un petit hameau de pêcheurs aux cabanes si minuscules et si incolores qu'on les prend tout d'abord pour des éboulis tombés du rocher. Quelques montagnes sont barrées de nuages que seules les cimes dépassent de leur pointe.

De petites chaloupes à trois voiles, des sampans de formes diverses voguent çà et là, propres et blancs comme des joujoux de bois neufs. Des bouées rouge vif marquent la route des steamers.

Des îles, toujours des îles. Nous sommes entourés, un moment, d'îlots en forme de pain de sucre, de formation volcanique sans doute. Plus loin, un site un peu plus tragique, un petit village perdu au pied d'un grand amphithéâtre de falaises incultes.

L'après-midi succède à la matinée et toujours les mêmes tableaux défilent sous nos yeux. En somme, malgré de jolis aspects, c'est un désappointement. Est-ce donc là cette mer intérieure si vantée, cette perle du Japon? Je m'attendais à voir des temples à califourchon sur des isthmes ou à pic sur des rochers ; j'espérais plus de couleur, plus de grandeur, de l'art mêlé à la nature et plus de pins pour habiller les flancs pelés des montagnes...

Mais non, tout cela est petit, jouet d'enfant, lilliputien. La vue du haut du Pic à Hong-Kong, les marines de Macao nous laissent un souvenir autrement captivant.

Un large panorama ne convient sans doute pas au paysage japonais, dont le style général est gracieux plutôt que grandiose. Les sous-bois, les bosquets, les jardins mignardement plantés, les pentes douces des collines, les ravins où chante un ruisseau s'harmonisent mieux avec l'atmosphère grise et brumeuse du pays, et c'est ce qui fait peut-être que, enchantés de Nagasaki, nous sommes déçus dans le vaste horizon qui nous entoure.

Les passagers semblent s'être découragés bien avant nous de regarder le paysage. Ils jouent au palet, au ping-pong, au shuffle-board, la plupart tournent le dos à la mer. Dans ces parages aux courtes traversées, on n'a guère le temps de lier connaissance. Cependant, au milieu de ce groupe cosmopolite, quelques figures se détachent, intéressantes, attirantes ou antipathiques. Les Américaines, nombreuses, sont généralement agréables à voir et très élégantes, même quand elles sont simples.

Chose curieuse, la vraie grandeur de la mer Intérieure, nous la voyons en la quittant : tout l'avant-plan recule et s'efface, la mer s'étend sans borne, le soleil couchant y trace des raies d'or, une large bande terre de sienne souligne l'horizon. Voici de la vraie et sublime poésie. Combien ceci est supérieur à tout ce que nous avons vu dans cette longue journée !

Le 2 avril, nous débarquons à Kobé, ainsi qu'une grande partie des passagers. Nous comptons rester tout le mois au Japon et reprendre le bateau suivant, de la même compagnie, à Yokohama.

A la douane, nous constatons l'arrogance des officiels japonais, dont on nous avait parlé. Les robes de fourrures que nous avons achetées à Shanghaï ne sont pas admises comme marchandises en transit. Il faut parlementer longtemps et patiemment pour convaincre les douaniers que ce sont nos vêtements personnels. Après cela, nous allons à l'hôtel, confortable et renommé pour sa cuisine ; de là à la poste, puis à la banque. Il faut encore une fois se familiariser avec une monnaie nouvelle !

Dans cette ville qui nous est totalement inconnue, nous avons à rechercher un obscur peintre d'éventails auquel a été confiée, par un Japonais de Bangkok, une fort belle monture d'ivoire sculpté appartenant à Mme Jottrand. L'éventail n'est pas rentré à Bangkok avant notre départ, et force nous est bien de venir le dénicher ici. Ce n'est pas sans peine. Enfin, grâce à l'intelligence des kurumayas (tireurs de pousse-pousse), nous parvenons à découvrir le bonhomme qui nous remet l'objet. Cela nous donne l'occasion de parcourir un quartier populaire, du reste sans intérêt spécial.

De là, nous allons voir la gracieuse chute d'eau de Nonubiki, promenade célèbre de la ville. Au retour, nous faisons arrêter les kurumas devant une maison en construction. Que tout cela est propre et bien assemblé! Les maisons, chose curieuse à notre point de vue, sont bâties d'après les dimensions des nattes qui en couvriront le sol. Ces nattes, très fines, très belles et très solides, toujours de même dimension, sont de longue durée et ont de la valeur. On construit donc une maison de quatre, de six, de dix nattes, etc.

Puis nous visitons une fabrique de porcelaine de Satsuma. Ce décor célèbre, d'une extrême minutie, est imité à Nagoya moins finement. Les véritables Satsuma coûtent fort cher, et ceux que l'on exporte en Europe sont souvent de l'imitation, du reste déjà fort belle et coûteuse.

Dans l'atelier, plusieurs peintres sont penchés sur leurs pièces, tenant en main des pinceaux d'une étonnante finesse. Ils peignent les détails les plus infimes, c'est étonnant à voir. Un enfant, un apprenti, peint un fond en y faisant des points d'or gros comme des pointes d'aiguille.

On nous montre des splendeurs, mais nos achats se bornent à une paire de petits vases sur lesquelles sont peintes des figures charmantes. Révérences, saluts sans fin. Dans la pièce où se trouvent dans des vitrines les objets à vendre, il n'y a comme meubles qu'un écran doré devant lequel se trouve une grande cigogne en bronze. Et cela suggère un lever de soleil.....

Le ciel est gris, il pleuvine même, et il faut tout l'intérêt de la vie de la rue pour nous faire supporter le froid et l'humidité. Un homme porte deux enfants dans des paniers au bout d'un bambou; ils sont là comme sur les plateaux d'une balance. Nous faisons quelques achats sans perdre l'habitude, universelle en Orient, de marchander.

Enfin, nous cherchons un abri au théâtre : scènes bizarres pour nous. Les acteurs se contorsionnent la face, les tableaux changent à tout instant. L'orchestre et les chants sont représentés par deux hommes qui, d'un pupitre, chantent sur un ton monotone et lugubre, avec de temps en temps des éclats de voix, des forte et des points d'orgue. Cela nous paraît devoir être l'explication de la pièce. Un claqueur, agenouillé à l'extrême droite, abat frénétiquement ses planchettes de bois dans les passages pathétiques. Le souffleur porte un voile noir sur la tête et est vêtu de noir; il est supposé invisible. D'autres hommes invisibles viennent placer une chandelle allumée devant le personnage principal. Nous croyons reconnaître, dans les acteurs, un enfant impérial, sa mère, un vieux précepteur, des suivantes portant l'obi au grand nœud. Puis entre un samouraï à deux épées. Le samouraï reconnaît une de ses filles; est-ce cela? pleurs, sanglots, colère, grincements singuliers. Des geishas arrivent sur la scène en traversant la salle. Les décors, formés de panneaux glissants, sont beaux, et les costumes intéressants. La mise en scène est naïve et cependant très riche.

Dans la salle, le plancher est divisé en quantité de compartiments où chaque famille s'installe comme chez elle, avec de petits pots à feu pour faire le thé, et tout un attirail d'ustensiles. Des gamins agiles courent sur les cloisons basses, portant à bras tendus des plateaux couverts d'oranges et de friandises. Leur cri : « Miganôs, miganôs », retentit à nos oreilles.

Peu de couleur, la salle est grise et sombre. D'ailleurs, au Japon, tout est terne, hormis les fleurs et les enfants.

3 *avril*. — Pour la première fois, nous voyons fêter un anniversaire de 2,500 ans! C'est celui de l'avènement au trône impérial de Jimmu Tenno, le premier souverain japonais qui succéda, en 660 avant Jésus-Christ, aux dieux de la mythologie japonaise. On admire une telle précision pour de si lointains souvenirs!

Le temps est très beau. Nous allons en pousse-pousse à Suya-Wama, d'où l'on a une vue très étendue.

Pour arriver au sommet de la hauteur, nous passons sous une série de toriis rouges serrés les uns contre les autres. Ce sont les offrandes des fidèles au temple de Suya-Wama.

Curieux panorama que celui de cette ville archi-plate, découpée par de multiples baies. Les toits bleutés s'étendent à l'infini dans un ciel serein, sans que rien ne vienne briser leur ligne basse et uniforme. De jolis jardins, des pins sur des rochers, tout est paysage, tout fait tableau.

De là, par la ville pavoisée, nous allons au temple Shinto d'Ikuta. Neuf, blanc, propre, frais jusqu'à l'irréel, ce temple se compose d'un seul pavillon aux toits de bronze artistement travaillés. A l'intérieur, les poutres sculptées sont ornées de cabochons à leurs extrémités. Des prêtres officient, coiffés d'une mitre en gaze noire. Deux bébés de vingt à trente jours sont présentés au baptême, dans de longs vêtements bariolés de rouge. Le prêtre, après des prières et des prosternations, frôle l'enfant d'un plumeau fait de lanières de papier blanc (gohei). Après quoi il donne à la mère, sur un plateau élégant, un document écrit.

Malgré le vent piquant, nous nous promenons dans le jardin où tout est d'une délicieuse harmonie, les perspectives d'escaliers, les toriis, les cerisiers aux fleurs à peine naissantes, les lanternes de pierres moussues...

Quant à la ville d'affaires, notre impression première demeure : aucune architecture privée, même au Bund où se trouvent les grandes firmes. Aspect hollandais, qu'accentuent la froidure, les fenêtres à guillotine, et à l'hôtel le fromage dit « Limburger ».

CHAPITRE VIII

KYOTO. — LE LAC BIWA

Nous quittons Kobé le 4 avril au matin, pour nous rendre à Kyoto. Beaucoup de touristes à la gare et dans le train. Par les vitres, nous nous rendons compte de la géographie très simple de la côte : les montagnes la suivent uniformément à 3 kilomètres de distance.

Des réclames gigantesques, agaçantes, obsédantes, se dressent dans les champs et gâtent la poésie du paysage. D'abord défilent des cultures de fourrages en pièces de terre très morcelées, dans un sol pauvre ; les collines dénudées, parallèles à la mer, font l'effet de grandes dunes. Puis la culture maraîchère, plus riche, émaille le sol plus fertile, et les villages s'étalent au bord des lits de rivière ensablés. Tout à côté, leurs cimetières aux colonnes de pierre uniformes et serrées mettent une note attristante et grise dans la verdure ; les temples sont rares. La région, très irriguée, est sillonnée de petites digues.

Les dunes gigantesques s'éloignent, la voie se sépare de la côte. La plaine vaste que nous traversons maintenant est par endroits toute jaune, comme tachetée de champs de colza. Les terres sont extrêmement morcelées ; avant Kanzaki, nous traversons une rivière sur un très grand pont. Rivière, c'est-à-dire lit de sable creusé d'un filet d'eau !

Nous passons à peu de distance d'Osaka, mais n'en apercevons rien que de monstrueuses affiches et quelques pêchers en fleur, puis des blanchisseries qui couvrent des hectares et des hectares.

Dans ce pays les plus petites rivières même semblent méchantes, pleines de tourbillons et de rapides. Après Haraki, leurs lits sont de pierres et non plus de sable.

Le pays devient accidenté, les cultures plus rares; nous approchons du pied des montagnes. Sur une terrasse soignée et balayée est installée une école : les petits enfants arrivent en classe, avec un grand bruit de soques. A Yamazaki, la gare est joliment située entre des collines plantées de fins bambous et de pins. Le bruit des soques résonne drôlement sur les quais des gares à chaque arrêt.

Enfin, voici Kyoto, une immense étendue de baraques grises. Dans le dédale des ruelles où courent nos kurumas, nous notons en passant mille détails, des lanternes de bronze, de petits bébés semblables à des poupées, des étoffes, des curiosités.

La vaste salle à manger du Kyoto Hotel, où l'on nous reçoit avec une extravagante politesse, est pleine de grands bouquets de cerisiers, de pruniers, de pêchers, etc. Est-ce enfin le printemps?

Pendant notre visite au Palais du Mikado, nous sommes frappés de l'impression d'art qui se dégage de ces pièces dénuées cependant de tout mobilier : rien que des plafonds, des cloisons de papier, des panneaux peints et des nattes. Deux meubles en tout, et encore sont-ce des meubles, ces étagères ménagées dans le mur, et dont les panneaux glissants sont agrémentés de discrets mais admirables ornements de métal? Les abords du palais sont larges, spacieux, et l'on y pénètre par plusieurs portes somptueuses.

Vu, dans les jardins du temple de Chion-In, le cerisier

d'âge respectable dont la floraison fixe la date du grand festival de printemps. La foire populaire qu'abrite son ombrage vénéré étend bien loin ses échoppes, ses maisons de thé, ses jeux, ses tirs à l'arc.

Du haut du temple très élevé, nous voyons tomber sur la ville la poussière fine d'une neige tardive; elle poudroie de givre les sapins sombres, les érables au feuillage rosé, les pêchers qui déjà sèment au vent le carmin joyeux de leurs fleurs. Depuis quatre ans nous n'avions plus vu de neige : elle rivalise dans ce décor idéal avec la floraison légère du vieux cerisier aimé du peuple.

Nous redescendons en ville par la « rue des poupées » ; qui doit son joli nom à la devanture attrayante des boutiques de porcelaines. On y étale jusqu'au milieu de la rue mille joujoux ingénieux et divers, faits d'un peu de pâte céramique maniée par des doigts d'artistes. La foule, bon enfant, nous suit sur nos talons, encore plus qu'au Siam. Peu de jolies femmes, la race est plutôt laide ; mais le nombre des enfants, gentils quoique mal mouchés, est prodigieux.

Impressions d'ensemble : On arrive à Kyoto, la première ville de l'ancien Japon, l'esprit plein d'attente de grandiose, d'espoir de pittoresque, de tableaux nouveaux... et l'on se trouve devant un amas de baraques ! Incroyable, la première promenade dans les ruelles à angles droits qui entourent les carrés réguliers des constructions : on pense à un labyrinthe, à des échoppes en plein vent installées pour une foire chez nous. Les rues ont pour la plupart un aspect gris et terne, auxquelles seules les lanternes de papier rouge des enseignes donnent un rien de couleur. Les maisons sont si basses, si closes, si grises, qu'on les croirait inhabitées. Rien de l'aspect intéressant des rues du midi de la Chine où tous les corps de métiers livrent aux passants leurs secrets.

Ici, les artisans travaillent derrière des cloisons de papier translucides mais opaques, et l'on ne voit de la rue qu'un lattis de bois bien poli.

Cependant, les magasins forment une heureuse exception. Leurs étalages débordent, au contraire, jusque dans la rue, offrant au passant le même article en mille nuances ou mille tailles diverses : ce sont tantôt les cordelières élégantes qui ferment les kimonos, montrant leurs floches soyeuses dans de petites boîtes rangées côte à côte ; l'étalage n'est composé que de cela. Ou bien ce sont les peignes de bois de toutes formes qu'emploient les femmes pour arranger leur épaisse chevelure, auxquelles elles ajoutent des coques, des touffes, des ornements postiches qu'on vend à la boutique voisine. Dans une autre échoppe ce ne sont que poissons rouges, petits et grands, qui s'agitent dans de petits bocaux. Puis les soques, les soques de toutes tailles en bois bien poli, dont l'étalage net et propret ne manque pas d'élégance. Ou bien les poteries qui s'empilent dans les profondeurs des magasins avec, jusque dans la rue, des colonnes de cache-pots, des floraisons de théières, des parterres d'assiettes et de godets, des massifs de pots à feu, des frises de plats, de vases et de potiches au dessin alerte, aux couleurs fines et riantes. Puis les étalages d'étoffes où gravement les petites femmes japonaises tâtent, drapent et chiffonnent les tissus, absorbées et sérieuses. Et aussi les fruits, proprement arrangés sur des claies circulaires ou dans des paniers, verts, jaunes, rouges et appétissants, ronds ou allongés, mais tenant plus, pour nos goûts européens, du légume que du fruit.

Tout cela égaie les rues commerçantes et leur donne un grand charme, qui rend encore plus triste en comparaison les rues voisines aux panneaux fermés.

Kyoto est une ville toute plate entourée d'un cordon de montagnes d'égale hauteur qui lui forme une ceinture presque parfaite; sur ces montagnes s'espacent des temples somptueux et des jardins artistement plantés.

Par un dédale de rues mouillées, dans la nuit pluvieuse, nos kurumas nous entraînent vers la salle de théâtre où depuis quelques jours l'on peut admirer la célèbre danse de la fleur de cerisier, la Myako-Odori.

Longue attente dans une première salle, avec d'autres touristes qui comme nous ont recouvert leurs bottines de chaussons d'étoffe présentés par le personnel. On n'en trouve jamais d'assez grands pour moi, mon talon les dépasse, et cela fait rire toute la galerie.

Puis, dans une autre salle, nous prenons part au thé de cérémonie que nous servent avec des grâces lentes et mignardes des geishas aux figures peintes, aux kimonos éclatants, au grand nœud de ceinture envolé comme un papillon. C'est charmant, gracieux et intéressant, mais le thé est imbuvable pour nous habitués au thé de Chine. C'est du thé vert d'une extrême amertume et sans sucre. Avec cela on nous apporte sur une petite assiette en poterie une sorte de gâteau d'aspect lourd et compact. Heureusement la politesse n'exige pas que nous y goûtions, car au contraire, nous voyons nos voisins japonais, et tout le monde le long des grandes tables, faire disparaître gâteaux et assiette dans les profondeurs des poches de kimonos.

Autre salle d'attente encore, si basse que je dois me tenir courbé sous les poutres, ce qui fait encore rire les petits Japonais. La musique et la danse sont près de finir dans la salle de théâtre, et recommenceront pour un nouveau public.

Enfin c'est notre tour, et notre patience est vraiment récompensée : trente-deux danseuses par groupe de seize évoluent, avec une incomparable grâce d'ensemble, sur un parquet aux reflets de miroir. Un chant bizarre, composé surtout d'exclamations, les accompagne pendant les nombreuses figures qu'elles exécutent. Au dernier tableau, des branches de cerisier transforment en apothéose ce ballet charmant, où la couleur et la grâce, plus que la science des mouvements, captivent le spectateur. Ravissants décors, dont les changements à vue sont faits avec une remarquable adresse.

Avec des lettres de recommandation, nous visitons d'intéressantes manufactures : broderies sur soie, cloisonné, porcelaine. Partout nous sommes reçus avec une parfaite complaisance. Chez Kinko Zan, le grand manufacturier de porcelaines, nous ne savons ce que nous devons admirer le plus : les produits absolument artistiques exposés dans une grande salle, ou l'arrangement exquis de toutes ces pièces sur les étagères ; ou bien encore le jardin, où nous sommes charmés par les cigognes de bronze, les lanternes de pierre, les jolis détours des massifs et des passerelles, le pittoresque voulu de chaque chose. On nous offre du thé, toujours ce thé vert auquel nous ne pouvons nous habituer, et des bonbons de pâte rosée en forme de fleurs.

Il est bien vrai que les Japonais en général exportent leurs produits de deuxième ordre et gardent les plus belles pièces dans leur pays. Heureusement la proportion des choses de mauvais goût est infime. Aussi le conseil de R. Kipling a du bon : « Mettez tout votre argent en banque si vous passez au Japon, et défendez au banquier de vous délivrer des fonds même sur votre propre demande ! »

C'est un régal que de regarder travailler ces ouvriers artistes, et il faut avoir vu éclore sous leurs doigts les oiseaux et les papillons des cloisonnés, les fleurs soyeuses et chatoyantes des broderies, les formes bizarres et étranges des porcelaines pour s'imaginer le travail des fées !

Nos journées sont très occupées. Nous visitons des

temples, des palais, des pagodes, des jardins que les livres sur le Japon ont décrits beaucoup mieux que nous ne pourrions le faire, et qui du reste découragent la description, car ils donnent des impressions de détails plutôt que des effets d'ensemble. Nous arrivons même à être fatigués des temples, dont le plus typique est à notre avis celui de la déesse Kwannon. Ces trente-trois mille figures dans la demi-clarté ne manquent pas de nous causer une impression vive. Au musée, c'est un autre éblouissement, mais on finit par ne plus voir toutes ces merveilles, tant il y en a ! Les yeux, le cerveau, la pensée, tout se met en grève et refuse d'absorber la forte dose d'art qu'on respire ici à profusion. Aussi, négligeant les énormes cloches de bronze qui résonnent sourdement sous des béliers de bois, passant inattentifs aux pieds des Daibutsus (Bouddas) dans lesquels on monte par des escaliers, nous allons vers la campagne pour nous reposer l'esprit dans cette nature gracieuse, jolie, aimable, dans ce paysage japonais où rien d'inattendu, rien de frappant ne vient rompre l'engourdissement qui s'empare du touriste fatigué. C'est une succession de vues classiques, et chacune d'elles pourrait être encadrée et mise au mur telle qu'elle s'étend sous nos yeux.

Le 6 avril, nous allons avec un guide vers le lac Biwa qui est un endroit d'excursion favori. Charmante promenade en kuruma, déjeuner froid apporté de l'hôtel dans de petites caissettes ingénieusement combinées, au pied de pins immenses qui tordent des bras de déments au-dessus de l'eau bleue du lac.

Nous retournons à Kyoto en bateau par le canal qui relie le lac Biwa à la baie d'Osaka. Par suite d'une importante différence de niveau entre les deux nappes d'eau à relier, ce canal offre des particularités fort intéressantes, notamment celle de dominer d'une quarantaine de mètres la vallée qu'il traverse.

Nous passons sous plusieurs tunnels; dans l'un d'eux, qui a 2,622 mètres de long, nous demeurons vingt-quatre minutes. La rencontre des barques arrivant en sens contraire y est des plus pittoresques : la lointaine apparition de leur lanterne est bientôt accompagnée des clameurs des bateliers qui résonnent étrangement sous la voûte. On se frôle au passage, on dirait des barques peuplées de diables au torse nu qui grimacent et qui hurlent.

Au sortir de là, la belle étendue de pays que l'on découvre, égayée par un temps superbe, semble plus joyeuse encore : parmi les bambous fins, les cerisiers en fleurs font de vaporeuses taches blanches ou rosées. Le courant rapide nous emporte dans les courbes gracieuses que le canal dessine au flanc de la montagne. Ici, rien de nos canaux ennuyeux, rectilignes et monotones : on dirait une rivière qu'un prodigieux caprice fait couler à plein bord au sommet des collines, et qu'une puissance fantastique empêche de se précipiter dans la vallée.

A Kyoto, notre excursion se termine au haut d'un plan incliné que le bateau vide descend sur un wagon, pour rejoindre un autre canal en contre-bas.

Nous rentrons à pied à l'hôtel, par les rues animées où se presse une foule énorme. En l'honneur du festival des cerisiers, les rues sont décorées de toriis couverts de feuillages, les maisons étalent des frises d'étoffe où figure la fleur symbolisée par un rond entouré de cinq ronds plus petits. Les lampions rouges et blancs sont disposés de même, et partout apparaissent des fleurs de cerisier artistement imitées en papier. Remarqué un gros globe électrique tout voilé de branches en fleurs, d'un effet charmant. Les enfants, vêtus de blanc et de rose, fardés comme des poupées, se promènent en bandes. La foule compacte leur fait place; mais quant à nous, nous avons beaucoup de peine à nous frayer un passage pour faire quelques emplettes.

CHAPITRE IX

OSAKA. — ARASHI-YAMA. — NARA

Passé la journée du 7 à Osaka, par une pluie battante ; M. Clawson nous avait donné la carte de visite d'un *kurumaya* (ainsi va le progrès des choses), et cette recommandation nous a valu dès la gare le concours obligeant d'un guide actif, subtil et loquace. Comme tous les étrangers, nous allons tout d'abord voir la forteresse. On y admire les murailles cyclopéennes qui ont été élevées par ces tout petits Japonais. Certaines pierres ont d'incroyables dimensions : plus de dix mètres de longueur ! Il faut les voir de ses yeux, et même alors cela paraît invraisemblable.

Comme au temple d'Angkor, comme aux pyramides d'Égypte, l'insoluble question se pose à l'esprit : Par quel procédé ces blocs gigantesques ont-ils été élevés, juxtaposés, superposés?

Du haut des terrasses qui dominent la ville, le voyageur étonné voit fumer de nombreuses cheminées d'usines ; elles sont éparpillées dans toutes les directions, et nous avons ici, pour la première et unique fois de notre séjour, l'impression de nous trouver dans un centre manufacturier et industriel.

De retour dans les petites rues basses, nous retrouvons cependant l'impression familière du Japon gris, où tout semble fait en carton pour les besoins d'un jour. Il est vrai qu'il pleut toujours !

Nous nous attardons au Clubs' Hotel, hésitant à remonter dans les rikshas aux toits ruisselants de pluie. Nous faisons plusieurs dégustations indigènes, mais le saké (bière chaude à fermentation alcoolique) n'a pour nous aucun charme. Cinq ou six petits grooms s'empressent pour me mettre mon paletot. Ils m'arrivent à peu près à la ceinture, et tout le monde d'éclater de rire, eux les premiers, devant leurs vains efforts.

Le festival des cerisiers a paré Osaka de couleurs d'emprunt. Plusieurs rues sont toutes décorées : des guerriers en carton, de grandeur naturelle, s'agitent au-devant des boutiques avec des gestes menaçants et brandissent des armes redoutables. Des expositions de poupées nous font voir les costumes des Japonaises d'autrefois.

Osaka est sillonnée de canaux que traversent une incroyable quantité de ponts, les uns petits, branlants, cassés, d'autres solides, majestueux.

Aucun Européen visitant Osaka ne manque d'aller voir la Monnaie de l'État. Elle a été organisée entièrement par des Anglais qui ont été éliminés un à un lorsque les Japonais se furent mis au courant de la fabrication et de ses complications. On nous a montré là un beau lingot d'or à 996.3 de fin, valant 70,000 yen (175,000 francs) et une balance qui rejette les mauvais flans. Cette petite bascule semble avoir une pensée; je n'ai jamais vu de machine aussi intelligente que celle-là; elle hésite, dirait-on, soupèse le flan, et puis rend sa décision.

Nous sortons de cet établissement célèbre remplis d'une sincère admiration et escortés jusqu'à la grille par un gardien parlant un français aimable et correct.

Devant nous s'alignent jusque bien loin deux rangées parallèles de cerisiers à fleurs doubles, bien épanouies. C'est la plus belle floraison de cerisiers que nous ayons vue au Japon où il y en a tant! Admirable nature! Même à Osaka, dans cette ruche industrielle où les ouvriers se comptent par dizaines de mille, la transformation moderne n'a pas encore altéré l'aspect enchanteur du paysage japonais.

Le caractère simple, naïf, enfantin du peuple nippon se voit encore dans l'attitude paisible des foules. Oh ! les foules asiatiques, qu'aucune police ne doit contenir, dans lesquelles on ne surprend jamais ni un propos brutal, ni un geste inconvenant, ni une démarche intempérante ; ces foules toujours prêtes au rire, naïvement curieuses, mais craintives et respectueuses, douces aux enfants, pleines d'aide mutuelle et de bonne obligeance ! Que de fois nous les avons regrettées ! Et quelle horreur nous avons éprouvée, à notre retour en Europe, pour nos foules tout en noir, laides et compassées, lugubres, ignorantes d'autrui, et semblant toujours revenir d'un enterrement !

Ces pensées me reviennent en songeant aux dernières heures de notre visite à Osaka, lorsque nous parcourions les locaux d'un grand bazar où une foule compacte nous suivait. Mme Jottrand portait constamment au cou une fourrure de renard complète, achetée à Shanghaï, pour la protéger du froid auquel nous étions extrêmement sensibles. Ce renard aux yeux de verre était l'objet de la curiosité très amusante de tous les gens du peuple. Partout où nous sommes passés, pendant tout notre séjour au Japon, la même scène s'est renouvelée. Il m'a fallu plus d'une fois, après m'être éloigné, fendre des groupes serrés pour rejoindre Mme Jottrand dont le renard attirait vers elle plus de cent personnes avides de regarder d'aussi près que possible ce bel animal, qui est cependant de leur pays.

Je crois que c'étaient les yeux de verre qui les intriguaient surtout, et la tête naturalisée.

8 avril.

Température : 17 degrés 7. Nous partons avec M. et

Mlle Clawson, d'intéressants Américains rencontrés à Hong-Kong, et compagnons de bord sur le *Doric*, pour Kameoka, afin de descendre en barque les rapides de la rivière Karatsugawa.

Délicieux trajet en chemin de fer : la voie remonte le torrent qui nous rappelle la Reuss. La montagne aux mille couleurs est parée de cerisiers fleuris, nous sommes pleins d'enthousiasme. A Kameoka nous traversons quelques plantations de thé par d'étroits sentiers pour aller de la gare à la rivière. Nous prenons place sur des chaises dans de grandes barques à fond plat, faites de planches minces. Et en avant sur le torrent plein d'éboulis, de récifs et de tourbillons! Nous piquons droit sur un énorme rocher : d'un coup de gaffe, le conducteur l'évite et rejette la barque dans un remous qui l'entraîne. A chaque instant il saute à gauche, à droite, virant, gaffant, maintenant la barque à l'abri des chocs qui semblent imminents. Et puis survient un premier rapide... houp, la barque glisse sur la cascade, c'est charmant, délicieux. Trois fois nous faisons ainsi le plongeon : la barque craque et gémit, les planches souples râclent les pierres et plient sans se briser. De l'eau entre et nous éclabousse, nous sommes bousculés et nous nous raccrochons les uns aux autres. Voilà un sport original et nouveau!

Quand les caprices du torrent nous laissent respirer quelques instants, nous admirons le paysage escarpé. Par moment des montagnes semblent barrer absolument la route, toute issue nous est fermée... mais tout à coup le bateau vire, file dans une passe étroite, et nous nous trouvons devant une nouvelle perspective de collines boisées. La capricieuse rivière enfin se calme et s'élargit ; bientôt elle coule à pleins bords entre deux rives charmantes émaillées de *tea-houses*, de loggias et d'estrades qui dominent l'eau maintenant unie et tranquille. Beaucoup de monde, gens du peuple pour la plupart, venus pour admirer un site ravissant. Un grand pont, d'aspect gracile et rustique, relie les rives où toutes les nuances de feuillage se marient harmonieusement sous un joyeux soleil.

L'endroit nous enchante à tel point que nous renonçons à rentrer à Kyoto pour le repas de midi et, de tea-house en tea-house, nous récoltons suffisamment de vivres pour faire sur l'herbe un déjeuner champêtre. Tout charme la vue, tout est gracieux et joli, et c'est à regret qu'enfin nous montons en *kuruma* pour regagner Kyoto. Le trajet, cependant, est intéressant. Nous rentrons en ville par la seule brèche de la ceinture de montagnes, après avoir remarqué sur la route quelques arbres de toute beauté, solitaires et vénérables.

Mme Jottrand fait venir à l'hôtel un spécialiste emballeur pour envoyer en Belgique toutes ses trouvailles de Hong-Kong, de Macao, de Kyoto. Elle est émerveillée de son adresse et de sa célérité, c'est un artiste en son genre !

Après le dîner, nous allons à Chion-In, le temple du grand cerisier. La foire est animée, l'effet des lumières est charmant, et la fête se continue dans la ville où nous revoyons avec plaisir le gracieux festival fleuri.

9 avril.

Deux agiles *kuramayas* nous transportent dès le matin devant les portes d'honneur des deux grands temples bouddhistes de la secte Hongwanji.

C'est à l'autre extrémité de Kyoto, ce qui signifie une bonne demi-heure d'un petit trot ininterrompu. Quel plan désespérément rectiligne que celui de Kyoto ! Quel interminable agglomération de petites baraques assemblées en blocs réguliers aux angles droits ! Kyoto ressemble à un fer à gaufres.

O surprise, les temples d'Hongwanji nous transportent

à nouveau dans la religion pure et sereine du grand sage Çakyamounî ! Que nous voilà loin des marchés aux prières des prêtres shinto ! Le grand parvis nous impressionne par sa majesté sobre et tranquille. A Nishi, il mesure plus de 40 mètres sur 30 et il a fallu près de 500 nattes mises bout à bout pour couvrir le parquet de bois odorant.

Seules, quelques femmes font leurs dévotions, d'autres circulent à pas silencieux : tout est discret, recueilli, craintif, respectueux. Plus de gohei, plus de grelots, plus de cordons de sonnettes, plus de boîtes aux prières, plus de boulettes de papier mâché sur les faces divines comme dans les temples Shinto. Rien qu'un marmottement dévot, à peine perceptible, devant les grandes balustrades du chœur. Et nous pensons, avec quelque émotion, à nos chers souvenirs de Bangkok. Hélas ! l'illusion est impossible, il y a 12 degrés à peine... Oh ! cette bonne et confortable chaleur des tropiques, comme nous la regrettons ! Il nous semble que le bonheur paisible et la vraie quiétude de l'âme ne sont pas possibles dans un pays où l'on doit toujours songer à se vêtir et à s'abriter. Et ces temples bouddhistes, faits pour la tranquillité contemplative des âmes satisfaites, nous paraissent presque un non-sens dans un pays où il faut lutter, batailler, travailler !

Après-midi, temps exécrable. Dès 2 heures 1/2 nous nous réfugions au théâtre. Dans chaque compartiment, des familles entières sont installées commodément, avec des coussins, un petit fourneau et les ustensiles du thé. Petits et grands sont là causant, blaguant, riant, aussi bien durant la pièce que pendant les entr'actes.

Système ingénieux des décors : la scène tourne sur pivot, et l'acte finit à peine que le suivant commence déjà. Le rideau s'ouvre et se referme toujours d'une manière différente, quatre ou cinq rideaux apparaissent successivement pour amuser le public.

Quoiqu'en plein jour, la scène est éclairée aux lumières. Des passerelles, servant aussi bien aux acteurs qu'au public, surplombent l'échiquier du parterre à compartiments. On y circule constamment.

De temps à autre, un petit coup de bâton sec invite le peuple à faire attention, et alors arrive une saillie ou un mot qui soulève un rire général. Des coups de bâton plus violents annoncent l'arrivée en scène d'un grand personnage, souvent même on crie le nom de l'acteur qui entre. Il y a foule, comme aussi il y a foule dans les rues, foule dans les temples que nous visitons. Quand travaille-t-on dans ce pays ?

10 avril.

Pluie constante. Voilà notre quatrième jour de pluie au Japon ; les autres journées étaient radieuses. Nous ne sommes plus habitués à ces ciels de plomb, à ces flaques, à cette pénétrante humidité. Le minimum de la nuit a été 10 degrés 5. Avec deux feux dans la grande salle à manger de l'hôtel, on n'obtient que 12 degrés. Il est vrai que ces foyers ouverts sont si exigus que trois gaillettes suffisent à les remplir, trois toutes petites gaillettes ! Ces Japonais semblent vraiment dédaigner l'hiver !

Nous sortons cependant et visitons des temples, puis le jardin célèbre de Kinkakuji, surfait à notre avis. Un petit guide Tom-Pouce conduit la bande des visiteurs et fait un long boniment chantant en japonais et en mauvais anglais, d'un air moitié sérieux moitié farceur.

Ensuite à Kitano-Tenji, temple shinto d'une forme de culte populaire. Mais voilà assez de temples. Mme Jottrand se met en grève, et prétend qu'elle ne voit plus toutes ces dorures, ces sculptures, ces bronzes, ces statues...

Aussi, l'après-midi nous allons faire des achats dans un bazar, une sorte d'exposition régionale. Au retour nous nous arrêtons dans des bocages exquis sur la montagne. Un imposant nuage, lourd de neige, descend au loin comme une draperie sur les collines opposées et sur la ville que nous dominons. La vague blanche submerge peu à peu Kyoto, même les vastes toits des temples.

Puis, il neige : neige fine, exquise comme le grain d'une soie légère, papillonnant autour des grands pins, s'effritant sur les cerisiers en fleurs, rayant l'horizon devant le fond vert des bocages où nous sommes.

Nous traversons un bois de bambous ravissant. Ce ne sont pas des touffes de tiges comme au Siam, mais chaque tige unique s'élance du sol et se courbe gracieusement, vraie plume de feuillage.

Moins poétique, ma visite au barbier. Il porte un loup sur le nez et la bouche, ce que j'approuve, et il fait payer 0 fr. 85 pour tailler la barbe, ce qui doit être un prix pour Européens.

La température se refroidit encore. Dans notre chambre à coucher, où nous faisons faire du feu, nous n'obtenons que 8 degrés. Après le dîner nous allons avec des amis de bord revoir les danses du Myako-Odori. En sortant de là, un paysage de Noël nous surprend : les toits, les ponts, les kurumas, tout est blanc, et il neige sous un ciel serein. minimum de la nuit au dehors 0 degré 5.

Se figure-t-on l'impression que fait cette gelée, si petite qu'elle soit, sur des gens qui n'ont connu qu'une température de 22 à 32 degrés pendant près de quatre ans?

11 avril.

Nara ! admirables avenues de cryptomerias, mousse vénérable sur les antiques lanternes de pierre dans lesquelles parfois brille la pâle flamme d'un petit cierge. Des daims familiers, assemblés en troupeaux dans le taillis clairsemé, passent sans crainte devant les promeneurs.

Toutes ces lanternes, si nombreuses que parfois elles se touchent le long de l'avenue, ces grands arbres majestueux, ce silence, ce calme profond, nous causent la première impression de *grandeur* ressentie dans ce pays d'estampes et d'images.

Nara, il y a longtemps, très longtemps, a été une capitale. Des empereurs, de nobles daymios, des samourais ont défilé en cortège entre les cryptomérias élancés, toute la pompe des cours a brillé fastueusement dans ces sites, qui semblent en porter la durable empreinte. Les temples, les daibutsus, les danses sacrées que l'on va voir à Nara, toutes ces richesses s'effacent devant la beauté de la grande Nature.

CHAPITRE X

DE KYOTO A YOKOHAMA

12 avril.

De grand matin, par le labyrinthe de ruelles grises, nous reprenons le chemin de la gare. Beaucoup de monde au train ; les wagons sont confortables, bien aménagés. Un Japonais, assez gros personnage sans doute, monte avec nous. Par la portière il s'entretient avec les nombreuses personnes qui l'ont accompagné. Au moment où le train s'ébranle, tout ce monde se plie en deux, les mains sur les genoux, s'abîmant en respectueuses révérences.

Nous roulons dans la large plaine voisine du Lac Biwa. La culture y est soignée, en pièces de terre irrégulières et très morcelées. Bientôt apparaît le lac, entouré de montagnes aux sommets neigeux. Les bois de pins, les rochers nus dévalant en ravins, les cimes blanchâtres caractérisent le paysage. Ravissant jusqu'au bout, le lac bleu dont nous côtoyons parfois la rive de tout près ! Et en le quittant nous restons charmés de son dernier aspect : au premier plan, le lac rétréci, des pêcheurs en silhouette sur l'eau tranquille et bleue, maniant leurs filets et leurs pièges à poissons aux formes bizarres. Au deuxième plan, un champ jaune vif couleur de colza, puis les montagnes couronnées de neige. Admirable !

Nous traversons la chaîne de montagnes qui limite la province d'Omi. Les cultures se font maintenant sur des terrasses soigneusement endiguées. Nous ne voyons malheureusement pas le mont Hukiyama, haut de 1,300 mètres; il est caché par des nuages de neige. Du reste la neige blanchit tous les plateaux élevés.

Pas d'animaux, pas de troupeaux dans toutes ces campagnes. A peine de temps à autre un cheval de bât sur la grande route. A Okazaki, il y a une ligne de tramway à cheval.

A Maisaka, délicieux paysage : la voie traverse un bras de mer. Des bancs de sable où poussent des pins tordus par le vent s'étendent parallèlement à la digue. Plus loin, les eaux bleu foncé d'une lagune; au fond, comme fait au fusain, un trait sombre : une rangée de pins cachant des maisons. Puis, vers la mer, une passerelle pour piétons, enjambant les eaux sur de longs et fins piliers. Une passerelle, quelques pins tordus, une lagune dans une atmosphère grise, tout le Japon est là dedans.

La voie traverse le lit immense de la Tenryügawa. Trois rivières différentes semblent y couler, séparées par de larges espaces. Leurs lits sont très nettement creusés. Trois ponts parallèles, infiniment longs, enjambent en vue l'un de l'autre ce grand espace crevassé et raviné qui, à l'époque des crues, est envahi par les eaux turbulentes de la rivière. Célèbre au Japon pour ses rapides, la Tenryügawa coule pendant plus de six heures entre des falaises élevées où elle s'est creusé un passage en écumant et en tourbillonnant. La descente en barque de ces rapides au nombre de trente et plus ne doit certes pas manquer d'inattendu !

Choses et autres : de l'utilité d'apprendre le japonais pour faire du tourisme au Japon. *Ikura?* (combien coûte ceci), demande miss Clawson en achetant un parapluie de papier. *Thirty cents* (trente cents), répond le tireur de pousse-pousse en bon anglais.

Dans le wagon, des Japonais font connaissance en se passant leurs journaux. Pour se saluer, ils plongent simultanément, on dirait qu'ils admirent leurs souliers. Chose curieuse, ce salut est toujours de la même profondeur : pas de nuances d'inférieur à supérieur. S'il y a des variantes, c'est entre saluts dans la rue et saluts dans la maison. Même dans les étroits passages des wagons restaurants, les révérences s'échangent, et ces gens extra-polis font des prodiges d'équilibre. De la fenêtre du wagon, nous voyons en pleine campagne deux paysannes qui se quittent après la causette. Elles se font de grands saluts comme des citadines, le corps plié en deux.

Le kimono que portent les hommes fait un singulier effet, vu de loin : la marche et les coups de vent découvrent à chaque pas les jambes nues, jusque bien au-dessus des genoux.

Beaucoup de personnes s'imaginent que le Japon est actuellement fort européanisé. Certes, ce n'est point l'impression du touriste. Cette transformation a atteint surtout les rouages politiques et administratifs, elle affecte aussi l'industrie et le commerce, mais elle n'atteint nullement la vie journalière et privée du Japonais. Il a conservé ses croyances, ses habitudes, ses maisons, son régime alimentaire, ses vêtements. Même à Kyoto, on ne rencontre pas un Japonais sur cent qui soit en costume européen, à part le chapeau. Quant aux femmes, il est sans exemple d'en rencontrer une qui ne soit vêtue de son costume national : les modes européennes ne sont de mise que dans la très haute société, et seulement pour des réceptions solennelles de caractère généralement officiel.

Dans les campagnes, rien n'a changé, semble-t-il, depuis les récits que les voyageurs ont faits il y a plus de vingt ans !

Le Japon semble être le royaume des enfants ; les rues en sont remplies et égayées. Dans ce pays où l'instruction est obligatoire dès le plus jeune âge, j'admire qu'on ait su concilier le séjour à l'école avec la bonne hygiène de la vie en plein air. L'œuvre philanthropique du « Grand air pour les petits » n'aurait aucune propagande à faire au Japon. Mais, en revanche, il est très remarquable qu'on ne voit jamais, jamais de femmes enceintes. Des compagnons de voyage en ont fait l'observation comme nous. Cependant les Japonaises, sauf cette seule circonstance, vont et viennent comme les hommes, sans aucune défense ni restriction. Il y a là un usage particulier qui ne nous a point été expliqué.

Des rizières, des rizières sans fin défilent sous nos yeux. La récolte est faite, mais les meules de paille sont encore sur les champs, Nous voyons labourer avec des pioches et des coutres dont la forme diffère quelque peu des nôtres. Vu un seul bœuf et une seule charrue, dans toutes ces vastes étendues!

Nous traversons l'Oigawa, encore un lit immense et desséché. Il y a un tout petit pont sur le filet d'eau étroit qui coule dans la vase, tandis que le train express met une minute et quart pour traverser le grand pont qui joint les deux rives.

La voie s'approche parfois de la Tokaydo, l'antique chaussée qui jadis était la seule voie de communication entre Kyoto et Tokio, et où défilaient les somptueux cortèges des shoguns et de leurs suites, allant rendre hommage au mikado.

Des pins vieux et tordus la bordent encore, mais elle est bien désertée aujourd'hui!

Subitement nous apparaît le Fuji Yama. C'est une émotion! D'abord, éclairé au milieu par un large rayon du soleil couchant, doré aussi au sommet. Puis, opaque. Il fait jour encore, mais sa masse cache le soleil. L'admirable courbe qui s'élève doucement de la plaine est pure et gracieuse à gauche, un peu accidentée à droite. Rien de chaotique, de tourmenté dans cette formation volcanique. La terre paraît s'être soulevée doucement, tranquillement, sans effort. La montagne est belle d'une beauté pure et *personnelle*, pourrait-on dire, car sitôt qu'on a vu le Fuji, on comprend sa personnification sacrée.

Nous longeons de tout près l'océan. Des baies se découpent entre des montagnes, la mer apparaît très bleue entre deux tunnels. Le soir tombe, la lune se lève, donnant au Fuji un nouvel aspect. Sa masse s'estompe en gris bleu, et sa calotte de neige rayonne avec régularité et grandeur.

Pourquoi cette montagne nous fait-elle songer au temple d'Angkor, aux figures calmes des divinités de pierre de Baïon? Nous éprouvons ici une impression analogue de calme, d'admiration émue, de respect même devant cette simplicité si belle.

L'obscurité s'étend, et nous sommeillons pendant la fin de ce long trajet. Vers 11 heures, nous arrivons à Yokohama, où nous sommes attendus par le consul général de Belgique. M. et Mme B... nous font l'accueil le plus hospitalier et le plus aimable, et nous passons la journée du dimanche à nous reposer en leur agréable société, admirant leurs bibelots collectionnés en Chine et au Japon, échangeant avec eux des impressions de voyage.

Conduits par eux chez des commerçants chinois dont nous avons une fois de plus l'occasion de constater la diligence, l'adresse et l'excellent esprit de commerce, nous commandons pelisses, toilettes, paletots et vêtements pour affronter les froids et assister aux réceptions.

Dans les conjonctures parfois difficiles que traverse le voyageur au long cours, rien ne le met aussi à l'aise que de rencontrer un négociant chinois. A Shangaï, où nous nous sommes arrêtés le Vendredi Saint, tous les magasins européens étaient fermés, nous n'avons pu faire nos indispensables achats que chez les marchands chinois.

Ici à Yokohama, un riche négociant chinois est le seul dont nous trouvons la maison ouverte, car c'est dimanche et il est 6 heures du soir. On me prend mesure et dès le lendemain matin l'on vient m'essayer une redingote, deux costumes complets et un paletot. Tout cela a été coupé et cousu la nuit pour satisfaire ce client si pressé!

Mme Jottrand, de son côté, trouve un Céleste tout aussi zélé et compétent. Elle lui donne vingt-quatre heures pour confectionner la robe de soie élégante dont elle a besoin pour assister à la fête des cerisiers dans les jardins impériaux, et les ouvriers se mettent immédiatement à l'ouvrage.

On ne louera jamais assez l'étonnante ingéniosité de l'artisan chinois qui, tout en conservant ses mœurs, son costume national, n'ayant guère l'occasion de voir d'autres Européens que ses clients, parvient cependant à saisir fort bien les exigences délicates de nos modes européennes.

Cette infatigable ardeur fait contraste avec le repos méthodique des négociants anglais qui, en Extrême-Orient comme chez eux, maintiennent d'une manière inflexible leur far niente dominical, commençant dès le samedi à midi. Exigence souvent inacceptable pour le voyageur errant.

Dès nos premières promenades, Yokohama nous plaît. Par les larges chemins de la montagne, nous pouvons à l'aise, même à pied, flâner parmi les jardins fleuris du quartier européen. Quelques superbes cerisiers nous montrent des fleurs doubles presque aussi grosses que des boules de neige qui seraient légèrement rosées.

L'un des grands charmes de la nature japonaise, c'est qu'elle est le lieu de rencontre des deux végétations, tropicale et tempérée, comme notre Méditerranée.

Nous voyons les bambous fléchir sous la neige fine; les sapins se tordent au vent sur la crête des collines, tandis qu'en pleine terre, dans la vallée, des camellias au tronc gros comme celui d'un poirier épanouissent toutes leurs fleurs en dépit des morsures de la gelée.

Du haut du Bluff, on voit toute la rade et la ville indigène de Yokohama. Il n'y a rien de plus insignifiant qu'un panorama de ville au Japon, dans ce pays à tremblements de terre, où l'on n'ose rien construire solidement. Les palais et les masures, vus d'en haut, ont la même apparence basse, modeste, grise et uniforme. L'on dirait les tentes d'un corps d'armée en expédition. Et cependant ces grandes vues panoramiques du Japon arrêtent et retiennent le voyageur par leur simplicité même, par le calme de leurs horizons, par la splendeur infinie et le gris argenté de leur vaste firmament qu'aucune flèche monumentale n'essaie de rejoindre et de diminuer.

A Yokohama comme dans le Japon tout entier, l'enseignement à tous les degrés est organisé d'une façon minutieuse. Un beau matin, une voiture nous mène par des chemins pittoresques jusqu'à l'une des écoles moyennes mixtes de la ville : le consul général de Belgique nous accompagne.

Cette école compte 470 élèves, âgés en général de 13 à 20 ans. Malgré leur modernisation, les Japonais obéissent encore beaucoup aux anciennes idées des études lentes et reposées : on n'est pas impatient, comme chez nous, d'avoir fini ses études. Chez la race jaune, l'étude est le fond même de l'existence, ce n'est pas seulement un moyen, un outil.

Les études de cette école durent cinq années.

Les élèves apprennent le japonais, le chinois, l'anglais, les mathématiques (arithmétique, algèbre, géométrie, trigonométrie), l'histoire naturelle, la physique, la chimie, a géographie universelle, l'histoire (japonaise, chinoise et étrangère), le dessin (à main levée), le chant et la musique, la gymnastique, la morale. Le directeur a le soin de nous faire remarquer que son école enseigne la *morale impériale*, c'est-à-dire la morale approuvée par le gouvernement : les vieilles religions du Japon sont aujourd'hui discréditées dans la classe instruite de l'empire.

Les jeunes écoliers portent un uniforme de drap bleu, coupé à l'européenne, qui ne leur sied pas mal. Il y a des externes et des internes. Le minerval est de 11 yen (27 fr. 50) par an. Les internes payent une rétribution supplémentaire de 5 yen (12 fr. 50) par mois pour leur logement et leur nourriture. Le budget annuel de l'établissement est de 20,000 yen, ou 50,000 francs.

Voici le programme journalier des internes :

5 heures 1/2 du matin : Lever.
6 heures 20 du matin : Déjeuner.
6 heures 30 du matin : Étude.
7 heures 30 du matin : École.
12 à 1 heure de l'après-midi : Lunch.
1 à 2 heures de l'après-midi : École.
2 à 4 heures de l'après-midi : Jeux et bain.
4 heures de l'après-midi : Souper.
4 à 6 heures de l'après-midi : Jeux.
6 à 9 heures de l'après-midi : Étude.

Les externes prennent à l'école leur repas de midi et leur présence est requise de 7 heures 1/2 du matin à 2 heures de relevée.

Nous visitons avec beaucoup d'intérêt les diverses salles de cours, et nous constatons l'excellence des instruments et des collections à l'usage des professeurs et des élèves. Tout le matériel de physique a été fabriqué à Tokyo. Nous ne voyons de professeur européen qu'au cours d'anglais.

Bien des détails nous frappent encore comme d'heureux progrès sur les écoles similaires de Belgique. Par exemple, les chambres d'étude ne comportent que 8 élèves, et la surveillance se fait par des cloisons vitrées. Tout est simple, même primitif, mais rien ne manque. Chaque écolier a son pupitre, ses casiers, des rayons à la muraille. Les dortoirs, les réfectoires, les salles de bain sont spacieux, aérés et extrêmement simples. Une grande salle de conférences sera bientôt, comme tout l'établissement d'ailleurs, éclairée à l'électricité.

Il y a vingt-trois professeurs et les cours commencent en avril pour finir en mars. Les vacances se placent du 1er au 7 avril, du 21 juillet au 10 septembre, et du 25 décembre au 7 janvier. Les examens ont lieu à la fin de chacun de ces trois termes scolaires. L'école fournit chaque année quarante ou cinquante diplômés.

Nous visitons également une école primaire.

Dans la ville de Yokohama, qui compte 200,000 habitants, il y a quatorze écoles primaires avec un total de 19,581 élèves.

Celle que nous visitons a une population de 2,100 écoliers (1,100 garçons et 1,000 filles), et un personnel enseignant de vingt-six instituteurs et vingt-cinq institutrices.

Le programme comporte l'étude du japonais, de l'anglais, de la morale, de l'histoire, de la géographie, de l'arithmétique, de la physique, du dessin, de la gymnastique et du chant. Tous ces cours se donnent aux garçons et aux filles. Celles-ci ont de plus un cours de couture.

Les cours durent huit années, depuis l'âge de six ans jusqu'à quatorze ans.

Il n'y a que des externes. Ils arrivent à 8 heures et partent à 3 heures, sauf les plus jeunes qui n'ont de classe que le matin. Les heures de leçon sont de 8 heures à 12 heures et de une heure à 3 heures, avec un repos de dix minutes entre les heures, pour le jeu et la récréation.

L'année scolaire commence en avril. Le minerval varie de 20 sen à un yen par mois (50 centimes à 2 fr. 50), suivant le revenu des parents. Un tout petit nombre sont dispensés de tout minerval pour cause d'indigence. Le minerval fournit à l'école une recette totale annuelle de 14,000 yen . mais comme le budget des dépenses est de 30,000 yen par an, des subsides sont nécessaires.

Nous visitons plusieurs classes, notamment la classe de couture, où la maîtresse explique le maniement de la machine Singer, et la classe de physique, où nous voyons la réduction d'une machine à vapeur sur la chaire du professeur. Au lieu de lever le doigt comme chez nous, les écoliers étendent toute la main en avant.

Nous quittons l'établissement en traversant la cour où se trouvent de vastes terrains pour les jeux : les fillettes s'y ébattent avec de grands cris.

CHAPITRE XI

YOKOHAMA. — LES PRISONS. — GARDEN-PARTY CHEZ L'EMPEREUR. — ENSEIGNEMENT COMMERCIAL AU JAPON.

Le régime des prisons japonaises est assez fortement calqué sur celui des prisons belges. Instruit de notre nationalité, le directeur de la prison de Yokohama que nous venons visiter se confond en révérences et en excuses : il prend l'air le plus modeste et me déclare avec emphase que « prisons in Belgium are the crown of all prisons in the world, and he is ashamed to show me a thing like this one. »

Quoi qu'il en soit, la prison de Yokohama, qui contient 1,406 prisonniers parmi lesquels 109 femmes, présente à nos yeux une originalité engageante, c'est qu'elle est toute en bois. Voilà qui nous change de nos bastilles agrémentées de pierres de tailles et de gros barreaux. Se figure-t-on en bois un bâtiment menaçant et des murailles rebelles à l'escalade ? On nous affirme pourtant que les évasions sont inconnues. Heureux directeur !

Chez nous aussi les évasions sont devenues rares, mais nous traitons si bien nos prisonniers qu'ils sont au regret de devoir s'en aller !

Dans cette prison de Yokohama, les détenus ne peuvent résider plus de onze ans : passé ce terme, ils sont transférés sous un autre régime.

D'autre part, ils ne sont reçus que s'ils ont au moins

l'âge de douze ans : plus jeunes, ils sont incorporés dans une école de réforme.

Dans toute prison, la question délicate est celle du travail et de l'occupation des prisonniers. On sait combien ce régime est pitoyable chez nous : je n'accuse personne et je sais que la solution du problème est malaisée.

Comme partout en Orient, le Gouvernement japonais emploie beaucoup de prisonniers à l'entretien et à l'amélioration des routes. Les cinq sixièmes des malfaiteurs étant amenés au vol et au crime par leur incurable paresse, la meilleure pénitence à leur infliger est bien le travail dur et ingrat du terrassier. Cependant, dans la préfecture de Kanagawa dont Yokohama fait partie, les prisonniers ne sortent pas de la prison. Nous les voyons travailler à décortiquer du riz, à faire de la menuiserie, à coudre des vêtements, à tisser, à faire du cloisonné et à broyer des couleurs. Le travail leur est choisi suivant leur résistance de constitution. Le salaire paye une partie de leur entretien : on leur remet une proportion de 3 sen sur 10, sans que leur profit annuel puisse dépasser un maximum de 20 yen.

Les locaux sont spacieux et clairs. Nous voyons une salle réservée au service anthropométrique, une autre aux avocats. Les cellules sont de diverses sortes : les unes pour un seul détenu ; d'autres pour deux, trois ou quatre détenus. Le directeur nous dit qu'on y met ensemble les très bons ou les très mauvais, tandis que les « modérés » sont isolés dans les cellules à un seul occupant, répartition qui me paraît logique.

Les femmes sont à neuf dans une cellule. A-t-on tenu compte de leur besoin de conversation?

Nous nous promenons dans les corridors, très vastes et formant des étoiles, comme chez nous. Si un prisonnier désire quelque chose, il tire un cordon qui actionne et abat automatiquement un indicateur blanc qui s'offre aussitôt à la vue du gardien faisant sa ronde. Au préau, à la salle de bains, la surveillance se fait par une galerie supérieure. Les Européens (il y en a quelques-uns) sont soumis exactement au même régime. Ils ont cependant des cellules réservées à leur intention.

Les détenus préventivement portent un panier sur la tête, en guise de cagoule, quand ils circulent dans l'établissement. Les prisonniers condamnés peuvent se voir, ils ont le visage découvert, mais ils ne connaissent pas leurs noms respectifs : un numéro seulement est apparent. Ceci me paraît plus discret et plus convenable que le système en usage au Siam, où chaque prisonnier porte perpétuellement sur lui une pancarte en bois indiquant son état civil complet, ses méfaits, son temps de punition.

Les prisonniers qui ont fait les trois quarts de leur temps d'emprisonnement portent trois marques blanches sur leur costume : ils peuvent être libérés conditionnellement. On leur permet en tous cas de s'acheter quelques douceurs. Mais ni le tabac ni les boissons fortes ne sont tolérés pour aucun motif.

Les visites des parents et amis peuvent être très fréquentes.

Je pense qu'il y a chez les Japonais (qui disent nous avoir copiés) quelques bons exemples à suivre, en ces matières pénales : nous devrions nous décider enfin à soumettre nos prisonniers (même ceux à court emprisonnement, *qui sont les plus mauvais*) à un travail dur et pénible, comme l'est celui de la plupart des prolétaires honnêtes et libres. Nous devrions ensuite laisser un champ plus libre et plus vaste à l'action salutaire et régénératrice de la femme, des enfants, de la famille, au lieu de ne permettre à ceux-ci que des visites dérisoires à travers deux murailles.

Eté quelques instants avec notre consul au Palais de

justice : par malchance, il n'y avait pas d'audience. Remarqué la simplicité presque pauvre des locaux.

Nous sommes pilotés par un initié, juge ou avocat. Ici encore, remarqué une excellente innovation. Au lieu d'être conduit à son banc par des gendarmes à travers une foule souvent hostile, le prisonnier est introduit directement à sa place par une trappe qui le fait surgir à l'audience comme Méphistophélès dans le cabinet du docteur Faust. Même dispositif dans les bureaux des juges d'instruction. Et quoi de plus logique ! Les cellules des accusés sont dans le sous-sol, et les salles d'audience au rez-de-chaussée.

Vu quelques avocats : ils portent une toque ressemblant à nos bérets d'écolier, et une robe noire dont le col est agrémenté de blanc.

18 avril.

Hier, grande fête chez l'empereur : le festival des cerisiers, le célèbre *cherry blossom day*. C'est la grande ambition de tous les étrangers qui vont au Japon, de pouvoir assister à cette cérémonie fameuse. Il paraît que les invitations ne sont pas largement accordées : elles sont limitées à ceux qui sont reçus à la Cour dans leur propre pays. Cela me paraît logique. Quant aux Américains, comme ils n'ont pas de Cour, ils ne sont pas soumis à ce triage ; et il se fait ainsi qu'on les voit toujours à cette fête en une affluence considérable.

C'est à Tokio qu'a lieu la réception, dans les jardins impériaux de Shiba Rikyu qui s'étendent en presqu'île le long de la baie. C'est l'endroit que les Shoguns avaient choisi jadis comme résidence d'été.

Le mikado n'en fait plus guère d'autre usage que d'y recevoir des princes et des hôtes illustres, ou d'en employer les jardins à des réceptions telles que celle-ci.

Dès la gare se forme un amusant cortège de pousse-

pousse emmenant les invités dans une lutte de vitesse. Nous sommes en quelques minutes aux abords des jardins, mais ceux-ci semblent inaccesibles tant il y a de portes monumentales, puis de grandes cours irrégulières, semées d'un fin gravier, puis encore des portes où les équipages ne passent que l'un derrière l'autre. Partout flottent des tentures violettes semées du chrysanthème blanc héraldique de la famille impériale.

Les pousse-pousse se rejoignent, se dépassent ; il fait bon et chaud ; une poussière fine se soulève, les voitures et les uniformes apparaissent en nombre toujours plus considérable. Enfin voici les laquais, la livrée, un vestiaire en plein air. Nous sommes arrivés, transportés en une seconde au milieu d'un paysage enchanté, verdoyant et fleuri.

Ce ne sont pas les cerisiers qui attirent le plus notre admiration. Nous en avons vu de plus beaux, mais tout le parc est admirable de coloris et de poésie tranquille.

La foule des invités grandit et grandit toujours. Nous retrouvons beaucoup de figures connues, des touristes aperçus jadis à Kobé, à Kyoto, à bord du *Doric*, à Hong-Kong, à Macao. Les Américaines sont fort en beauté, et il y a une remarquable proportion de toilettes très réussies. Il y a aussi des originalités : telle une toilette toute rouge, gants rouges, souliers rouges, chapeau rouge.

Les Japonaises sont en costume européen, hélas ! Leurs maris sont aussi laids que d'habitude.

Mais voici la Légation de Chine, elle est là au complet, on y voit presque tous les boutons possibles, depuis le simple bouton doré jusqu'au bouton rose des plus hauts mandarins. Tous sont grands, robustes, bien nourris, et portent avec fierté leurs riches robes brodées et la coiffure de leur pays. Ils semblent, sans morgue ni orgueil, satisfaits et fiers de leur nationalité. Si l'on ne doit juger les gens que par les apparences physiques, comme je les préfère à ces Japonais aux gestes gauches et lourds dans leurs vêtements d'emprunt, mal appropriés à leur race et à leurs habitudes !

Bientôt arrive l'empereur qui paraît bien plus âgé que ses 50 ans. L'impératrice l'accompagne. Le cérémonial n'a aucune grandeur et contraste péniblement avec les fêtes royales siamoises. Ce n'est plus le faste asiatique, et ce n'est pas encore le décorum européen ; cela est terne et indifférent.

L'impératrice et sa suite, en toilettes européennes, font l'effet de tristes caricatures, et pourtant elles seraient peut-être jolies en kimono ?...

Esquivons-nous ; la douce promenade dans les chemins parfumés est plus agréable que la contemplation du monde officiellement et disgracieusement chamarré. Et quel plaisir de retrouver, au détour d'un sentier, M. et Mlle Clawson qui viennent prendre part avec nous à la collation impériale et nous content tout ce qu'ils ont vu depuis notre dernière rencontre. Comme nous, ils sont frappés du peu de décorum de la réception et regrettent presque d'avoir modifié leurs plans de voyage dans le but d'y assister.

Tokio est déroutant ! La ville s'étend sur un espace immense, beaucoup trop vaste pour sa population.

C'est qu'en effet le nouveau régime impérial a profondément modifié l'histoire de la grande capitale : avant 1868, au temps de la puissance des Shoguns, plus de deux cents daimyos avaient ici leur résidence. Leurs obligations féodales envers le Shogun les retenaient pendant six mois de l'année dans la ville alors nommée Yeddo. Ils s'y construisirent de vastes demeures plus spacieuses que confortables, où ils vécurent plus ou moins sur le pied de guerre, avec une nombreuse suite militaire à leur solde. Telle est l'origine des vastes *yashikis* ou demeures féodales parsemées sur l'immense étendue de Tokio, plus de 25,000 hectares !

Tout cela devint inutile et désert après 1868, lorsque cette organisation sociale s'écroula, que les daimyos furent rendus à la vie privée et leurs samouraïs invités à déposer leurs sabres. Tokio se trouva alors démesurée pour abriter une population qui allait diminuant.

Plusieurs des yashikis d'autrefois subsistent encore, ils ont été affectés à divers services publics.

La ville se divise en quartiers bien distincts, et c'est tout un voyage que d'aller d'un extrême à l'autre.

Après avoir quitté les beaux jardins illuminés de Shiba Rikyu, nous nous promenons en pousse-pousse dans Ginza, la grande rue commerçante, et dans l'enclos du palais impérial où se trouvent les ministères. Puis nous allons nous installer à l'Imperial hotel, tout animé par l'élégante société venue pour assister à la garden-party

Le lendemain, sous une pluie diluvienne, je traverse en pousse-pousse les grands espaces qui s'étendent, tristes et démesurés, aux abords du palais impérial.

J'arrive à l'École supérieure de commerce de Tokio, que je désire visiter. Par suite d'une circonstance dont je n'ai pas gardé le souvenir, il n'y a malheureusement pas cours ce jour-là. Mais le directeur de l'école, fort aimable comme la plupart des Japonais, me fait voir tout ce qui peut m'intéresser.

Les élèves sont au nombre de neuf cents environ, tous externes, ne prenant à l'école que le repas de midi.

Parmi les soixante professeurs, beaucoup ne donnent qu'une ou quelques heures de cours par semaine. Le recrutement est fait de manière à assurer l'enseignement par des praticiens.

Cette école commerciale est la seule, dans tout le Japon, qui soit du degré supérieur. Mais Kobé se prépare à en inaugurer bientôt une seconde. Les écoles commerciales de degré moyen sont au nombre de quarante à cinquante, pour jeunes gens de quinze, seize et dix-sept ans.

Les jeunes gens n'entrent à l'école de Tokio qu'à l'âge de dix-sept ou dix-huit ans, sortant d'une école de degré moyen. Comme les Chinois, les Japonais étudient jusqu'à un âge avancé ; ce sont d'éternels étudiants.

Les classes de l'école supérieure de commerce comportent une année préparatoire, trois années de classe principale, et deux années de cours supérieur. Bref, l'étudiant termine à l'âge de vingt-quatre, vingt-cinq, quelquefois de vingt-sept ans. Ce cycle d'études paraît absolument normal à ces infatigables Japonais, dont tous les professeurs européens ont remarqué l'ardeur au travail.

Les élèves paient un minerval qui est habituellement de 25 yen (64 francs) par an. Toutefois cela est loin de suffire à équilibrer le budget de l'école, qui se monte à 90,000 yen environ chaque année, soit 232,000 francs.

Les carrières commerciales étaient jadis bien dédaignées par le Japonais, qui ne rêvait pas de plus beau métier que celui de samouraï. Les choses ont bien changé ! D'après le directeur, plus de 1,200 candidats se sont présentés aux derniers examens d'admission. 200 seulement ont été reçus.

Le nombre d'élèves dans les écoles commerciales du Japon s'est accru avec une si prodigieuse rapidité que les professeurs ont fait défaut. Aussi l'on vient de créer hâtivement plusieurs sections supérieures à l'école de Tokio, pour veiller de plus près à la formation des licenciés qui se destinent au professorat.

Les heures d'étude sont de 8 heures à midi et d'une heure à 3 heures, et plus rarement 4 heures.

Les locaux que je visite sont spacieux, bien aérés, propres et clairs. Le mobilier scolaire est des plus simples ; le musée commercial extrêmement étendu. Le Bureau commercial est aménagé à l'imitation d'une bourse ou d'un marché, avec des compartiments séparés pour les diverses opérations commerciales à effectuer. J'ai un vif regret de ne pas voir ce bureau animé par la présence des élèves, de ne pas assister à une séance.

Dans les locaux de la direction, l'on me montre toute la paperasserie administrative. Les Japonais, comme les Siamois et comme tous les Orientaux je crois, excellent dans les travaux minutieux, qui les intéressent et les amusent. Il y a ici des statistiques à l'infini, des tableaux aux multiples colonnes, des bulletins aux cases microscopiques, des grimoires entrecoupés de traits, de séries de chiffres... et quand, m'arrachant à leur étude compliquée, je remonte en pousse-pousse, il pleut toujours !

CHAPITRE XII

TOKIO. — LE TEMPLE D'ASAKUSA. — LE YOSHIWARA. KAMAKURA ET ENOSHIMA.

Ginza est la grande artère commerciale de Tokio. Sillonnée de trams nombreux, de rikshas qui se sauvent dans toutes les directions, elle a un aspect fort en désordre : Les maisons, souvent séparées les unes des autres, se suivent sans alignement ; les réclames touffues, grotesques, donnent un aspect unique à la large rue par-dessus laquelle se croisent des milliers de fils téléphoniques, plus nombreux et plus obscurcissants que je ne les ai jamais vus. Le style bien particulier d'une église russe frappe tout à coup dans ce milieu banal. Car en somme, quoique bruyante et animée, Ginza n'offre pas d'intérêt au point de vue japonais.

Le Musée nous plaît bien davantage ! Les robes de cour, composées parfois de sept kimonos s'entr'ouvrant l'un sur l'autre ; les armures farouches, les coffrets merveilleux, les armes, les porcelaines, les souvenirs historiques de plusieurs siècles y sont rassemblés, étalage aussi artistique qu'intéressant.

Nous sortons de là éblouis mais fatigués, et sous l'empire du découragement que l'on ressent quand on a vu d'aussi magnifiques choses et qu'on réfléchit à sa propre impuissance, à la petitesse de son effort isolé !

Le jardin zoologique vient fort à propos nous amuser et nous distraire. De cage en cage, le spectacle est tour à tour drôle ou gracieux. Nous regardons longtemps les canards chinois, peinturlurés comme des joujoux. Puis une famille de chameaux du Thibet, monsieur, madame et bébé. Les poils longs et rudes du mâle lui forment des bosses supplémentaires et disgracieuses; il semble tout garni d'étoupe mal peignée qui lui retombe en barbiche, en manchettes, en jabot, en crinière. Quel singulier animal !

Le jardin zoologique se trouve à la lisière d'une imposante forêt de cryptomerias qui abrite les tombeaux des Shoguns. Par une série d'escaliers grandioses dans leur simplicité, on s'élève entre des arbres séculaires dont les cimes se dressent à de prodigieuses hauteurs.

Là-haut, sous les arbres sacrés, loin du bruit de la grande capitale, reposent six Shoguns de la famille Tokugawa, ainsi que plusieurs princesses. Entre les troncs lisses, dans le sombre feuillage, des camellias de grande taille mettent la note éclatante de leurs fleurs blanches et rouges. Les tombes, les unes en bronze, les autres en pierre, sont d'une noble simplicité.

C'est un lieu de repos et de calme que celui où dorment ces guerriers au passé historique !

Après le déjeuner, nos kurumayas nous entraînent à toute vitesse vers le temple fameux d'Asakusa-Kwannon. Le spectacle en est probablement unique ! Déjà les parvis et les cours qui l'avoisinent sont occupés par une foule considérable de gagne-petit et de détaillants qui vendent toutes les choses imaginables, et même aussi assez bien de choses que l'on n'imagine pas ; celle-ci, par exemple : une vieille femme, vraie caricature d'ivoire jauni, vend des moineaux dans des cages minuscules. Nous nous étonnons ; acheter des moineaux, pourquoi faire ? La vieille nous explique par geste l'objet de son commerce : on achète les moineaux captifs pour avoir le plaisir de les remettre en liberté ! ! ! Cette bonne œuvre fait-elle sourire d'indulgence la déesse de la miséricorde ? Probablement, car la vieille trouve des acheteurs.

Les Japonais logent toujours leurs divinités à mi-chemin des nuages, et ce n'est pas sans peine que, fendant la foule, nous arrivons au haut de l'escalier et au seuil du temple.

Mais est-ce un temple, ou un marché ? La foule est si nombreuse, le brouhaha si intense, les allées et venues si peu discrètes ; les fidèles et les curieux se mêlent et se coudoient de telle façon que vraiment il faut se recueillir un instant avant de comprendre ce que l'on voit. Une vieille femme donne à manger à des pigeons qui viennent s'abattre sur le plancher du temple dans un grand frémissement d'ailes. A côté, un infirme agite le cordon d'un énorme grelot pour attirer l'attention de la divinité qu'il veut implorer, puis il frappe dans ses mains et marmotte d'inintelligibles prières. Des familles entières circulent en groupes, en parure de fête ; les tout petits enfants, encore vacillants sur leurs jambes, font déjà les gestes traditionnels et coutumiers de la prière, à l'imitation de leurs aînés : ils frappent l'une contre l'autre leurs petites mains, puis les joignent en courbant la tête, et enfin jettent une menue piécette dans le vaste récipient qui recueille les aumônes.

La déesse Kwannon est là, vers la droite du temple ; mais qui pourrait la deviner dans cette statue de pierre usée et polie ? A peine a-t-elle encore figure humaine ! Les yeux ne sont plus que des cavités sans regard, les saillies du visage ont disparu, jour par jour, année par année, usées par le continuel contact des malheureux infirmes qui espèrent guérir leurs maux en frottant contre le marbre sacré leurs membres malades... Oh, les superstitions que rien ne peut déraciner, les espoirs en une puissance miséricordieuse, aussi nécessaire aux humbles que le pain qui les nourrit!... Une femme s'approche et, sous nos yeux, touche sous ses vêtements sa poitrine malade, puis le sein de la désse. Et ainsi continuellement, grands et petits, jeunes et vieux viennent lui demander le soulagement ou la guérison.

Plus loin, nous voyons des prêtres, vêtus de costumes religieux, rédiger des prières pour les suppliants. L'on se croirait à un bureau de théâtre, où chacun vient chercher contre argent son billet. Muni de sa prière dûment payée, le Japonais croyant se rend devant la divinité qu'il espère secourable, et après l'avoir implorée, dépose la prière au pied de la statue ou la lui lance, mâchée, sur la poitrine. Plusieurs statues sont ainsi criblées de boulettes de papier, pieux messages des croyants.

On a peine à se rappeler qu'on est dans un lieu sacré, en contemplant cette vaste foire, en enjambant la fiente des pigeons qui souille le plancher, en coudoyant les curieux qui se promènent le chapeau sur la tête...

Bien plus calme, plus recueilli, plus imposant même est le Yoshiwara, quartier spécialement réservé aux maisons hospitalières.

L'on sait que la prostitution n'est point vue au Japon avec la défaveur que les Occidentaux professent pour ce côté de la vie sociale. Le Yoshiwara est un quartier bien famé, paisible, tranquille, où l'on peut se promener en famille. On nous avait recommandé de nous y rendre le soir, alors que les rues sont animées et les pensionnaires en parade; mais cela ne nous a pas été possible et nous devons nous contenter de voir le cadre à défaut du tableau.

C'est déjà excessivement curieux : tout ce quartier du Yoshiwara est divisé en carrés réguliers; une belle avenue de cerisiers fleuris le partage par le milieu. Le rez-de-chaussée de chacune des maisons est transformé en une loge grillée, somptueusement décorée, resplendissante de dorure, ornée de panneaux artistiques représentant des tigres, des feuillages, des fleurs ou des oiseaux. Une balustrade en bois empêche le public de s'approcher trop de ces loges, tout comme dans les jardins zoologiques. Les fenêtres des étages sont également grillées, et de riches lanternes ornent toutes les façades.

Derrière les barreaux des loges, le passant peut contempler le soir les Japonaises aux joues rondes et aux gestes mièvres, assises en grand costume comme les figures de cire de nos grands magasins de confection.

Nous allions quitter Tokio, lorsqu'on nous dit : « Et Danjuro? Allez-vous quitter le Japon sans avoir vu le plus grand acteur japonais de ce siècle? »

Non, évidemment; et le jour même, munis de billets d'entrée qui nous coûtent 8 francs par personne (excusez du peu), nous allons passer quelques heures dans le grand théâtre de Tokio. Celui-ci est fort beau : il y a deux étages de loges, un plafond remarquable qui scintille aux lumières d'un lustre électrique. En bas, l'échiquier habituel, chaque famille dans sa case; les colporteurs circulent pendant les entr'actes avec vivres et boissons. Nous remarquons quelques Européens. Les Japonais sont, comme toujours, en nombre imposant; nous regardons avec intérêt une jeune maman qui fait la toilette de son bébé tout près de nous. Le bébé s'est conduit... comme les bébés de tous les pays, et l'on déroule un à un tous les petits kimonos dont il est enveloppé.

Lorsque nous arrivons, on joue un drame historique, un épisode de la vie d'Hideyoshi, l'empereur conquérant, celui qu'on a nommé le Napoléon japonais. Il est vêtu de robes bleu de ciel et trône au milieu de sa cour; les daymios viennent lui présenter leurs hommages. Ceux-ci portent des costumes magnifiques semblables à ceux que nous avons admirés au musée, et le décor du palais d'Hideyoshi rappelle absolument celui des anciennes résidences impériales que nous avons visitées.

Un mouvement houleux dans la foule des spectateurs annonce l'arrivée de Danjuro (1). Traversant l'assistance, il se dirige vers la scène par le chemin surélevé qui est toujours ménagé dans les théâtres japonais, indépendamment de l'entrée par les coulisses.

L'acteur célèbre représente un des grands seigneurs de la cour d'Hideyoshi. Il s'avance en patinant des genoux sur le parquet poli, s'inclinant en des révérences profondes et prolongées. De larges pantalons lui dépassent les pieds d'un demi-mètre. Telle était jadis la mode des grands, pas plus singulière, après tout, que celle de la *traîne* pour la toilette de cérémonie de nos femmes.

Mais voici que l'action s'anime et se précipite, les planchettes des claqueurs s'abattent à tout instant, réclamant l'attention générale. Les acteurs forcent les intonations et glapissent comme s'ils avaient à lutter contre une force invincible, contre un sortilège les empêchant de parler. Danjuro personnifie le grand général Kato Kiyomasa, qui vient de remporter de brillantes victoires dans une guerre contre les Coréens. Son collègue Konishi, jaloux de ses succès, aidé d'une favorite de l'empereur, porte contre lui des accusations graves qui mettent Hideyoshi en grand

(1) Le célèbre acteur Schikawa Danjuro est mort peu de mois après, le 13 septembre de cette même année 1902. L'Empereur a envoyé des fleurs aux obsèques, honneur jusqu'alors inconnu pour un acteur; et le marquis Ito a écrit une lettre de condoléances à sa famille.

Danjuro était plus qu'un acteur : c'était un artiste et un homme d'une érudition profonde. Il connaissait l'histoire et les mœurs de son pays mieux qu'aucun de ses compatriotes.

On affirme que ses appointements étaient encore, lorsqu'il est mort, de 8,000 yen (20,000 francs) par mois, bien qu'il fût âgé de soixante ans.

courroux. Il jure de punir sévèrement Kato, et le consigne dans son château.

Malgré cet ordre, pendant un terrible tremblement de terre, Kato ne peut résister au désir de voler au secours de son Empereur bien-aimé, pour lequel il a pris les armes dès l'âge de treize ans.

Hideyoshi, qui est sain et sauf, refuse de le voir. Cependant il est touché du dévouement de Kato. Et quand celui-ci se répand en lamentations et laisse éclater son chagrin de se voir calomnié auprès de son maître, l'Impératrice et tous ceux qui entourent l'Empereur sont émus jusqu'aux larmes.

Kato est autorisé à se disculper, l'Empereur pardonne et l'investit du commandement d'une nouvelle campagne.

Ainsi s'animent pour nous de mouvement et de vie toutes ces choses du passé que nous venons de voir en touristes, les grandes salles vides et froides des palais, les armures, les costumes raidis des vitrines. Les grands noms d'autrefois résonnent, Hideyoshi, Tokugawa son ministre, l'impératrice Omandokoro, ces noms qui remplissent le passé guerrier du Japon et sont liés à tant d'œuvres d'art, de temples grandioses et de tombeaux!

Puis vient une sorte de ballet dont les mouvements nous paraissent un peu mous : ce sont des papillons poursuivant une fleur. La danse japonaise n'a guère d'intérêt que par les mouvements d'ensemble. Des lions aux énormes crinières viennent jeter une animation plus farouche dans cette idylle doucereuse.

Nous assistons ensuite à une comédie moderne, plus compréhensible pour nous.

La scène se passe dans un intérieur japonais. Le père rentre chez lui, élevant contre sa femme une voix irritée, prenant à partie ses trois jeunes enfants. Ceux-ci chantonnent d'une voix traînarde qui semble une parodie tant elle exagère le ridicule des récitations enfantines auxquelles le récitant ne comprend rien.

Les quatre timides et malheureuses créatures se jettent à genoux devant le tyran domestique, dont nous ignorons les griefs. Puis, derrière un paravent, il se passe quelque chose que nous ne pouvons deviner. Le public, oppressé, reste silencieux. Quand on enlève l'écran, nous voyons avec stupeur une des fillettes bâillonnée, ligottée en croix sur un chevalet, et ainsi suspendue en guise de châtiment.

Partout dans l'assistance les femmes pleurent et sanglotent, et beaucoup d'hommes même sont en larmes.

Nous ignorons la suite de ce drame réaliste, car il est temps pour nous de gagner le vestiaire où se trouve un amoncellement fabuleux de soques de toutes tailles, et puis la gare où nous reprenons le train pour Yokohama.

Il nous a été vivement recommandé d'aller voir, à Kamakura, un grand Daibutsu dans un site particulièrement pittoresque. C'est ce qui fait qu'un matin, par un beau soleil, nous voyons de nouveau défiler par la portière la campagne japonaise : la plaine est constamment plate comme un lac, mais à tous les points de l'horizon surgissent des collines aux formes variées, comme les récifs émergeant de l'océan ; les rizières sont presque inondées, on laboure. Nous remarquons que les cultures ne sont pas distribuées par parcelles aux limites rectilignes, comme en Europe ; mais pour quelque raison que nous ignorons, elles affectent des formes courbes et capricieuses.

Partout la nature est pittoresque, et chacun de ses aspects est un *paysage tout fait.* Au Japon, qu'on regarde où l'on veut, on a toujours sous les yeux un *site d'ensemble* qui peut orner, tel qu'il est, un paravent, une assiette ou un éventail. D'où cela provient-il? L'impression est vivace et nous sommes plusieurs à l'éprouver.

Dans le compartiment de seconde classe où nous sommes, une vieille Japonaise fume la cigarette et fait des ronds de fumée; d'autres font du thé ou sucent des oranges. Le train est rempli de voyageurs.

Nous arrivons à Kamakura, qui fut jadis une capitale populeuse et n'est plus aujourd'hui qu'un petit village côtier recherché comme séjour de plaisance par les résidents de Yokohama.

Le Daibutsu est imposant, majestueux, débonnaire et bienveillant; il rêve et médite dans un des sites les plus délicieusement japonais que nous ayons vus.

Mais la mer nous attire, on la devine toute proche à l'allure contournée des arbres, à la raie inégale et jaune des dunes voisines, à l'odeur de varechs qui pénètre jusque dans les bois et les bosquets.

Promenade délicieuse le long de la côte, mi-partie à pied, mi-partie en pousse-pousse, jusqu'au ravissant petit village d'Enoshima : île à marée haute, presqu'île à marée basse.

Les dunes sont parsemées de violettes et de véroniques; le sable, par place, s'étend en longues plaines où circulent de petits fleuves qu'enjambent de grands ponts voûtés. Puis, une vénérable perspective d'escaliers moussus nous fait atteindre, à travers un parc d'azalées, d'érables et de cerisiers doubles, le sommet d'une majestueuse falaise.

Le site est consacré à trois déesses Shinto qu'on vient adorer ici, dans leur temple.

Sur la mer bleue, parsemée d'îlots minuscules lavés par les vagues pleines d'écume, cent petites voiles scintillent comme des flocons de neige. Plus loin la mer va heurter les côtes montagneuses et ravinées de l'Orient qu'éclaire le soleil à son déclin.

Sur la falaise où nous sommes, des pins aux troncs torturés, aux branches bizarres s'élèvent vers le ciel azuré que ne voile aucun nuage.

Des Japonais de tout âge gagnent ici leur vie en plongeant pour amuser les touristes et les badauds, et en repêchant une pièce de monnaie qu'on leur jette. Voilà un métier qui est de tous les pays!

Au pied de la falaise se trouve une grotte, ou plutôt une fissure entre deux grands rochers surplombant la mer. Cette espèce de couloir s'enfonce jusqu'à une centaine de mètres vers l'intérieur ; on y pénètre par une passerelle de bois accrochée de manière pittoresque au flanc du rocher. La voûte s'élève à 9 ou 10 mètres de hauteur à l'entrée de la caverne, mais s'abaisse ensuite sensiblement. Rien de remarquable d'ailleurs, si ce n'est l'imprévu de cette grotte sombre dans ce paysage gracieux.

CHAPITRE XIII

NIKKO

Lorsque nous atteignons Nikko à la fin d'une longue journée de voyage, nous sommes surpris par l'air glacé, l'altitude élevée, l'aspect neigeux des hauteurs.

C'est presque une impression d'Alpes, et nous ne sommes cependant qu'à six cents mètres au-dessus de la mer.

La longue rue qui monte de la gare vers les hôtels, avec sa double rangée de boutiques, accentue encore l'aspect de ville d'eau suisse.

Mais nous avons froid, nous sommes pressés de trouver un gîte. M. et Mme B... nous accompagnent avec leur fillette, qui a grand besoin de repos, et nous craignons de ne pas trouver de logement. En effet, le « Kanaya Hotel » est comble, il faut aller plus loin, au petit bonheur. Par un magnifique clair de lune qui nous fait oublier notre fatigue, nous marchons encore par les routes inconnues, nous arrivons au bord de la torrentueuse Daiya-Gawa, et enfin au Nikko Hôtel où, malgré 14 degrés, nous nous sentons transis!

Le lendemain au réveil, exquise surprise : l'hôtel fait face à des montagnes qui semblent couvertes de velours brun-jaunâtre. Tout, sous nos yeux, est raviné et fantasque : sur l'un des sommets, une énorme touffe noire de pins échevelés; par-ci par-là, les taches mauves des azalées; des cascades descendent en rubans argentés et zigzaguent dans toutes les directions; certains pics étincellent comme de la lumière, même à l'abri du soleil; d'autres sont mornes, noirs et sombres.

Ici comme dans tous les pays montagneux, les pluies sont fréquentes, et un aimable touriste nous conseille de profiter immédiatement du radieux soleil pour aller à Chuzenji, excursion qui demande une journée entière et n'est faisable que par un temps sec.

Aussitôt après le déjeuner, nous engageons des kurumayas et nous partons en pousse-pousse. Le lac de Chuzenji se trouve à treize kilomètres de Nikko et à 1,300 mètres d'altitude au-dessus de la mer. Pour y arriver, nous devons donc nous élever de 700 mètres. La montée inégale est parfois très rude, souvent entrecoupée de descentes difficiles, aussi périlleuses que les ascensions.

La Daiya-Gawa coule dans un lit aussi accidenté et aussi raboteux que le chemin, à en juger par son allure frémissante, ses cascades, ses rapides aux longs serpents d'écume, son aspect toujours pittoresque et quelquefois grandiose.

A l'altitude où nous sommes, la floraison est tardive. Bien que nous soyons à la fin d'avril, la glycine ne s'ouvrira pas avant un mois; mais que ce sera superbe alors! Seuls, en ce moment, de petits iris mauves parsèment le lichen et la mousse, délicats et jolis.

Plus nous approchons du lac, plus nous voyons prédominer les sapins et les conifères; mais, chose singulière, ils sont garnis comme d'une fourrure des flocons d'un lycopode léger qui s'agite sous la brise.

Bientôt les montagnes se dénudent, leur singulier chaos devient impressionnant. Formidable parmi ces mamelons pelés se dresse le Nantaizan qui domine la région. Le sol est très pyriteux, et l'on vend sur la route des pierres où miroitent toutes les couleurs de l'arc-en-ciel.

Parmi les cascades nombreuses que forme le torrent pour descendre vers Nikko, aucune ne nous semble plus belle que celle de Kegon. La chute est habituellement de soixante-quinze pieds, et le précipice en forme d'amphithéâtre est formé de zones rocheuses superposées horizontalement du plus singulier effet. L'eau s'attarde sur ces terrasses qui parfois se dépassent l'une l'autre, et le soleil jouant dans les gouttelettes produit un effet merveilleux.

Presque immédiatement au-dessus de Kegon s'étend le grand et paisible lac de Chuzenji, long de douze kilomètres et large de quatre.

Le vent souffle là-haut avec une extrême violence; et c'est à grand'peine que nous franchissons pour la dernière fois, sur un frêle pont de bois, la tumultueuse rivière qui sort de la nappe d'eau bleue.

Au bord du lac se trouve une vaste auberge, construction japonaise en bois et en papier qui semble plus frêle que jamais dans le voisinage des hauts sommets.

Nous y cherchons un abri contre le vent qui rend impossible toute excursion au bord de l'eau, et l'on nous y sert un repas confortable. Force nous est de ne juger du paysage que par les fenêtres, jusqu'au moment du retour.

Plus rapides à la descente qu'à la montée, nos kurumayas vont un train endiablé. Nous nous arrêtons néanmoins aux diverses maisons de thé pittoresquement perchées aux endroits les plus beaux; des balcons de bois, légers à donner le frisson, surplombent les précipices, permettant aux Japonais amoureux de la nature de juger du coup d'œil. Une lanterne de pierre moussue, un jardinet mignard et rocailleux, quelques arbustes en fleur entourent ces petites échoppes de bois d'où sortent des Japonaises rieuses qui causent avec nos hommes, en leur versant du thé dans des tasses comme des godets.

Quelques mois plus tard, nous apprenions que toute cette région a été dévastée par un étrange accident : un pan de montagne, glissant dans le lac de Chuzenji, le fit subitement déborder. La Daiya-Gawa, grossie effroyablement, emporta sur son parcours furieux les ponts et les maisons, tout fut détruit jusqu'à Nikko même où les dégâts furent immenses et irréparables.

Le but principal de notre voyage à Nikko est la visite de ses temples fameux, mausolées élevés au dix-septième siècle à la mémoire de Yeyasu, le Shogun illustre qui fonda la dynastie des Tokugawa, et de Yemitsu, son petit-fils, administrateur remarquable.

Ces princes, s'ils revenaient en ce monde, ne pourraient souhaiter de plus magnifique glorification de leur règne et de leur dynastie : décrire les splendeurs des temples demanderait des mois d'étude sur place. Bornons-nous à donner l'impression du voyageur touriste devant ces chefs-d'œuvre du génie constructeur des Japonais. C'est un enthousiasme voisin du découragement; on est fatigué d'admirer.

Une seule des portes d'entrée du temple de Yeyasu, la Yomeï-Mon, par exemple, est à elle seule un monument d'une richesse inouïe, dont la grâce, l'ensemble, la poésie du détail captivent et retiennent les regards du visiteur qui ne se résigne à passer outre que pour voir plus beau encore. Et ce n'est qu'un détail dans cette immense ville sainte.

Le temple d'Yeyasu est shinto; le temple d'Yemitsu est bouddhiste. Bien que le premier soit plus beau et plus remarquable à tous points de vue, le second nous attire davantage par le charme que nous trouvons à y revoir tant de choses familières vues à Bangkok, au milieu de ces purs bouddhistes que sont les Siamois.

D'immenses fleurs de lotus en brônze doré s'élèvent devant l'autel mystérieusement perdu dans la pénombre.

Des cigognes en bronze vert, de grandeur naturelle, tiennent d'énormes cierges, à côté de lanternes monumentales; sur l'admirable parquet du temple, des tables basses, des sièges à profusion, des coffrets de laque ornés de cuivres aux armes des Tokugawa. Un lustre richissime descend du plafond à caissons où le dragon d'or se répète indéfiniment sur un fond bleu. Les animaux fabuleux se succèdent sur les panneaux des murs, sculptés, laqués, dorés.

Deux autres pièces aussi richement décorées font suite au temple principal, tandis qu'une sorte de galerie en laque noire fait le tour des trois pièces. On s'y rend en franchissant des seuils laqués, des portes dorées où s'entrelacent merveilleusement dragons et chimères...

En matière d'art, il est toujours à craindre que la richesse de l'ornementation et du détail ne fasse tort à la conception même de l'œuvre et à sa beauté d'ensemble : on se rappelle le reproche adressé au sculpteur par le poète grec : « Ne pouvant faire Vénus belle, tu la fis riche. » Dans les temples de Nikko, cette appréhension serait sans objet : les plafonds, les murs, les autels, les portes, les parquets, toutes les parties de ces somptueux édifices sont richissimes, fouillées dans les moindres détails, étincelantes de dorures et de couleurs; et pourtant tout est beau, tout est grand, tout est ample de dessin et d'allure, et le pèlerinage religieux laisse au voyageur le plus sceptique la vision d'une haute et noble exaltation divine.

Au surplus, la nature a aidé les hommes. Les temples sont adossés au rocher sauvage qui surplombe en falaise le vallon. Les cryptomérias, droits comme des colonnes, dégagés de leurs branches jusqu'à quinze ou vingt mètres de hauteur, s'allongent en files et leurs drèves font aux deux temples des entrées d'honneur dont la solennité s'harmonise avec leur splendeur.

Une seule chose nous est antipathique : c'est le froid! Et ici, dans ce milieu archi-sacré, nous devons pour la première fois nous résigner à ôter nos souliers, car le simulacre de passer des chaussons au-dessus des bottines n'est pas admis par les farouches gardiens du temple. Il en est même qui veulent nous faire enlever nos pardessus et qui n'abandonnent cette fâcheuse idée que devant nos plus énergiques protestations!

Les soirées, à Nikko, sont difficiles à remplir; les hôtels offrent peu de ressources, quoique nous ayons aperçu des habits noirs au « Kanaya Hotel ». A la faveur du beau temps, nous nous aventurons dans le village pour fureter parmi les nombreuses échoppes à bibelots qui bordent la grande rue. Les commerçants japonais se multiplient en révérences et en courbettes; on dirait des pantins qui gesticulent.

Ils nous sont parfaitement antipathiques et leur mauvaise foi est irritante. Rien de la dignité calme du Chinois qui, évidemment, fait aussi du marchandage et tâchera d'obtenir le plus haut prix possible, mais avec je ne sais quoi de plus ouvert, de plus jovial et de plus honnête.

La spécialité de Nikko — quelle ville d'eau n'a pas la sienne? — c'est le travail du bois fossile (jindai boku) qu'on trouve à Sendai, petite ville du Nord. Ce bois, à la suite d'un séjour plus ou moins prolongé dans l'eau, prend une jolie teinte grise et peut se façonner en mille bibelots divers, sculpté, incrusté d'autres bois, etc. Nous achetons des tables, des plateaux, des boîtes dont le travail gracieux et le fini parfait nous tentent.

Puis, par le beau clair de lune, nous nous éloignons des boutiques obséquieuses pour gagner les bords de l'admirable Daiya-Gawa, toujours bruyante et frémissante. Qu'elle est belle et farouche, cette méchante rivière! C'est surtout le soir, par les nuits de lune, que la voix des torrents s'élève avec éloquence. Bien seuls dans le pays silencieux, nous ne nous lassons pas de suivre ses rives tourmentées; nous arrivons à un endroit nommé Gamman, où la rivière s'élargit et se divise en plusieurs bras qui baignent des îlots pittoresques auxquels s'accrochent des pins fantastiques.

Le chemin est ici bordé de frustes statues de pierre que le lichen et la mousse couvrent de plaies vertes. Dans leur giron, de petits cailloux s'amassent, mis là par les enfants pieux, nous dit-on.

Et vraiment, toutes ces déesses de pierre qui nous regardent passer, sous les calmes reflets de la lune, au bord du torrent grondant, nous impressionnent.

Nous avons appris plus tard que cette paisible et romantique promenade de Gamman a été ravagée et détruite, elle aussi, par la terrible inondation à laquelle le pont Rouge lui-même, le pont sacré, n'a pas résisté.

Le pont Rouge! Ce monument fameux, en bois entièrement laqué de rouge, a été construit en 1638 et souvent réparé ou reconstruit depuis. Il est fermé au public, qui se sert d'un pont immédiatement voisin pour traverser la Daiya-Gawa.

Sa couleur vive tranche harmonieusement sur les sombres cryptomerias qui bordent la rivière, et l'on évoque en le voyant la curieuse légende qu'a racontée Rudyard Kipling : le shogun Yemitsu avait admiré ce site : le fond bleu des montagnes, les cryptomerias grandioses, la rivière bouillonnante et blanche d'écume, voilà, dit-il, de bons éléments pour former un paysage; il n'y manque qu'un peu de couleur pour rehausser l'ensemble. Il plaça au pied des arbres immenses un petit enfant habillé de bleu et de blanc, et se recula pour juger de l'effet. Enhardi par les allures paisibles du grand homme, un vieux mendiant s'approcha, demandant une aumône. Or, c'était un des privilèges des grands d'essayer le fil de leur sabre sur les mendiants et autre bétail de ce genre. Importuné dans sa contemplation, le monarque décapita le vieux vagabond. Le sang jaillit en un beau jet vermillon. Yemitsu sourit. « Balayez, dit-il, cette guenille, et que l'on bâtisse ici un pont de la même couleur que la tache rouge qui souille cette pierre! » Ainsi le shogun perfectionna le paysage...

Vers le coucher du soleil, la veille de notre départ, nos kurumayas nous entraînent dans une région ravinée de torrents, parsemée de mamelons fauves et décharnés aux pieds desquels s'écrasent les cabanes grises et ternes des paysans japonais.

Sur les coteaux roux, le pyrus rose et l'azalée mauve font quelques taches plus gaies; les violettes abondent. Mais à mesure que nous gravissons la grande montagne de Kirifuri, la végétation nous abandonne et bientôt nous dominons un horizon immense de montagnes pelées, le site le plus étrangement désolé qui soit dans nos souvenirs. Les lignes majestueuses des mamelons lointains, s'étageant les uns derrière les autres, sont éclairées des reflets adoucis d'un soleil mourant.

Nous apercevons sur leurs flancs des sentiers en lacet qui nous semblent infiniment petits. Des pins çà et là se tordent comme des sarments sur la braise et projettent une ombre bizarre sur le velours jaune des montagnes.

Tout à nos pieds un abîme se creuse, une cascade s'y jette en écumant : c'est Kirifuri. Les plus braves parmi nous descendent par un sentier tirebouchonnant, terriblement escarpé, jusqu'au fond du trou, jusqu'au bord de l'eau qui mugit entre les roches éboulées. Les autres demeurent auprès de la chaya (auberge) et sirotent sans enthousiasme l'horrible breuvage vert que les Japonais appellent thé, en attendant les intrépides qui réapparaissent pantelants, essoufflés et boueux.

Nous quittons Nikko sous une pluie incessante qui avive le coloris de toute chose et donne au pont Rouge une splendeur inaccoutumée... nous emportons de la ville sainte une impression inoubliable des splendeurs de la nature mêlées aux merveilles de l'art humain.

CHAPITRE XIV

MYANOSHITA. — DÉPART DE YOKOHAMA

Le 25 avril, par un temps superbe mais froid, nous prenons le train pour Kodzu Dans la campagne égayée par le soleil apparaissent les arbres tordus de la Tokaido, et le cône imposant du Fuji.

A Kodzu nous prenons un tram ; nous traversons le village d'Odawara où une baie bleu foncé, d'un bleu métallique extraordinaire, retient nos regards.

Enfin à Yumoto nous montons en kuruma et commençons l'escalade de la montagne au sommet de laquelle se trouve Myanoshita, but de notre excursion.

Nous y arrivons à la brune, et sitôt que nous nous sommes installés au célèbre hôtel Fujiya, d'aspect engageant et confortable, nous allons explorer les environs. Le site paraît tout à fait séduisant, et nous remplirons facilement les trois journées que nous pouvons lui consacrer.

Hélas ! le lendemain la pluie tombe, désespérante.

L'après-midi, pendant une accalmie, nous partons pour Kiga, par une route qui surplombe un torrent aux cascades bondissantes. La coloration des flancs boisés des collines est plus riche encore que celle de nos bois en automne ; chaque arbre, dans sa parure de printemps, a sa teinte propre qui diffère de celle de son voisin : toute la gamme des verts, des roses et des jaunes se marie en un effet ravissant, comme à Arashi-Yama.

A Myagino, des camellias grands et vigoureux font dans la verdure une tache éclatante; une épaisse jonchée de leurs fleurs tombées rougit le sol, quoique les arbres en soient encore couverts.

Cette belle fleur n'a pas la faveur des Japonais... c'est pour eux le symbole d'une mort tragique, car elle se détache tout d'une pièce comme la tête d'un décapité! Aussi ne la cueille-t-on pas, et ne la voit-on jamais dans les bouquets.

Un garçonnet qui passe nous indique un chemin pour regagner l'hôtel par les hauteurs, de l'autre côté du torrent : Vue étendue sur tout l'horizon, panoramas lointains de petits villages grisâtres épars sur les plateaux, de vallées et de coteaux verdoyants ou brûlés, suivant leur exposition au soleil. Autour de nous, la végétation humide et lavée de pluie est d'une idéale fraîcheur; les fougères se détachent avec une « verdeur » surnaturelle dans l'herbe où poussent quelques violettes.

Bientôt nous descendons des sommets vers Dogashima, quelques maisonnettes pittoresquement éparpillées au bord d'un coude du torrent, parmi les grosses pierres et les roches éboulées.

De charmantes cascades retombent l'une dans l'autre, voilées de fougères et d'arbustes. Un pont moussu et gracieux, des enfants joyeusement bariolés, des cerisiers en fleur complètent un paysage ravissant que nous contemplons au doux bruit de l'eau courante, sous les gouttes de pluie qui se remettent à tomber.

Dagoshima est bâti au fond d'une crevasse que Myanoshita domine. Pour regagner l'hôtel nous avons à grimper, sur le sol detrempé, un versant boisé escarpé et difficile. L'escalade est laborieuse, et il ne nous reste que le temps de réparer notre toilette avant le dîner.

La grande salle à manger est comble; foule de touristes parmi lesquels, toujours, l'Américain domine. Le service est fait par des Japonaises jeunes et plutôt jolies, ce qui n'est pas commun dans ce pays. Leurs kimonos et leurs obis éclatants mettent une note exotique dans l'aspect absolument européen de la salle à manger.

Le 27 avril, pluie encore! Dans les halls et les vestibules, les messieurs en culottes courtes, les dames en manteaux de pluie interrogent anxieusement le ciel, et n'y voient que de lourds nuages gris! Peu à peu chacun se résigne : l'un fait sa correspondance, un autre choisit des photographies dans les collections des colporteurs qui rôdent dans les vérandas. On bibelote, on marchande, on lit, on achète des riens inutiles, et l'on tâche d'oublier qu'on paie 60 francs par jour pour regarder tomber cette pluie!

Après avoir fait le tour des magasins de curios, nous montons courageusement sous l'averse jusqu'au sommet d'une colline gazonnée, près de l'hôtel : Horizon infini de montagnes, devant lesquelles s'avancent puis disparaissent les nuées et les brouillards. Parfois on ne distingue plus rien que les petits toits bleuâtres des villages de la vallée, Dagoshima et Kowakidani le long du torrent, et dans l'autre direction Ohiradai.

Mais vraiment il fait exécrable! Tirant le meilleur parti possible d'une journée aussi mouillée, nous explorons l'hôtel. Aucune vieille maison de province ne peut donner une idée de ces corridors étroits et tortueux, traversés par d'autres couloirs auxquels des marches montantes ou descendantes donnent accès. Mais au lieu des murs brunis de nos vieilles bicoques séculaires, nous ne voyons ici que des cloisons de bois récurées et bien nettes.

Visité les cuisines, étonnantes de propreté. La plupart des ustensiles sont en bois cerclé de cuivre; on ne peut se figurer qu'ils servent usuellement, ils sont blancs et neufs comme des joujoux sortant d'une boîte. Les grands fourneaux sont magnifiques, on ne voit de désordre nulle part.

Des légumes et des bananes sont bien rangés sur une table. Dans un coin, de nombreuses bouteilles vides : quelle variété! les bouteilles à whisky voisinent avec les flacons ventrus de chianti, et toutes les eaux minérales et les bières japonaises nous montrent leurs étiquettes.

Le réfectoire où mange le personnel est charmant, couvert de nattes, bien en ordre et d'une parfaite propreté.

Du reste, on nettoie toujours dans cet hôtel, on y montre un amour vraiment hollandais pour le récurage. Ce matin, grand branle-bas dans la salle à manger. Après-midi l'on recommence !

De petites servantes japonaises trottinent en se dandinant, portant du thé servi dans des porcelaines affreusement européennes ; d'autres, inoccupées, lisent des livres ou des journaux. Petites, minces, maigriotes, leur minois ovale est plus agréable que joli ; quelques-unes, cependant, sont très bien.

La pluie ne cesse pas un instant; et nous nous couchons de bonne heure, chassés dès 9 heures 1/2 par le boucan d'un nouveau nettoyage de la salle à manger !

28 avril — temps radieux! — Vite nous organisons, avec deux dames australiennes, une excursion qui prendra toute la journée; en attendant les chaises à porteur, nous montons sur la hauteur pour aller admirer le Fuji et le panorama où le beau soleil enfin se montre et fait tout resplendir. En bas, une mosaïque de cultures diverses, des meules de paille, des bocages, des pins, des bambous, des maisonnettes aux toits bleus, parfois une maison rouge plus importante. Tout autour un cirque de montagnes puissantes, aux flancs profondément creusés de torrents qui dégringolent jusqu'à la crevasse où la rivière, toute en cascades, bouillonne avec un bruyant clapotis. Sur le coteau où nous sommes, des touffes de pins, de pyrus, entre lesquels l'azalée sauvage met des taches d'un mauve délicat.

Nous nous installons dans des chaises à porteurs. Quatre coolies sont nécessaires pour chacune d'elles, car nous allons par monts et par vaux, et ils se relaient à tous moments. A la sortie d'un sous-bois très escarpé nous avons une jolie vue sur Kowaki-Dani, séjour de plaisance, comme en témoignent de jolies petites villas et un hôtel modeste. Puis, magnifique vue d'ensemble de la contrée, du haut du Benten-Yama.

Nous redescendons, traversons Ashinoyu au sol marécageux, et bientôt, en surprise, nous découvrons le lac Hakone, auquel le Fuji fait un admirable second plan.

A part le village d'Hakone et son petit hôtel japonais, toute la rive est déserte et le lac semble très sauvage. Les rhododendrons se penchent sur ses eaux d'un bleu profond, les camellias, les pins aux branches tordues, les bambous s'y reflètent et y sèment leurs fleurs et leurs feuilles.

Nous lunchons sur l'herbe et faisons honneur aux provisions apportées de l'hôtel.

Puis tout notre appareil, chaises, couvertures, coussins, etc., et nous-même prenons place dans deux barques pour traverser le lac dans sa longueur. L'admirable Fuji, vers lequel nous nous dirigeons, devient de plus en plus écrasant. Nous voyons briller la neige sur son sommet et distinguons parfaitement tous ses détails, car nous ne sommes qu'à 29 kilomètres de sa base.

Remontés en chaise, nous nous dirigeons vers Umego, où il y a des sources sulfureuses ; nous approchons de la région volcanique d'Ojigoku. Nous traversons le village à pied pour voir les bains. Des Japonais des deux sexes y barbotent sans le moindre costume : mais, pour respecter les nouveaux règlements municipaux, il y a une barrière... à claire-voie ! Nous sommes surpris du calme dont les deux dames australiennes font preuve devant ce spectacle. Elles ne s'effarouchent pas davantage quand un Japonais tout nu accourt d'un ruelle voisine. Pour nous, le spectacle n'a rien de nouveau, sauf que la teinte de peau est ici un peu plus claire qu'au Siam, et le costume, il est vrai, encore plus réduit !

La végétation disparaît petit à petit, et bientôt la mousse elle-même ne recouvre plus la croûte de terre rugueuse sous laquelle une boue sulfureuse et bouillonnante s'agite. Suivant soigneusement les guides, nous nous engageons à pied dans une passe qui nous conduit dans un site étrange, désolé, infernal. Partout des fumerolles, des trous où l'on voit bouillir la terre boueuse, des scories aux formes tourmentées... Nous contournons la montagne de droite et subitement à cette scène désolée succède un riant panorama sur une vallée gazonnée. Quelle tranquillité, quelle paix et quel silence, si proche du chaos et des convulsions de la terre !

A l'hôtel, le soir, beaucoup de nouveaux visages ; et quel n'est pas notre plaisir de retrouver M. Clawson et sa fille ! Depuis Hong-Kong où nous les avons vus d'abord, nous les retrouvons ainsi sans nous y attendre, plus sûrement que si nous nous donnions le mot. Nous nous promenons avec eux le soir, dans le village. Pas de lune, mais des étoiles ; on y voit juste assez pour *sentir* son chemin. Les Japonais circulent avec des lanternes en papier. Au loin, les fenêtres de papier éclairées semblent des transparents sans réclame.

Ils arrivent, et, hélas ! nous partons. Voici un mois passé dans ce séduisant pays ; nous devons rentrer à Yokohama pour boucler nos malles et nous embarquer pour San-Francisco, où nous nous faisons une joie de revoir de bons amis connus à Bangkok.

Deux jours de pluie sur trois, et cependant Myanoshita nous laisse un souvenir charmant. Que serait-ce si le soleil, qui nous nargue au départ, avait bien voulu se montrer plus courtois ?

Nous retrouvons Yokohama tout égayé par des mâts auxquels pendent des poissons de papier aux couleurs vives, ballonnés et agités par le vent. Autant de garçons dans une famille, autant de poissons attachés au mât. J'en ai vu dix enorgueillir le toit d'un heureux père! Ainsi le veut la coutume du Festival des Carpes.

Dans les préparatifs du départ, les emballages et les courses, nous n'avons pas le temps de songer que nous quittons non seulement un pays des plus intéressants, mais aussi nos nouveaux amis dont la maison aussi hospitalière qu'agréable a été notre home pendant notre séjour à Yokohama. De nos fenêtres, tous les matins nous pouvions admirer le Fuji, immuable et jamais pareil. Parfois suspendu comme une apparition rosée dans les nuages, et semblant n'avoir rien de commun avec la terre, ou gris argenté, ou mauve, ou scintillant à l'horizon de toute sa couronne de neige. Le Fuji est inoubliable.

Nos hôtes, résidant depuis quelque temps au Japon, avaient mille anecdotes à nous dire, mille réflexions à nous faire sur les coutumes du pays. Ils corrigeaient nos impressions trop hâtives et leurs conseils nous ont été précieux pour l'emploi de notre temps.

Au moment où le *Coptic* s'éloigne du quai, nous éprouvons ce serrement de cœur de tous les départs, plus vivement que jamais. Et tel que nous l'avons vu apparaître, tel le Japon disparaît à nos yeux dans une atmosphère embrumée et grise, que le Fuji domine de sa masse puissante.

CHAPITRE XV

DANS LE PACIFIQUE. — LES ÎLES HAWAÏ

30 avril.

De nouveau la vie du bord. La longue traversée du Pacifique ne sera guère confortable à bord du *Coptic*; nous en jugeons par l'exiguïté des couloirs et des cabines, par la cuisine plus que médiocre. Nous sommes surpris du sans-gêne des stewards américains qui traitent les passagers d'égal à égal. Le chef steward sifflote devant les dames, s'affale dans les canapés et vous demande tout en crachant par terre : « Avez-vous retrouvé tous vos bagages, monsieur? »

Le style de ces bateaux américains, quoique convenable sous le rapport de la tenue, est fort inférieur à celui du *Norddeuslcher Lloyd*. La chambre aux bagages, les *lavatories* manquent de surveillance et de soins. De sauvages appels de gong convient les passagers aux repas. Ce tapage est digne de l'Afrique centrale, et nous fait regretter les sonneries de clairon du *Sachsen*. Le bateau n'est pas chauffé, et son pont étroit rend la promenade malaisée.

Du haut du pont de première, nous voyons vacciner l'équipage composé de cent huit Chinois qui défilent devant le docteur, la manche gauche relevée. Le docteur applique la lancette; à côté de lui un aide chinois fait jaillir le sang; un autre applique le vaccin. Enfin un quatrième tient la comptabilité, et l'opération se fait avec une surprenante rapidité.

Il y a là quelques émigrants japonais. Une femme, parmi eux, défait sa chevelure et enlève une lourde tresse de faux cheveux.

J'avance ma montre de dix-huit minutes.

1er mai.

La mer est forte, le vent violent. Point à midi 34 degrés 53. Nous avons fait 326 milles en vingt-quatre heures.

Avancé ma montre de vingt-cinq minutes.

2 mai.

Mer forte toujours. Nous avons fait depuis hier 366 milles.

Il fait froid : 13 degrés dans la cabine. On se croirait en janvier plutôt qu'en mai. Avancé ma montre de trente et une minutes.

3 mai.

La mer se calme ; fait 362 milles. Minimum de température la nuit, 11 degrés 5. A midi, il n'y a que 13 degrés 5.

J'avance ma montre de vingt-neuf minutes.

Comme hier et avant-hier, des oiseaux aux ailes étroites et minces, au corps gros comme celui d'un pigeon, volent à dix ou douze derrière le bateau. Ils tournoient en spirale, et par moments replient leurs ailes et se reposent sur l'eau. Grâce à ces repos alternés avec le vol, ils peuvent nous suivre bien longtemps.

On nous dit que dans un mois on aura sur cette ligne de beaux et grands steamers de dix mille tonnes. Vrai, le besoin s'en fait sentir!

Dimanche 4 mai.

Température minima de la nuit, 14 degrés. J'avance ma montre de vingt-sept minutes. La mer est calme et le vent doux. Nous avons fait 334 milles. Il y a à bord deux mille caisses de lait condensé. Il paraît que les coolies japonais en sont très friands et ne manquent pas l'occasion quand ils peuvent se saisir d'une boîte. Ceci est étonnant quand on songe que les Japonais ne traient pas les vaches et ne connaissent ni lait, ni beurre, ni fromage. La cargaison du *Coptic* comprend aussi cent soixante-dix balles de soie valant 119,000 dollars (600,000 francs), de l'opium pour une valeur de 6,000 dollars (trente mille francs), etc.

5 mai.

La température se réchauffe sensiblement : minimum de la nuit, 15 degrés 7. A 9 heures du matin, il y a 16 degrés 8 sur le pont. Nous avons fait 324 milles. Avancé ma montre de vingt-cinq minutes.

Des mouettes — *sea gulls* — sont toujours en vue.

On organise à bord des concours de jeux de toute espèce. Nous constatons avec quelle franche gaieté les dames américaines participent à ces jeux enfantins. La pose et la morgue leur semblent inconnues, elles s'amusent d'un rien.

Mme Jottrand remporte brillamment le premier prix de skipping (saut à la corde).

6 mai.

Température minima de la nuit : 17 degrés. A 8 heures du matin, 18 degrés 5. J'avance ma montre de vingt-sept minutes. Nous avons fait 328 milles. On installe un tank en toile à voile le long de la coque pour le bain des Japonais.

Un avis placardé devant l'escalier nous apprend que « demain sera de nouveau mardi 6 mai ». Notre voisin de table s'en dit ennuyé, car il devra deux fois fêter sa belle-mère qui voyage avec lui, et dont c'est précisément le jour de naissance!

Les jeux continuent, et se terminent par une course d'obstacles où les trois concurrents, jeunes gens du monde, consentent, entre autres choses, à passer dans des tuyaux d'aérage en toile à voile et à piquer une tête, tout habillés, dans le tank qui sert de bassin de natation. Que ne ferait-on pas pour s'amuser? Le premier qui réapparaît sur le pont correctement vêtu, botté, cravaté, remporte le prix aux acclamations de la société.

Second 6 mai.

Fait 330 milles. J'avance ma montre de vingt-deux minutes. Sous un ciel bleu pâle la mer est bleu foncé, d'un bleu de lessive plus curieux que poétique. C'est bien là le bleu « outremer », que la crète un peu moutonnante des vagues fait valoir par contraste.

Dans l'après-midi nous voyons quantité de dauphins partout. Ils s'ébattent en bandes de dix ou douze et sortent de l'eau à mi-corps; on en voit aussi loin que la vue peut porter. La température se relève encore, nous commençons à nous dégourdir.

7 mai.

J'avance ma montre de vingt-sept minutes; fait 325 milles. Minimum de la nuit : 19 degrés. Température à 3 heures : 21 degrés 2.

Le capitaine fait tous les jours la visite du bateau, accompagné de deux officiers et d'un boy. Le *Coptic* peut contenir quatre-vingts passagers de première, quatre-vingt-quatorze de seconde et mille dix d'entrepont. L'équipage compte cent huit hommes; le tonnage net est de deux mille sept cent quarante-quatre tonnes.

Il y a dix chaloupes de sauvetage et tous les mercredis à 4 heures l'équipage s'exerce à la manœuvre : *all hands to the boats*. On se précipite sur les chaloupes, on les balance au-dessus de la mer, et la pompe à incendie fonctionne.

8 mai.

Minimum de la nuit, 20 degrés 9. A 8 heures du matin, 21 degrés 1. A 4 heures, 22 degrés 5. Nous avons fait 334 milles, et aujourd'hui on hisse les voiles. Mer bleu foncé, mer admirable, moutonnant au loin jusqu'aux limites de l'horizon L'air est bon et chaud. Des *sea gulls* et des mouettes tournoient gracieusement tout près du bateau. Hier, coucher de soleil remarquable. Une porte d'or s'ouvrant sur l'infini, bien loin dans une nuée sombre étalée en stratus bleu ardoise. Des tourbillons de poudre d'or semblent sortir et s'élever de ce portique de féerie.

Ce soir, nous voyons Burnt Island, un roc situé à vingt heures d'Honolulu. La nuit tombante embrume rapidement sa vague silhouette. La mer redevient mauvaise. Si la pleine mer est généralement calme, les abords des archipels et des continents sont souvent agités.

Grande animation sur le pont pour les enchères de la poule. C'est demain que l'on connaîtra l'heureux gagnant, suivant le nombre de milles parcourus par le bateau.

9 mai.

Levés dès 5 heures, nous apercevons les premières îles du grouve hawaïen : d'abord un îlot comme un pan de muraille, surmonté d'une ligne de gazon dont le vert pâle perce la brume; puis une île plus effacée. Le tout est bientôt noyé sous la pluie.

Une heure plus tard le temps s'améliore; le paysage est baigné dans la lumière atténuée du soleil levant qui le dore agréablement. La mer déferle avec rage contre les rocs, spectacle toujours splendide.

Les nuages sont très bas sur les montagnes.

Nous avons devant nous des bancs sablonneux, puis une grande île. Des chaloupes près de la grève et deux petits trois-mâts ; des maisons basses et une cheminée d'usine qui fume. Puis, de vastes champs de canne à sucre, d'un jaune verdâtre comme le gazon brûlé par l'été. Vers la pleine mer, un magnifique arc-en-ciel dont les nuances se prolongent de quelques pieds dans l'eau.

J'avance ma montre de vingt-trois minutes. Minimum de la nuit 21 degrés 5. A 6 heures du matin 22 degrés.

Nous longeons des îles où s'étagent des plans de montagnes embrumées. Dans la plaine, de vastes plantations, où il semble qu'on fait la récolte. Un vieux loup de mer, compagnon de bord, nous dit que la culture de la canne à sucre a pris ici de vastes proportions. Il y a beaucoup d'usines où fonctionnent des broyeurs énormes, qui écrasent jusqu'à 19 tonnes de cannes par heure, faisant couler des fleuves de jus. Les nombreuses pluies et les torrents dévalant des montagnes irriguent facilement les cultures, comme au Japon. La concurrence a fait baisser fortement les salaires, et les émigrants japonais qui sont à bord viennent gagner ici 50 à 60 cents par jour (de 2 fr. 50 à 3 francs).

A 10 heures 1/2, la température est de 22 degrés. Laissant en arrière l'île Kawaï que nous venons de longer, nous reprenons la pleine mer, assez démontée. Il nous reste à faire 45 milles jusqu'en rade d'Honolulu, qui est la capitale de l'île d'Oahu.

Vers 2 heures, la coloration de la mer se transforme et devient féerique. Ce sont dans l'eau des zones bleues, vertes, irisées, qui se touchent sans se mêler et qui proviennent des récifs coralliques à basse profondeur. L'eau est d'une remarquable transparence. Le bateau est entouré de bleu vif, tandis que la côte dont nous approchons est bordée d'une zone verte frangée de blanche écume. La chaîne des pics s'élève jusqu'aux nuages.

Le *Doric* passe en ce moment, invisible, de l'autre côté des îles, il y a une route pour l'aller, une autre pour le retour. Cette règle de navigation est surtout rigoureuse sur l'Atlantique ; si l'on a dévié d'un quart de mille, une commission d'enquête vient s'informer des motifs !

De petits voiliers à la gracieuse silhouette voguent de-ci de-là. Nous approchons peu à peu d'Honolulu et bientôt nous abordons à quai.

Comme la plupart des passagers, nous comptons passer la nuit à terre. Arrivé à 4 heures, le *Coptic* repart le lendemain à 10 heures.

Nous en avons vite fini avec les formalités de la douane, car, contrairement aux Anglais qui s'embarrassent d'une foule de valises et de colis, nous ne prenons que le strict nécessaire.

Nous montons immédiatement en voiture, espérant bien voir le plus possible en si peu de temps.

D'abord, vers Punch Bowl Hill, d'où nous découvrirons tout le pays. Cette montagne est couverte d'une plante à fleurs modestes qu'on nous dit être une sorte d'ipécacuanha. Des touffes de cactus raquette et des chardons à cloches blanches ressemblant à des yuccas, forment de-ci de-là de rébarbatifs buissons. De là-haut, nous voyons la ville, c'est-à-dire des toits rouges ou verts piquant la verdure, puis des champs de riz, et la mer qui déferle.

Le cocher nous conduit dans le quartier de plaisance où les villas des résidents sont enfouies sous les plantes grimpantes et les fleurs. Le tronc des tamariniers au doux ombrage se perd dans les herbes hautes et folles. Les lauriers roses et blancs embaument l'air de leur parfum d'amandes. Les jardins bordés de haies d'hibiscus sont perpétuellement arrosés et verdoient malgré le brûlant soleil. Les villas, coquettes et avenantes sous les panaches des cocotiers, sont couvertes souvent de tuiles de bois et prennent à la longue une teinte moussue, bronzée, d'un effet charmant.

Tous deux, au même instant, nous nous écrions : « C'est ici qu'il ferait bon de vivre ! » Un doux farniente dans ces hamacs confortables, suspendus dans les vérandas aux glaces luxueuses ; respirer l'air attiédi de la brune, à l'heure où tous les parfums montent et se mêlent... Puis, sur le ciel assombri voir se dessiner un croissant de lune, dont la pâle lumière joue fantastiquement avec les feuillages durs des palmiers...

Notre éphémère visite dans ce paradis sur terre nous laissera un inoubliable regret !

Après une longue et délicieuse promenade la voiture s'arrête devant la terrasse de Moana Hotel. Le soir est tombé, nous venons de voir s'allumer les poteaux électriques qui marquent sur la montagne la route en zig-zag du tramway. Le cocher américain, personnage chic, faux-col et gants irréprochables, nous a servi de guide avec une politesse aimable, d'égal à égal.

A l'hôtel, confort et élégance ; bâtiments modernes, mobilier nouveau style, salle à manger tout en glaces sans tain, laissant errer le regard sur la mer irisée et sur les jardins fleuris.

Après le repas nous nous promenons sous la lumière cendrée de la lune. Pour la dernière fois, l'insignifiante croix du Sud scintille à nos yeux, et nous retrouvons Orion dans le beau ciel étoilé.

Le lendemain, 10 mai, dès 5 heures nous sommes en route, respirant l'odeur chaude et pénétrante de la nuit tropicale, dans un demi-jour qui fait pâlir les lumières et les étoiles. Dans la baie, de petites lames déferlent et se heurtent. Derrière les montagnes, des nuages planent pleins de pluie, énormes et menaçants. Par une avenue de tamariniers nous arrivons à un champ de lotus roses, très petits. De grandes libellules jouent sur des liserons bleus qui s'entr'ouvrent. Nous errons autour de Diamond's head, jouissant de tout ce que nous voyons : un haras et de beaux chevaux ; un immense cirque de tamariniers buissonnants et sauvages ; de petites maisonnettes de Chinois, de Japonais ; un couple japonais en kimono. Nous revenons le long de la mer, à mi-côte de la falaise, vers l'hôtel.

Après avoir déjeuné et plié bagage, nouvelle course en voiture, parmi de superbes lauriers roses et blancs, à travers des champs de taro, par des allées de fins mélèzes, par des avenues de tamariniers et de dattiers. Une odeur exquise flotte dans l'air, canelle et amande, ylang et roses et toutes les fleurs des tropiques... des fougères cachent sous leur fin feuillage les troncs rugueux des palmiers et des frangipaniers. La fleur amarante du bougainvillier orne de longues grappes les balcons gracieux des villas.

Une magnifique avenue de dattiers et de palmiers royaux conduit à l'hôpital, construction avenante où vraiment l'on ne serait pas trop effrayé d'être pensionnaire.

L'ancien palais royal est devenu le siège du gouvernement. Un autre palais sert d'habitation privée à une ex-reine. Sur une esplanade se dresse la statue du premier des Kamehameha, qui a réuni sous sa couronne les divers royaumes des îles Hawaï. Le bronze noir le représente presque nu sous un riche manteau de plumes.

Le marché manque de caractère ; c'est trop bien organisé. Les énormes fruits qu'on y étale vont paraître pendant quelques jours sur la table du *Coptic*.

La ville elle-même offre très peu d'attrait pour

l'étranger. C'est une agglomération de constructions sans cachet, bâtiments destinés aux banques, aux bureaux et aux maisons de commerce. On a hâte de quitter cette cité trop moderne pour revoir les villas et les jardins.

Devant une maison toute fleurie, qui n'est pas cependant la plus remarquable, nous faisons cette réflexion : que sont nos plus belles serres auprès de ceci ? C'est ici le paradis terrestre! Et nous ne sommes pas seuls à le penser. Un riche Allemand qui a ramassé des rentes en travaillant douze ans en Sibérie, partage ses loisirs entre sa ville natale, Samoa et Honolulu. Beaucoup des villas que nous admirons appartiennent à de riches Américains qui viennent y passer l'hiver.

Le cocher, un Américain à l'aise sans familiarité, un monsieur réellement, nous explique tout ce que nous voyons. Il arrête sa voiture pour cueillir du mimosa et l'offrir à Mme Jottrand. Il cause librement, avec intelligence et sans bavardage; nous dit l'histoire du roi Kamehameha; nous demande notre impression sur Honolulu qu'il habite depuis vingt ans et où le climat, nous dit-il, est délicieux toute l'année !

Vrai, l'existence de ce cocher n'est-elle pas enviable? Il aime ses beaux chevaux, il soigne son élégante voiture aux roues caoutchoutées, et promène à 10 francs l'heure, dans un paysage charmant, des touristes émerveillés que sa bonne humeur et sa complaisance rendent généreux.

Nous voyons peu de Hawaïens, mais beaucoup de métis ; quelquefois le nez allongé et les joues trop plates indiquent un type portugais parmi les ouvriers qui passent sur les routes. Et de fait on voit pas mal d'enseignes portant des noms portugais comme Silva. Nous rencontrons aussi beaucoup de Chinois et de Japonais. Le groupe entier des îles Sandwich ne compte pas plus de 30,000 Hawaïens purs.

Les natifs semblent résider peu dans la ville. Les rares

Hawaïens que nous voyons ont le type nègre : cheveux extra crépus, laineux; les joues fortes. L'un d'eux, riche personnage sans doute, étalant dans sa victoria des favoris soignés, a la tête des timbres-poste de son pays.

CHAPITRE XVI

DE HONOLULU A SAN FRANCISCO

Hélas! il faut quitter ces îles délicieuses, ce paradis perdu au milieu du Pacifique...

La sirène du *Coptic* appelle ses passagers et à 9 h. 1/2 nous sommes à bord. La plupart des dames portent au cou des « leïs », gros chapelets de fleurs odorantes, bien plus grands que ceux des femmes siamoises.

La coutume veut que l'on jette ces chapelets dans la mer quand le bateau s'éloigne du quai. Et c'est triste de voir se noyer tant de fraîches corolles, tant d'œillets rouges et de roses, tant d'ylangs et de tubéreuses.

De nouveau la mer se colore de bleu et de vert vif. Sa surface apparaît semblable à de la soie changeante où se marquent des plis mauves. Plus loin, elle est mauve entièrement. C'est magnifique et incompréhensible. Les barquettes indigènes ont des contre-poids comme celles de Colombo.

Nous longeons l'île d'Oahu; toujours les mêmes nuages pleins de pluie flânant sur les montagnes dont la crête se découpe en dents de scie irrégulières et allongées. La falaise nous montre des strates superposées ondulant capricieusement comme les fibres d'un nœud dans le tronc d'un arbre. Plus loin, des rochers semblables à d'énormes éponges. Tout cela semble bien mouvementé, bien volcanique.

Sept ou huit récifs terminent au Nord-Est l'île d'Oahu, et nous reprenons la pleine mer.

Le vent dessine les formes de miss A... qui a gardé sa toilette extra-légère d'Honolulu. Le père M., missionnaire espagnol de Montevideo, garde une attitude digne et recueillie devant ce spectacle intéressant.

Dimanche 11 mai.

Gris et chaud. Avancé ma montre de vingt-quatre minutes. Pas de jeux ni de distractions parce que c'est dimanche. Ahurissement d'un monsieur allemand... et de nous, donc!

Nous avons à faire 3,852 kilomètres jusqu'à San-Francisco. Des figues fraîches paraissent à table. Pas de goût. Tout le monde se plaint de la cuisine.

12 mai.

Avancé ma montre de vingt-trois minutes.

Un officier du bord nous dit que cela coûte 3,000 francs de mettre une couche de peinture sur la coque d'un bateau comme le *Coptic*, et l'opération doit se faire tous les trois ou quatre mois. On mélange à la couleur une substance vénéneuse qui empêche les moules, coquillages, etc., d'adhérer au bateau. Or, il paraît que la dite couche de couleur a été insuffisante ou mal mise sur le *Coptic*, des adhérences se produisent, cela fait boule de neige et cela retarde notre marche.

13 mai.

Avancé ma montre de vingt-deux minutes.

Minimum de la nuit, 17 degrés 5. A 10 heures du matin, 17 degrés 5 encore. La température baisse constamment depuis que nous avons quitté Honolulu.

Vers 9 heures, un steamer est en vue. On hisse le drapeau.

14 mai.

Avancé ma montre de vingt-deux minutes.

Mer d'huile, plate et luisante. Jamais vu cela.

15 mai.

Avancé ma montre de vingt-quatre minutes.

Température à 7 heures du matin, 17 degrés 5. Bonne brise du Sud-Ouest vers le soir. On hisse les voiles. Spectacle imposant du mât, avec ces voiles sombres et gonflées filant dans la nuit.

16 mai.

Avancé ma montre de vingt-sept minutes. Il nous reste encore 70 milles à couvrir avant San-Francisco, où nous arriverons vers 5 heures. Nous portons encore quelques voiles.

Il y a, de Yokahama à San-Francisco, par Honolulu, 10,138 kilomètres, soit 6,277 de Yokohama à Honolulu, et 3,861 kilomètres de Honolulu à San-Francisco.

Vers 3 heures, la côte américaine est en vue. Le pilote arrive à bord avec les journaux du jour, dans lesquels les passagers se plongent avec avidité.

Nous apprenons ainsi l'éruption du Mont-Pelé, qui a détruit toute une partie de la Martinique!

Magnifique mer très verte, déferlant en crêtes blanches. Des falaises au loin, à droite. En face, petite falaise et la ville. A gauche, montagnes et falaises aux flancs arides, aux teintes sombres.

Bientôt nous distinguons Cliff's House et Seal's Rock. Nous passons la fameuse « Golden Gate ». Des bastions, des phares en certain nombre... C'est ici que le *Rio-de-Janeiro* sombra il y a dix-huit mois; de grand matin, surpris par un brouillard subit, il heurta un roc submergé et s'engloutit. Les courants sous-marins sont très violents à cet endroit dangereux et tristement célèbre.

A 3 heures 1/2 nous stoppons. Le docteur monte à bord et fait la visite. Puis on attend, on attend... Il est 5 heures déjà. La vue de San-Francisco est bizarre : un paquet de cubes blancs jetés au hasard, pas de fond de montagne à l'arrière-plan.

Enfin, tout doucement nous approchons des quais où s'agitent des bras et des mouchoirs. Et dans la foule nous reconnaissons avec émotion notre ami Halewyck que nous avons vu pour la dernière fois au Siam; nous le retrouvons établi avec sa famille à San-Francisco où nous allons jouir de son aimable hospitalité.

FIN

TABLE DES MATIÈRES

Pages.

CHAPITRE PREMIER

Départ de Naples. — La vie à bord 1

CHAPITRE II

Port-Saïd. — Dans la mer Rouge 6

CHAPITRE III

Aden. — Voyage autour d'un navire. — Dans l'Océan Indien. 14

CHAPITRE IV

Colombo. — Une nuit mouvementée. — Arrivée à Singapore 30

CHAPITRE V

Singapore. — Johore. — Départ pour Bangkok. — Dans le golfe de Siam 45

CHAPITRE VI

A bord du *Donaï*, vers Saïgon 59

CHAPITRE VII

Cap Saint-Jacques 66

Pages.

CHAPITRE VIII

Cap Saint-Jacques 78

CHAPITRE IX

Départ du Cap. — Saïgon et Cholen 87

CHAPITRE X

Départ de Saïgon. — A bord du *Nam-Vian* 97

CHAPITRE XI

Pnom-Penh, capitale du Cambodge 106

CHAPITRE XII

De Pnom-Penh au Grand Lac 116

CHAPITRE XIII

Du Grand Lac au Temple d'Angkor (Siam) 121

CHAPITRE XIV

Le Temple d'Angkor 130

CHAPITRE XV

Notre campement 138

CHAPITRE XVI

Angkor Tom 148

CHAPITRE XVII

Départ d'Angkor. — De Siemrab à Battambang 156

CHAPITRE XVIII

Battambang 162

Pages.

CHAPITRE XIX

De Battambang à Pnom-Penh........................ 169

CHAPITRE XX

De Pnom-Penh à Saïgon. — Retour à Bangkok............ 175

CHAPITRE XXI

Dans le golfe de Siam............................ 184

DE BANGKOK A SAN-FRANCISCO

CHAPITRE PREMIER

Départ de Bangkok. — Koh-si-Chang. — Dans le golfe de Siam.................................. 209

CHAPITRE II

Hong-Kong. Kowloon.............................. 216

CHAPITRE III

Macao.. 222

CHAPITRE IV

Canton....................................... 237

CHAPITRE V

Départ de Hong-Kong. — Shanghaï................... 243

CHAPITRE VI

Nagasaki...................................... 251

Pages

CHAPITRE VII

La mer Intérieure. — Kobé 260

CHAPITRE VIII

Kyoto. — Le lac Biwa 267

CHAPITRE IX

Osaka. — Arashi-Yama. — Nara 275

CHAPITRE X

De Kyoto à Yokohama 284

CHAPITRE XI

Yokohama. — Les prisons. — Garden-party chez l'empereur. — Enseignement commercial au Japon 294

CHAPITRE XII

Tokio. — Le temple d'Asakusa. — Le Yoshiwara. — Kamakura et Enoshima 303

CHAPITRE XIII

Nikko 313

CHAPITRE XIV

Myanoshita. — Départ de Yokohama 322

CHAPITRE XV

Dans le Pacifique. — Les îles Hawaï 329

CHAPITRE XVI

De Honolulu à San Francisco 340

PARIS. — TYPOGRAPHIE PLON-NOURRIT ET Cie, 8, RUE GARANCIÈRE. — 11752.

Paris. Typ. Plon-Nourrit et Cie, 8, rue Garancière. — 11752.

www.ingramcontent.com/pod-product-compliance
Ingram Content Group UK Ltd.
Pitfield, Milton Keynes, MK11 3LW, UK
UKHW020426200726
13857UKWH00002B/307

9 782012 889736